KB116567

농담과 무의식의 관계

농담과 무의식의 관계

지크문트 프로이트 박종대 옮김

일러두기

1. 열린책들의『프로이트 전집』2020년 신판은 기존의『프로이트 전집』(전15권, 제2판, 2003)을 다시 한 번 교열 대조하여 펴낸 것이다. 일부 작품은 전체를 재번역했다. 권별 구성은 제2판과 동일하다.

2. 번역 대본은 독일 피셔 출판사S. Fischer Verlag 간행의『지크문트 프로이트 전집Sigmund Freud Gesammelte Werke』과 현재까지 발간된 프로이트 전집 가운데 가장 충실하고 권위 있는 전집으로 알려진 제임스 스트레이치James Strachey 편집의『표준판 프로이트 전집The Standard Edition of the Complete Psychological Works of Sigmund Freud』을 사용했다. 그러나 각 권별 수록 내용은 프로이트 저술의 발간 연대기순을 따른 피셔판『전집』이나 주제별 편집과 연대기적 편집을 절충한『표준판 전집』보다는,『표준판 전집』을 토대로 주제별로 다시 엮어 발간된『펭귄판』을 참고했다.

3. 본 전집에는 프로이트의 주요 저술들이 모두 수록되어 있다. 다만, (1)〈정신분석〉이란 용어가 채 구상되기 이전의 신경학에 관한 글과 초기의 저술, (2) 정신분석 치료 전문가들을 위한 치료 기법에 관한 글, (3) 개인 서신, (4) 서평이나 다른 저작물에 실린 서문 등은 제외했다. (이들 미수록 저작 중 일부는 열린책들에서 2005년 두 권의 별권으로 발행되었다.)

4. 논문이나 저서에 이어 ( ) 속에 표시한 연도는 각 저술의 최초 발간 시기를 나타내며, 집필 연도와 발간 연도가 다를 경우에는 [ ] 속에 집필 연도를 병기했다.

5. 주석의 경우, 프로이트 자신이 붙인 원주는 각주 뒤에〈— 원주〉라고 표시했으며, 옮긴이주는 별도 표시 없이 각주 처리했다.

6. 본문 중에 용어의 원어가 필요할 때는 독일어를 병기했다.

이 책은 실로 꿰매어 제본하는 정통적인 사철 방식으로 만들어졌습니다.
사철 방식으로 제본된 책은 오랫동안 보관해도 손상되지 않습니다.

차례

농담과 무의식의 관계

Der Witz und seine Beziehung zum Unbewußten(1905)

프로이트가 〈농담의 문제를 연구하게 된 개인적 계기〉는 1899년『꿈의 해석』의 교정쇄를 읽은 빌헬름 플리스Wilhelm Fließ 가 꿈에 너무 많은 농담이 포함되어 있다고 비판했던 것과 관계 된다. 그러나 그의 관심이 이 시기에야 일깨워졌던 것은 아니다. 프로이트가 농담에 관해 일찍부터 관심을 갖고 있었다는 점은 그가 플리스에게 보낸 편지들에서 〈최근 유대인들을 주제로 한 일화들을 모으기 시작했다〉라고 쓴 데서도 알 수 있다. 프로이트 이론의 기본적인 많은 예들이 이때 수집된 것이다.

또한 이 시기에 그는 테오도어 립스Theodor Lipps의 영향을 받게 되었다. 이 책의 시작 부분에서도 언급되듯이, 1898년에 나온 『희극과 유머Komik und Humor』라는 특수한 대상을 다루는 립스의 저작이 프로이트의 연구를 자극했다.

1905년 6월 4일자 빈의 일간지『시대』에 이미 긍정적인 긴 서평이 실린 것으로 보아 이 책은 6월 초 이전에 발간되었을 것으로 추정된다. 당시 출간되었던 프로이트의 여타의 대작들이 많은 수정을 거친 것과는 달리, 이 책은 재판에서 대여섯 개의 짧은 보충문이 첨가된 것 외에는 전혀 수정되지 않았다(편의상 이 책에서는 프로이트가 긴 장들을 나눈 절에 대해 번호를 붙였다). 그러다가 20년이 지난 후 그는 짧은 논문 「유머」를 통해 그 실마리를 다시 건드리게 된다. 이 논문에서 그는 여전히 해명되지 못한 문제를 새롭게 전개된, 정신에 대한 구조적 시각을 빌려 해명하려 시도한다.

이 책은 아주 재미있는 소재들로 가득 차 있으며, 그 상당 부분은 프로이트의 다른 저술들에는 나타나지 않는 것들이다. 『꿈의 해석』을 제외한 그 어떤 곳에서도 복잡한 심리 과정에 대한 이만큼 섬세한 서술은 발견되지 않는다.

이 책은 1905년 도이티케 출판사에서 처음 출간되었고, 그 후 『저작집 Gesammelte Schriften』 제9권(1925)과, 『전집 Gesammelte Werke』 제6권(1940)에 실렸다. 영어로는 Wit and its Relation to the Unconscious라는 제목으로 브릴A. A. Brill에 의해 번역되어 1916년에 뉴욕에서, 1917년에 런던에서 각각 출간되었고, 1938년에는 『지크문트 프로이트의 주요 저작』에 실리기도 했다. 그리고 또 1960년에는 제임스 스트레이치에 의해 Jokes and their Relation to the Unconscious라는 제목으로 번역되어 『표준판 전집 The Standard Edition of the Complete Psychological Works of Sigmund Freud』 제8권에 실렸다.

제1부 분석적 부분

1. 서문

1

미학자와 심리학자들이 농담[1]의 본질과 그와 연관된 여러 관계들을 어떻게 설명했는지 살펴본 사람이라면 아마 농담이 인간의 정신생활에서 차지하는 역할에 어울릴 만큼 그에 대한 철학적 논의가 충분히 이루어졌다고는 생각하지 않을 것이다. 사실 농담 문제를 면밀하게 연구한 사상가는 한 줌에 불과하다. 물론 그중에는 시인 장 파울Jean Paul(본명 프리드리히 리히터Friedrich Richter)을 위시해서 철학자 테오도어 피셔Theodor Vischer, 쿠노 피셔Kuno Fischer, 테오도어 립스Theodor Lipps 같은 빛나는 이름들도 있다. 그러나 이 저자들의 연구에서도 농담이라는 주제는 뒷전으로 밀리고, 주된 관심은 좀 더 포괄적이고 매력적인 희극적 요소에 집중되어 있다.

1 독일어 Witz(영어의 wit)와 의미나 느낌 면에서 정확하게 일치하는 우리말은 없다. Witz는 원래 반전을 통해 웃음을 야기하는 말이나, 이야기를 재치 있고 익살스럽게 하는 재주를 가리킨다. 우리말로는 〈기지나 재치 있는 말〉, 또는 〈해학〉이 원뜻에 가까워 보이지만, 단어의 길이나 어감에 비추어 볼 때 선택하기 곤란하다. 〈실없이 놀리거나 장난으로 하는 말〉을 가리키는 우리말의 농담은 Witz와 정확히 일치한다고 보기 어렵지만, 그나마 가장 일반적이고 이해하기 쉬운 단어로 보인다. 따라서 이 책에서는 〈농담〉으로 번역하되, 맥락에 따라 〈위트〉로 옮기는 경우도 있음을 알린다.

이런 문헌들을 보면 우리는 농담을 희극적인 요소와 결부 짓지 않고는 다루는 것이 불가능할 것 같다는 인상을 먼저 받는다. 테오도어 립스(『희극과 유머*Komik und Humor*』, 1898)[2]에 따르면 농담은 〈전적으로 주관적인 희극〉이다. 즉 〈우리가 만들어 낸 희극이자, 우리의 행위 자체에 달라붙어 있는 희극이자, 우리가 객체로서도 자발적 객체로서도 아닌, 철저히 우월적 주체로서 관계하는 희극이다〉. (80면) 이어 다음 설명이 뒤따른다. 농담이란 모름지기 〈의도적이고 교묘하게 희극[3]을 만들어 내는 것을 의미한다. 상황에 따른 희극이건, 생각에 따른 희극이건 간에〉. (78면)

쿠노 피셔는 농담과 희극의 관계를 이 둘 사이에 삽입된 캐리커처를 통해 설명한다(『농담에 관하여*Über den Witz*』, 1889). 희극의 대상은 어떤 외적인 형태 속에 담긴 추함이다.

감추어진 추함은 희극적인 관찰을 통해 발견되어야 하고, 극히 일부만 보이는 추함은 백일하에 드러내야 한다. (……) 그렇게 해서 캐리커처가 생겨난다. (45면)

우리의 정신세계, 즉 사유와 표상의 이지적 제국은 외적 관찰의 시선 앞에서는 자신을 드러내지 않고, 곧바로 일목요연하고 또렷하게 떠올려지지 않고, 그러면서도 자신의 두려움과 허약함, 흠함, 즉 바보 같고 우스꽝스러운 대조적인 요소를 가득 품고 있다. 이것들을 부각시켜 미적인 관찰의 영역으로 끌어들이려면 대상을 직접 표상하는 데 그치지 않고 이 표상 자체를 성찰하고 명확하게

2　내가 이 논문을 쓰도록 용기를 내게 된 것은 테오도어 립스와 베르너Richard Maria Werner가 엮은 책 『미학에 관한 고찰들*Beiträge zur Ästhetik*』 덕분이다 — 원주.
3　희극(코믹)은 웃음을 유발하는 익살스러운 행동이나 말을 의미하는데, 맥락에 따라 그냥 〈웃음〉이나 〈우스갯소리〉로 이해해도 무방하다.

하는 힘, 즉 생각을 밝히는 힘이 필요한데, 그 힘이 바로 판단이다. 그리고 앞서의 그 희극적인 대조를 만들어 내는 판단이 농담이다. 농담은 캐리커처 속에서도 은밀히 작용하지만, 판단 속에서 비로소 특유의 형식과 자유로운 발전 영역에 도달한다. (49~50면)

보다시피 쿠노 피셔는 농담의 특징을 사고 세계에 감추어진 추한 대상과의 관계에서 찾는 반면에, 립스는 희극적인 것 안에서 농담을 두드러지게 하는 특징을 주체의 능동적 행위에서 찾는다. 우리는 농담에 대한 이러한 정의가 얼마나 타당한지 검증할 수 없다. 지금으로선 알 수 없는 관련성을 고려하지 않으면 이해하기 어렵다는 말이다. 따라서 이 저자들이 말하는 농담의 의미를 알려면 그들이 희극적인 것에 관해 쓴 글들을 철저히 살펴볼 수밖에 없다. 하지만 다른 저술들을 보면 이 저자들도 희극적인 것의 관계를 배제한 채 농담의 본질적이고 보편타당한 성격을 제시하고 있음을 알 수 있다.

쿠노 피셔가 스스로 가장 흡족하게 여기는 듯한 농담의 특징은 다음과 같다. 〈농담은《유희적》판단이다.〉(51면) 이 표현을 이해하려면 〈미적 자유의 본질이 사물의 유희적 관찰에 있는 것처럼〉(50면)이라는 비유에 주목해야 한다. 다른 대목(20면)에서는, 한 대상에 대한 미적 태도를 다음과 같이 조건 지운다. 우리는 대상에 무언가를 요구하는 것이 아니라, 특히 우리의 욕구를 충족할 생각을 하는 게 아니라 대상의 관찰을 즐기는 데 만족해야 한다는 것이다. 미적 행위는 노동과 달리 〈유희적〉이다. 〈미적 자유에서 일상의 속박과 규범에서 벗어난 판단, 그러니까 내가 그 기원을 고려해서《유희적 판단》이라고 부르는 것이 생겨날 수 있고, 또 이 개념 속에 비록 온전한 공식은 아니지만 우리의 과제를 해결할 첫 번째 조건이 담겨 있을 수 있다. 즉 자유에서 농담이 나오고, 농담에서 자유가 나온다. 농담은 생각의 단순한 유희다.〉장 파울의 말이다(24면).

예부터 농담은 유사하지 않은 것들 사이의 유사성, 다시 말해 그것들 사이에 숨겨진 유사성을 찾아내는 재주로 정의되어 왔다. 장 파울은 이러한 생각 자체를 농담처럼 이렇게 표현했다. 〈농담은 온갖 쌍을 결혼시키는 변장한 사제다.〉테오도어 피셔는 거기다 이렇게 덧붙인다. 〈농담은 쌍방의 혈연들로서는 도저히 용납하지 못할 결혼을 맺어 주는 걸 가장 좋아한다.〉그런데 피셔는 전혀 비슷하지 않은, 즉 유사성이라고는 결코 찾아볼 수 없는 농담도 있다고 반박한다. 그래서 장 파울과는 조금 다르게 농담을, 내용이나 연관성 면에서 완전히 다른 생각들을 놀랍도록 빠르게 하나로 연결시키는 재주로 정의 내린다. 반면에 쿠노 피셔는 재치 있는 농담 속에서는 유사성이 아닌 차이가 발견된다는 점을 강조하고, 립스는 그런 정의들이 재치 있는 사람에게나 〈있는〉재치와 관련된 것이지, 그런 사람이 〈만들어 내는〉농담에 관한 것은 아니라고 지적한다.

농담에 대한 개념 규정이나 설명으로 끌어들일 수 있는, 어떤 점에선 서로 연결된 다른 관점들로는 〈표상의 대조〉, 〈무의미 속의 의미〉, 〈당혹스러움과 깨달음〉을 들 수 있다.

크레펠린Emil Kraepelin 같은 사람들은 표상의 대조에 무게를 싣는다. 농담은 〈모종의 방식으로 서로 대비되는 두 가지 표상을 대개 언어적 연상을 통해 자의적으로 연결하거나 결합하는 것이다〉. 립스처럼 꼼꼼한 사람에겐 이 표현의 부실함을 찾는 것이 어렵지 않겠지만, 그 역시 대조의 요소를 배제하지 않고 단지 다른 지점으로 옮겨 놓는다.

대조는 유효하다. 다만 단어들과 연결된 표상들을 이런저런 식으로 이해한 대조가 아니라, 단어들의 의미와 무의미 사이의 대조 또는 모순이다. (1898, 87면)

몇 가지 예들이 마지막 문장을 어떻게 이해해야 할지 설명해 준다. 〈대조는 (……) 우리가 그 단어들에 하나의 의미를 인정했다가 다시 인정할 수 없는 상황을 통해 비로소 성립한다.〉(90면) 이 마지막 규정을 좀 더 발전시켜 보면 〈의미와 무의미〉[4]의 대립이 부각된다.

우리가 순간적으로 의미 있다고 생각했던 것이 갑자기 완전히 터무니없는 것으로 드러난다. 바로 이것이 희극적 과정의 본질이다. (……) 우리가 심리적 필연성에 따라 어떤 진술에 한 가지 의미를 부여했다가 곧바로 다시 박탈할 때 그 진술은 재치 있는 것으로 나타난다. 이때 의미는 다양하게 이해될 수 있다. 우리는 한 진술에 하나의 의미를 부여하면서, 그 〈의미〉가 진술에 논리적으로 부합하지 않음을 안다. 우리는 그 진술 속에서 하나의 〈진실〉을 발견하지만, 곧 경험 법칙이나 우리 사고의 일반적 관습 때문에 그 속에서 그것을 재차 발견하지는 못한다. 결국 그 진술에 실제 내용을 넘어서는 논리적이거나 실용적인 결과를 인정했다가, 진술 자체의 속성을 직시하는 순간 바로 그 결과를 부인한다. 어떤 경우건 재치 넘치는 진술이 우리에게 불러일으키는, 희극적 감정의 토대가 되는 심리적 과정의 본질은 그런 의미 부여, 진실로 여

---

4 무의미Unsinn는 영어로 nonsense다. 여기서는 〈의미Sinn〉와의 대조를 위해 〈무의미〉로 옮겼지만, 원래는 〈터무니없음〉, 〈허튼소리〉라는 뜻을 담고 있음을 염두에 두기 바란다.

기기, 그리고 인정하기에서 곧바로 상대적인 무의미함을 의식하거나 느끼는 것으로 넘어가는 데 있다. (85면)

이러한 논의가 아무리 호소력 있게 들린다 해도 여기서는 이런 질문을 던질 수밖에 없다. 농담이 희극적인 것과 구분되는 이상, 희극적 감정의 토대가 되는 의미와 무의미의 대립이 농담의 개념 규정에도 과연 도움이 될까?

〈당혹스러움과 깨달음〉의 요소 역시 농담과 희극의 관계와 깊이 연결되어 있다. 칸트Immanuel Kant는 희극적인 것 일반에 대해 우리를 순간적으로만 속일 수 있는 특이한 속성을 지니고 있다고 말한다. 하이만스G. Heymans[5]는 농담의 효과가 어떻게 당혹스러움과 깨달음의 연속으로 나타나는지 설명한다. 그는 자신의 견해를 하이네Heinrich Heine의 한 탁월한 농담에 기대어 설명한다. 하이네의 작품에 등장하는 가난한 복권 판매상 히르슈-히야킨트는 훌륭한 로트실트 남작이 자신을 마치 남작과 같은 부류, 그러니까 〈가족백만장자처럼familionär〉 대해 주었다고 뻐기는데, 여기서 농담의 핵심을 이루는 〈가족백만장자처럼〉이라는 단어는 처음엔 단순히 잘못된 조어로, 또는 뭔가 이해할 수 없는 수수께끼 같은 것으로 보인다. 그로 인해 당혹스러움이 발생하고, 이 당혹감의 해소, 즉 그 단어를 이해하는 순간 희극적인 상황이 생겨난다. 립스는 이에 대해 이렇게 보충한다(1898, 95면). 당혹스러움을 유발하는 단어가 이러저러한 뜻이라는 첫 번째 깨달음의 단계에 이어, 그 터무니없는 단어가 우리를 당혹스럽게 하고 나서는

---

5 「립스의 희극론과 관련한 미적 연구Ästhetische Untersuchungen in Anschluß an die Lippssche Theorie des Komischen」(1896) — 원주.

꽤 괜찮은 의미를 만들어 냈음을 깨닫는 두 번째 단계가 온다. 이 두 번째 깨달음, 즉 이 모든 것이 일반적인 언어 사용에서는 말도 안 되는 한 단어 때문에 일어난 일이라는 인식, 다시 말해 별것도 아닌 것으로의 이러한 해소가 웃음을 유발한다는 것이다.

이 두 견해 가운데 어느 쪽이 더 납득이 가든, 우리는 당혹스러움과 깨달음에 대한 논구를 통해 한 특정한 인식에 좀 더 다가가게 된다. 그러니까 하이네가 사용한 〈가족백만장자〉라는 말의 희극적 효과가 겉으론 무의미해 보이는 그 단어의 해소에 근거한다면 〈농담〉의 핵심은 만들어진 단어의 성격에 달려 있다는 것이다.

마지막에 다룬 관점들과의 연관성 외에 모든 저자들이 농담의 본질적인 요소로 인정하는 또 다른 특성이 하나 있다. 《간결함》은 농담의 몸이자 영혼으로서 농담 그 자체다.〉 장 파울이 한 이 말은 셰익스피어의 『햄릿』(2막 2장)에서 늙은 수다쟁이 폴로니우스가 한 말을 살짝 변형한 것이다.

> 간결함은 농담의 영혼이고,
> 장황함은 사족이자 겉치레이니,
> 간단하게 아뢰겠나이다. (슐레겔 F. Schlegel의 번역본)

농담의 간결함은 립스에게도 중요하다.

> 농담은 말하고자 하는 바를 항상 짧은 말로, 그것도 〈지극히 짧은〉 말로 표현한다. 다시 말해 엄격한 논리학이나 일반적 사고방식과 어법에서는 도저히 충분하다고 볼 수 없는 짧은 말로 표현한다. 결국 말하지 않음으로써 말하는 것이 농담이다. (1898, 90면)

우리는 농담을 캐리커처와 비교하면서 다음의 사실을 알아냈다. 〈농담은 뭔가 《숨겨진 것》 또는 《감추어진 것》을 끄집어내야 한다.〉(쿠노 피셔, 1889, 51면) 내가 이 개념 규정을 다시 한 번 강조하는 것은 이 규정도 농담이 단순히 우스갯소리의 일부가 아님을 잘 드러내고 있다고 생각하기 때문이다.

2

나는 농담에 관한 이 저자들의 책에서 극히 일부만 발췌했기에 그것만으로 연구 작업의 가치를 온전히 평가할 수 없음을 잘 안다. 또한 무척 복잡하고 섬세한 사고 과정을 오해 없이 재현하는 데는 여러 가지 어려움이 따르기에 좀 더 정확한 것을 알고자 하는 사람은 원하는 정보를 스스로 원전에서 구할 수밖에 없다. 물론 원전을 읽는다고 해서 완전히 만족할 수 있을지는 나도 모른다. 위의 저자들이 제시한 농담의 기준과 특성들, 예를 들어 농담의 능동성, 우리 사고 내용과의 관계, 유희적 판단의 성격, 유사하지 않은 것들 사이의 유사성, 표상의 대조, 무의미 속의 의미, 당혹스러움과 깨달음, 감추어진 것의 끄집어냄, 농담 특유의 간결함, 이런 것들은 언뜻 우리가 그 가치를 과소평가할 수 없을 정도로 적절하고 여러 가지 예로 쉽게 입증될 수 있을 것처럼 보이지만, 하나의 유기적 통일체로 묶기에는 어려움이 따르는 〈흩어진 파편disiecta membra〉에 지나지 않는다. 그렇다면 이런 파편들은 농담의 본질을 인식하는 데는, 예를 들어 한 사람의 전기를 쓸 때 그 인물의 성격을 파악하기 위해 수집하는 일련의 일화들 이상으로 도움이 되지 않는다. 지금 우리에게는 개별 규정들의 상위 관련성에 대한 인식이 전혀 없다. 가령 농담의 간결함이 유희적 판단의 특징과 무슨 관계가 있는지 모른다. 게다가 제대로 된 농담이 되려면 이 모든 조건들을 충족해야 하는지, 그중 일부만 충족해도 되는지, 또 어떤 조건은 대체될 수 있고 어떤 조건은 없어서는 안 되는지에 관해 아는 것이 없다. 우리가 하고 싶은 것은 또 있다. 본질적인 것으로 확인된 특성들을 토대로 농담을 분류하고 그룹으로 묶는 것이다. 위의 저자들에게서 발견할 수 있는 분류의 토대는 한편으론 기술적 수단이고, 다른 한편으론 말 속에서의 농담의 사용이다(음성적 농담, 언어유희, 희화화하는 농담, 특징화하는 농담, 재치 있는 처리).

따라서 농담의 본질을 해명하기 위한 또 다른 노력에 목표를 제시하는 데는 어려움이 없을 듯하다. 성공을 기대하려면 새로운 관점을 도입하거나, 아니면 집중력 강화와 관심의 심화를 통해 더욱 깊이 파고들어야 한다. 우리는 적어도 후자의 수단만큼은 부족함이 없도록 할 자신이 있다. 어쨌든 위의 저자들은 그 자체로 인정된 소수의 농담만 예로 들어 분석하는 데 그쳤고, 하나같이 선행 연구자들과 똑같은 예를 사용했다는 점이 눈에 띈다. 우리는 권위 있는 저자들이 농담 연구를 위해 이미 사용한 예들을 분석할 의무를 회피해서는 안 되겠지만, 거기다 우리의 결론을 도출하는 데 폭넓은 토대가 되어 줄 새로운 자료들에도 관심을 가질 생각이다. 그럴 경우 가장 먼저 떠오르는 것이 우리 자신이 살아가면서 강렬한 인상을 받고 포복절도했던 농담들이고, 우리는 그것들을 연구 대상으로 삼을 것이다.

농담이라는 주제가 그런 노력을 들일 만큼 가치가 있을까? 그 점에 대해서는 의심할 여지가 없다. 그런 판단의 근거로 나는, 이 연구를 진행하면서 나 자신을 농담의 문제에 대한 인식으로 내몰았던 개인적 동기들을 제외하면, 모든 심리적 사건들의 내밀한 연관성을 들고 싶다. 이 연관성은 다른 동떨어진 영역의 심리적 인식에도 가늠할 수 없는 가치를 보장하기 때문이다. 게다가 우리 사회에서 농담이 얼마나 독특하고 황홀한 매력을 발산하는지 떠올려 봐도 된다. 새로운 농담은 거의 모든 사람이 관심을 갖는 사건처럼 보인다. 그래서 마치 최근의 승전보처럼 이 사람에게서 저 사람으로 전달된다. 심지어 꽤 이름 있는 사람들조차 전기에서 자신이 어떻게 성장했고, 어떤 도시와 나라를 방문했으며, 어떤 훌륭한 사람들과 교류했는지 알릴 때면 여기저기서 들은 빼어난 농담을 적는 것을 마다하지 않는다.[6]

---

6 팔케J. v. Falke, 『삶의 기억 *Lebenserinnerungen*』(1897) — 원주.

2. 농담의 기술

1

앞 장에서 우연히 우리에게 다가온 첫 번째 농담으로 다시 돌아가 보자.

하인리히 하이네는 『여행 화첩Reisebilder』중 〈루카의 온천〉이라는 제목이 붙은 글에서 복권 판매상이자 티눈 제거 기술자인 함부르크 출신의 히르슈-히야킨트라는 유쾌한 인물을 소개한다. 히야킨트는 시인(하이네)에게 부유한 로트실트 남작과 자신의 관계를 잔뜩 자랑하더니 마지막에 이렇게 말한다.

박사님, 주님의 은총이 이놈에게 내렸는지, 글쎄 내가 잘로몬 로트실트 남작 옆에 앉았는데, 그분이 나를 완전히 자신과 같은 부류로, 그러니까 진실로 〈가족백만장자처럼〉 대해 주지 않겠습니까?

하이만스와 립스는 뛰어난 농담으로 간주되고 큰 웃음을 주는 이 예를 통해 농담의 희극적 효과가 〈당혹스러움과 깨달음〉에서 비롯된다고 설명했다. 그런데 우리는 이 문제를 제쳐 두고 다른 질문으로 시선을 돌려 보겠다. 히르슈-히야킨트의 말을 재치 있는 농담으로 만드는 것은 무엇일까? 두 가지 가능성밖에 없을 듯하다. 하나는 이 말 속에 표현된 그 사람의 생각, 즉 농담한 사람의 성격을 드러내는 생각이고, 다른 하나는 그 생각이 표현된 말 자체에 담긴 재치다. 우리는 농담의 성격이 어떤 가능성에 더 가까운지 계속 추적해 볼 생각이다.

생각은 일반적으로 그것을 적절하게 재현해 주는 다양한 언어 형식, 즉 단어들로 표현될 수 있다. 히르슈-히야킨트의 말 속에는 생각을 드러내는 한 가지 특정한 표현 형식이 들어 있다. 그것도 매우 특이하고 쉽게 이해되지 않는 형식으로 말이다. 같은 생각을 최대한 충실하게 다른 말로 표현해 보자. 립스는 이미 그렇게 했고, 그로써 시인의 표현 형식을 어느 정도 설명했다. 그는 말한다(1898, 87면). 〈하이네가 말하려는 바는 남작이 히야킨트를 대하는 태도가 아주 친밀했다는 것이다. 물론 그 주체가 백만장자라는 것을 알면 결코 유쾌할 수만은 없는 그런 친밀함이다.〉 히르슈-히야킨트의 말에 더 잘 어울릴 다른 표현을 선택한다고 해도 그 의미는 전혀 바뀌지 않는다. 예컨대 이런 표현이다. 〈로트실트는 나를 완전히 자신과 같은 부류로 대해 주었다.《백만장자》가 할 수 있는 만큼.〉 여기다 우리는 이렇게 덧붙일 수 있을 듯하다. 〈부자의 겸손에는 항상 불쾌한 무언가가 있다. 그것을 직접 겪는 사람에게는.〉[1]

같은 생각을 표현하는 이 텍스트건 저 텍스트건, 우리가 제기한 질문과 관련해서는 이미 답이 나와 있다. 이 예에서는 농담의 성격이 〈생각〉 그 자체에 있지 않다는 것이다. 하이네가 히르슈-

---

1 이 농담은 다른 대목에서도 다루게 될 텐데, 거기서 이 농담에 관한 립스의 해석을 수정할 기회가 있을 것이다. 따라서 여기서 괜히 그 부분을 언급해서 이후의 논의에 지장을 주고 싶지는 않다 — 원주.

히야킨트의 입을 빌려 말하고자 한 것은, 엄청난 부자를 대하는 가난한 사람에게서 쉽게 볼 수 있는 씁쓸함에 대한 정확하고도 날카로운 지적이다. 하지만 우리는 이것을 재미있다고 말하지는 못할 것이다. 그런데 그 해석에서 하이네의 표현 형식에 대한 기억을 떨쳐 버릴 수 없는 누군가가 그 생각 자체도 새미있었냐고 한다면 우리는 해석 과정에서 놓쳐 버린 농담 성격의 확실한 기준에 주목할 수 있다. 히르슈-히야킨트의 말을 들으면서 우리는 크게 웃었다. 반면에 립스나 우리가 그 뜻에 충실하게 해석한 표현은 우리 마음에 들고, 우리를 생각에 빠지게 할 수는 있지만 웃게 하지는 못한다.

우리의 예에서 드러난 것처럼 농담의 성격이 생각에 있지 않다면 그것은 표현 형식, 즉 말에서 찾을 수 있다. 다른 표현으로 대체될 경우 농담의 성격과 효과가 사라진다는 점을 감안하면, 농담의 언어 기법이나 표현 기법이라고 할 수 있는 것이 무엇이고, 농담의 본질과 밀접하게 관련을 맺고 있는 것이 무엇인지 알아내려면 표현 방식의 특수성을 연구하기만 하면 된다. 게다가 우리는 농담의 언어 형식에 많은 가치를 둔다는 점에서 다른 저자들과 전적으로 일치한다. 예를 들어 쿠노 피셔는 말한다(1889, 72면). 〈판단을 맨 처음에 농담으로 만드는 것은 단순한 형식이다. 여기서 농담의 그런 본성을 같은 맥락의 금언으로 설명하고 증명한 장 파울의 말이 떠오른다.《전사(戰士)든 문장이든 단순한 위치가 승리의 관건이다.》〉

그렇다면 농담에서 이러한 〈기술〉의 핵심은 무엇일까? 어떤 생각이 우리를 그렇게 웃게 만드는 농담이 되려면 표현에 어떤 변화가 있어야 할까? 하이네의 표현과 우리의 표현을 비교해 보면 두 가지 사실을 알 수 있다. 첫째, 상당한 축약이 이루어졌다.

우리는 이 농담에 포함된 생각을 온전히 표현하기 위해 〈R은 나를 완전히 자신과 같은 부류로, 진실로 가족처럼 대해 주었다〉라는 문장에 아주 간략한 제한을 담은, 〈백만장자가 할 수 있는 만큼〉이라는 후속 문장을 첨가해야 했다. 그런 뒤에도 이 문장을 보충 설명하고 싶은 욕구를 느꼈다.[2] 반면에 시인의 표현은 한층 간결하다. 〈R은 나를 완전히 자신과 같은 부류로, 그러니까 진실로 가족백만장자처럼 대해 주었다.〉 가족 같은 대우를 강조하는 첫 문장에 이어 의미적 제한을 담은 두 번째 문장이 이 농담 속에서 녹아 없어진 것이다.

그렇다고 이 문장에서 그런 제한을 담은 의미적 대체물이 완전히 사라진 것은 아니다. 거기다 두 번째 변화가 일어난다. 웃음기 없이 그저 생각만 표현한 〈가족처럼familiär〉이라는 단어가 재치 있는 이 농담에서는 〈가족백만장자처럼familionär〉이라는 말로 바뀐 것이다. 농담의 성격과 웃음 효과가 바로 이 조어(造語)에 있다는 건 두말할 필요가 없다. 조어의 첫 부분은 첫 문장의 〈가족처럼〉과 일치하고, 끝부분은 두 번째 문장의 〈백만장자Millionär〉와 일치한다. 말하자면 이 조어는 두 번째 문장의 일부인 〈백만장자〉를 대변함으로써 두 번째 문장 전체를 대변하고, 그로써 농담 텍스트에는 없는 두 번째 문장을 짐작하게 한다. 따라서 이 새로운 단어는 〈가족처럼〉과 〈백만장자〉라는 두 요소의 혼합물이다. 이 단어의 생성 과정을 시각적 형태로 표현하면 다음과 같다.[3]

---

2 그건 립스의 텍스트도 마찬가지다 — 원주.
3 두 단어의 공통 철자는 나머지 다른 철자와 구별하기 위해 진하게 표시했다. 거의 발음되지 않는 두 번째 〈l〉은 당연히 무시해도 된다. 두 단어에서 음절이 여럿 일치한다는 점이 이 농담 기술에 합성어 생성의 계기를 제공했을 것이다 — 원주.

FAMILI   ÄR

MILIONÄR

FAMILIONÄR

우리는 생각을 농담으로 넘겨주는 이 과정을 다음과 같은 방식
으로 표현할 수 있다. 처음엔 터무니없이 느껴질 수도 있지만 그
럼에도 실제로 존재하는 결과를 정확히 보여 주는 방식이다.

    R은 나를 완전히 가족처럼 대해 주었다.

    다시 말해 백만장자가 할 수 있는 만큼.

이제 압축하는 힘이 이 문장에 작용하고, 모종의 이유로 후속
문장의 저항력이 적다고 가정해 보자. 그러면 후속 문장은 탈락
하고, 이 문장의 중요한 구성 성분, 즉 억압에 반기를 든 〈백만장
자〉라는 단어는 첫 번째 문장으로 밀려 들어가 자신과 매우 비슷
한 성분인 〈가족처럼〉과 융합한다. 그리고 두 번째 문장의 핵심적
인 요소를 되살려 낸 이 우연한 가능성으로 인해 덜 중요한 다른
성분들은 사라지고, 다음과 같은 농담이 탄생한다.

    R은 나를 완전히 가족백만장자(*famili on är*)처럼 대해 주었다.

                            (*mili*)   (*är*)

우리가 아직 작동 원리를 잘 모르는 압축의 힘을 제외하면 농
담 형성의 과정, 즉 농담의 기술은 이 경우엔 〈유사 단어들의 농
축〉으로 설명할 수 있고, 그 농축의 중심은 〈합성어〉의 생성으로
나타난다. 단어 자체로는 이해가 되지 않지만 문맥 속에서는 바
로 이해가 되고 재치 있게 느껴지는 합성어 〈가족백만장자〉야말

로 웃음을 짓게 하는 농담 효과의 핵심이다. 물론 이 농담 기술을 찾아냈다고 해서 농담 효과의 메커니즘이 쉽게 밝혀지는 것은 아니지만 말이다. 그런데 유사 단어의 언어적 농축 과정이 합성어를 통해 우리에게 얼마만큼 즐거움을 선사하고 우리를 웃게 할 수 있을지는 다른 차원의 문제다. 따라서 그 문제로 들어갈 통로를 발견하기까지는 그에 관한 논의를 미루어야 할 것으로 보인다. 당분간은 농담의 기술 문제를 계속 살펴보도록 하자.

농담의 기술이 농담의 본질 자체를 파악하는 것과 무관하지 않으리라는 기대와 함께 우리는 하이네의 〈가족백만장자〉와 비슷한 방식으로 만들어진 또 다른 농담들을 찾아보게 된다. 그런 예가 많지는 않지만, 합성어 형성이 특징인 작은 그룹을 만들기엔 충분해 보인다. 우선 하이네 자신이 〈백만장자〉라는 단어에서 일종의 자기 모방처럼 〈백만장자바보*Millionarr*〉(『이념들: 르 그랑의 책 *Ideen. Das Buch Le Grand*』 14장)라는 두 번째 농담을 만들어 냈다. 이는 〈백만장자*Millionär*〉와 〈바보*Narr*〉를 농축한 것이 분명할 뿐 아니라 첫 번째 예와 마찬가지로 억눌린 속마음을 표현하고 있다.

내가 아는 다른 예들도 있는데 그중 하나를 들면 이렇다. 베를린 사람들은 도시의 한 〈분수*Brunnen*〉를 이 분수의 설치를 못마땅하게 생각하는 〈포르켄베크*Forckenbeck*〉 시장의 이름을 따서 〈포르켄베켄*Forckenbecken*〉이라고 불렀다. 시장의 이름을 분수 이름과 연결 짓기 위해 〈분수〉라는 단어 대신 평소엔 잘 사용하지 않는 〈수조*Becken*〉로 바꾸었음에도 이 명칭의 농담적 성격은 부인할 수 없다. 옛날 유럽에서는 사람들이 레오폴드Leopold라는 군주를 〈클레오Cléo〉라는 여자와의 부정한 관계 때문에 〈클레오폴드Cleopold〉라는 이름으로 바꾸어 부르곤 했는데, 이 역시 단 하나의 철자를 이용해서 은근히 비꼬는 농축의 성격을 띠고 있다.

이처럼 고유명사는 이러한 농담 기술의 손쉬운 대상이 된다. 예전에 빈에 잘링거Salinger 형제가 살고 있었는데, 그중 한 사람이 〈증권 브로커Börsensensal〉(뵈르젠-젠잘)였다. 이 때문에 그 사람을 〈젠잘링거Sensalinger〉라고 부르게 됐고, 또 그와 구별하기 위해 다른 형제에게는 〈쇼이잘링거Scheusalinger〉[4]라는 기분 나쁜 호칭을 붙이게 되었다. 이런 호칭은 편리하고 재치 넘치는 것이긴 하지만, 그게 정당한지는 잘 모르겠다. 어쨌든 농담은 대개 그런 문제를 따지지 않는다.

언젠가 나는 다음과 같은 압축 농담을 들은 적도 있다. 지금껏 타지에서 즐겁게 살던 청년이 오랜만에 고향 친구를 방문했다. 친구는 청년이 손에 결혼반지Ehering를 끼고 있는 것을 보고 깜짝 놀라 소리친다. 「아니, 자네, 결혼했나?」 그러자 청년은 그렇다고 하면서 이렇게 덧붙인다. 「이 〈결혼반지Trauring〉, 사실이지.」 이는 아주 탁월한 농담이다. 결혼반지를 뜻하는 Ehering을 같은 뜻의 Trauring으로 바꿈으로써 놀라운 의미 반전이 생겨난다. Trauring(트라우링)은 발음이 〈트라우리히traurig(슬픈)〉와 비슷하기 때문이다. 따라서 청년의 대답은 이런 뜻으로 들린다. 〈그래, 이 결혼반지? 슬프지만 사실이지.〉

이 예에서는 합성어가 〈가족백만장자〉처럼 원래 말도 안 되고 존재하지도 않는 단어로 구성된 것이 아니라 압축된 두 단어 중 하나와 완전히 일치하지만, 그게 농담의 효과에 지장을 주지는 않는다.

나 자신도 대화 중에 뜻하지 않게 〈가족백만장자〉와 아주 유사한 농담거리를 상대방에게 던진 적이 있다. 내가 실제 능력보다 인정을 받지 못하는 사람으로 여기는 한 연구자의 위대한 업적에 대해 어떤 부인에게 이야기하던 중이었다. 내 이야기를 들은 부

---

4 쇼이잘Scheusal은 괴물, 흉측한 인간이라는 뜻이다.

인이 말했다. 「오, 정말 기념비*Monument*를 받을 만한 사람이네요.」 내가 대답했다. 「언젠가는 그렇게 될 수도 있겠지만, 당장은 가시적 성과가 너무 미미합니다.」 여기서 〈기념비*Monument*〉와 〈당장*momentan*〉은 대립적인 관계인데, 부인이 이 대립을 다음과 같은 말로 통합했다. 「그럼 우리가 그 사람의 〈당장기념비적인*monumentan*〉 성과를 빌어 주도록 해요.」

영어로 동일한 주제를 탁월하게 다룬 브릴A. A. Brill의 저서 『프로이트의 농담 이론*Freud's Theory of Wit*』(1911) 덕분에 나는 〈가족백만장자〉와 똑같은 압축의 원리를 보여 주는 외국어 단어들을 알게 되었다. 브릴에 따르면 영국 작가 드 퀸시de Quincey는 노인들이 〈지나간 얘기만 하는*anecdotage*〉 경향이 있다고 어디선가에서 언급했다. 이것은 철자가 부분적으로 겹치는 두 단어 〈일화*anecdote*〉와 〈노망*dotage*〉을 합성한 말이다.

anec*dote*

dotage

브릴은 익명의 단편소설에서도 크리스마스 시즌을 〈알코홀리데이즈*The alcoholidays*〉로 표현한 것을 찾아내기도 했다. 이 역시 〈술*alcohol*〉과 〈휴일*holidays*〉을 합성한 말이다.

alco*hol*

holidays

플로베르Flaubert가 고대 카르타고를 무대로 쓴 유명한 소설 『살람보*Salammbô*』를 발표했을 때 생트뵈브Saint-Beuve는 이 작품의 지독하게 꼼꼼한 묘사 때문에 카르타지누아즈리 *Carthaginoiserie*라고 비꼬았다.

Carthag*inois*(카르타고의)

chinoiserie(쓸데없는 번거로움)

이런 부류의 농담 가운데 가장 특출한 것은 오스트리아 학계에서 왕성하게 활동하다가 지금은 최고위직에 오른 한 인물의 농담이다. 나는 이 인물이 한 것으로 알려진, 하나같이 동일한 특성을 가진 농담들을 연구 소재로 삼기로 했는데,[5] 이는 그보다 더 나은 예를 찾기 어렵기 때문이다.

어느 날 N 씨는 빈의 한 일간지에5 발표한 지루하기 짝이 없는 글들로 유명해진 한 작가에게 관심을 보인다. 작가의 글은 예외 없이 나폴레옹 1세와 오스트리아의 관계에 대한 소소한 일화들을 다루고 있다. 작가의 머리카락은 빨갛다. N 씨는 그의 이름을 듣는 순간 이렇게 묻는다. 「그 사람 그거 나폴레옹 이야기만 줄곧 써 대던 〈따분한 빨강 머리*der rote Fadian*〉 아냐?」

이 농담의 기술을 찾아내려면 우선 표현을 바꿈으로써 농담의 요소를 제거하고, 대신 훌륭한 농담들에서는 명확하게 짐작할 수 있는 본래의 의미를 복원하는 환원 방식을 적용해야 한다. 따분

---

5 내게 그런 권리가 있냐고? 나는 어쨌든 이 도시(빈)에 일반적으로 알려져 있고 사람들 사이에서 회자되는 이 농담들을 비밀스럽게 알게 된 것이 아니다. 에두아르트 한슬리크Eduard Hanslick는 『신자유언론*Neue Freien Presse*』과 자서전에서 이런 유의 농담을 상당수 공개했다. 다만 입으로 전해질 경우 어쩔 수 없이 발생하는 왜곡의 위험에 대해서는 당사자들에게 미리 양해를 구한다 — 원주.

한 빨강 머리에 대한 N 씨의 농담은 두 가지 요소에서 비롯된다. 하나는 그 작가에 대한 부정적 판단이고, 다른 하나는 괴테가 「오틸리엔의 일기Aus Ottiliens Tagebuche」에서 발췌한 것들을 『친화력Wahlverwandtschaften』의 도입 부분에 삽입한 그 유명한 비유에 대한 연상이다.[6] 작가에 대한 N 씨의 불만은 이랬을 것이다. 〈그러니까 그 인간이 오스트리아에서 나폴레옹의 지루한 일상이나 줄곧 써대던 작자지?〉 이 말은 재치도 없고 재미도 없다. 괴테의 아름다운 비유도 그에 못지않게 재치가 없고, 웃음을 유발하지도 않는다. 이 둘이 연결되어 특유의 압축과 융합 과정을 거쳐야만 비로소 농담이, 그것도 수준 높은 농담이 만들어진다.[7]

지루한 역사 서술자에 대한 부정적 판단과 『친화력』의 아름다운 비유 사이의 연결은 내가 여기서는 아직 설명할 수 없는 이유에서 많은 유사 사례들보다 좀 더 복잡한 방식으로 이루어진 게 분명하다. 실제로 일어났을 법한 그 과정을 정리해 보면 이렇다. 먼저 같은 이야기만 반복적으로 써대는 그 작가의 행태는 N 씨에게, 대개 〈빨간 실처럼 관통하다〉라는 말로 잘못 인용되곤 하는 『친화력』의 그 유명한 말을 떠올리게 한다. 그런데 비유 속의 〈빨간rot 실〉은 그 작가의 머리카락도 〈빨갛다rot〉는 우연한 일치로 인해 첫 문장의 표현에 변화를 일으킨다. 이런 식으로 말이다. 〈그 빨강 머리가 나폴레옹에 대해 줄곧 지루한 글을 써대는 작가다.〉

6 〈영국 해군에는 특이한 관습이 하나 있다고 한다. 왕실 함대에서 쓰는 모든 밧줄은 굵은 것이든 얇은 것이든 빨간 실 하나가 중앙을 관통하는데, 전체를 풀지 않고는 그 실을 풀 수 없다. 그래서 아무리 짧은 밧줄 조각도 중간에 빨간 실이 들어 있다면 왕실 소유 함대임을 알 수 있다. 마찬가지로 오틸리엔의 일기도 전체를 연결하고 특징짓는 애착과 의존의 실이 관통하고 있다.〉(『조피엔 판 괴테 전집』 20권, 212면) ― 원주.
7 반복되는 이러한 관찰은 〈농담이 유희적 판단〉이라는 주장과 얼마나 맞아떨어지지 않는지 잘 보여 주는 듯하다 ― 원주.

이제 두 부분을 압축하는 과정이 시작된다. 〈빨갛다 *rot*〉라는 둘 사이의 공통점이 압박의 요소로 작용하면서 〈지루하다 *langweilig*〉가 〈실 *Faden*〉에 동화되어 〈따분한 *fad*〉으로 바뀌고, 이 두 요소가 농담의 표현으로 융합된다. 원래 따로 존재하던 부정적인 판단보다는 인용문이 더 큰 역할을 하는 농담으로 말이다.

그러니까 그 〈빨강 *rote*〉 머리가 나폴레옹에 대해 〈따분한 *fade*〉 글만 써대던 사람이다.

모든 것을 관통하는 〈빨강 *rote*〉 　　　　　　〈실 *Faden*〉

그 사람 그거 나폴레옹 이야기만 줄곧 써대던 따분한
　　　　〈빨강 머리 *rote* 　　　　　　*Fadian*〉 아냐?

이 설명에 대한 타당성이나 수정의 가능성은 나중에 이 농담을 형태적인 관점이 아닌 다른 관점에서 분석할 때 제시하겠다. 이 설명에 미심쩍은 구석이 있을 수 있다고 하더라도 압축이 일어났다는 점만큼은 의심할 여지가 없다. 압축의 결과는 한편으론 상당한 축약이고, 다른 한편으론 주목할 만한 합성어의 생성이 아닌 두 성분의 상호 침윤이다. 〈따분한 빨강 머리〉는 그 자체로 상대를 폄하하는 단순한 욕설로도 사용될 수 있지만, 우리의 경우에서는 분명 압축의 산물이다.

그런데 농담에 즐거움을 주는 원천이 무엇인지 밝히지도 못하면서 그 즐거움을 망치려고 하는 이런 관찰 방식이 못마땅하게 여겨지는 독자가 있다면 일단은 조금 인내해 줄 것을 부탁한다. 우리는 이제 겨우 농담의 기술을 다루기 시작했고, 이 연구가 충분히 확장되어야 해명도 보장되기 때문이다.

이 마지막 사례의 분석을 통해 대비해야 할 것은 억압되었던 것의 대체물이 합성어가 아닌 표현의 변화에 의해서도 주어질 수 있다는 것이다. 형태가 다른 이 대체물의 핵심이 무엇인지는 N 씨의 다른 농담에서 알아보도록 하자.

〈나는 그와 단 둘이*tête-à-bête*[8] 차를 타고 갔다.〉이 농담만큼 손쉽게 환원할 수 있는 것은 없을 듯하다. 이건 분명 이런 뜻이다. 나는 X와 단 둘이*tête-à-bête* 차를 타고 갔다. X는 〈바보〉같은 놈*ein dummes Vieh*이다.

두 문장 중 어떤 것도 재미있지 않다. 둘을 하나로 합친 문장, 즉 〈나는 X라는 바보 같은 놈과 단 둘이 차를 타고 갔다〉라고 해도 재미없기는 마찬가지다. 여기서는 〈바보 같은 놈*das dumme Vieh*〉이 생략되고, 대신 두 번째 *tête*의 *t*가 *b*로 바뀌는 아주 작은 변형에 의해 억제된 〈바보 같은 놈〉이 되살아나면서 농담이 만들어진다. 이런 형태의 농담 기술은 〈가벼운 변형을 통한 압축〉이라고 할 수 있는데, 변형이 적을수록 더 훌륭한 농담이 만들어진다고 예상할 수 있다.

다소 복잡하기는 해도 또 다른 농담의 기술도 이와 매우 흡사하다. N 씨는 대화 중에, 칭찬할 점도 더러 있지만 비난할 점도 많은 한 인물에 대해 이렇게 말한다. 「그렇지, 허영기는 그 사람이 갖고 있는 〈네 개의 아킬레스건〉 중 하나지.」[9] 여기서 가벼운 변형의 핵심은 어떤 영웅에게도 있기 마련인 〈아킬레스건〉이 그 사람에겐 〈하나〉가 아닌 〈네 개〉나 있다고 주장하는 것이다. 아킬레

8 원래는 〈*tête-à-tête*〉(단 둘이, 몰래)인데, 뒤의 *tête*를 *bête*(가축, 짐승, 거친 인간)로 바꿔 농담을 하고 있다.

9 하이네도 이전에 알프레드 드 뮈세Alfred de Musset를 가리켜 똑같은 농담을 한 적이 있다고 한다 — 원주.

스건이 네 개 있으려면 발목이 네 개 있어야 하고, 네 발 달린 동물만 발목이 네 개 있다. 그렇다면 이 농담에는 두 가지 생각이 압축되어 있다. 〈Y는 허영기만 빼면 괜찮은 인간이다. 하지만 나는 그를 좋아하지 않는다. 그는 인간이라기보다 짐승에 가깝다.〉[10]

내가 최근에 한 가족 모임에서 들은 농담은 훨씬 단순하지만 이와 유사하다. 김나지움에 다니는 형제 중 한 명은 우등생이고, 다른 한 명은 중간 정도의 평범한 아이다. 그런데 언젠가 우등생 형이 학교에서 사고를 치자 어머니는 혹시 이 일로 아들의 성적이 계속 떨어지지 않을까 걱정한다. 그러자 그동안 형의 그늘에 가려져 있던 동생이 이때다 싶어 끼어든다. 〈맞아요, 형은 네 발로 뒤로 가고 있어요.〉

여기서 변형의 핵심은 형이 뒤로 가고 있다는 사실을 강조하기 위해 동생이 살짝 덧붙인 말(〈네 발로〉)이다. 그런데 이 변형은 자기 자신에 대한 강력한 변론이기도 하다. 즉 형이 공부 좀 한다고 나보다 똑똑하다고 생각하면 안 돼요. 형도 가만 보면 바보예요. 나보다 훨씬 멍청한 바보라고요!

N씨의 다른 유명한 농담도 가벼운 변형을 통한 압축의 좋은 예를 보여 준다. 그는 한 공적인 인물에 대해 이렇게 주장했다. 그 인물은 원대한 〈미래를 뒤에 두고 있다고〉. 이 농담의 대상은 출신과 교육, 개인적 자질 덕분에 장차 거대 정당의 지도자는 물론 정부의 수반에 오를 것으로 촉망받던 젊은이였다. 그러나 세월은 변했고, 그 당은 정권을 잡지 못했다. 이젠 당의 지도자로 기대되었던 그 인물도 성공할 비전이 보이지 않는다. 그렇다면 이 농담

10 이 농담 기술의 특징 중 하나는 생략된 비방을 대체하는 변형이 그 비방의 암시로 여겨진다는 것이다. 왜냐하면 변형은 추론 과정을 거쳐서야 암시로 연결되기 때문이다. 여기서 이 기술을 복잡하게 만드는 또 다른 요소에 대해서는 이어지는 각주를 참조하기 바란다 — 원주.

의 의미론적 환원은 명확하다. 〈남자는 원대한 미래를 앞두고 있었지만, 지금은 끝나 버렸다〉라는 것이다. 위 농담의 메커니즘은 분명하다. 주 문장의 〈앞vor〉을 그 반대말인 〈뒤hinter〉로 대체함으로써 종속문의 의미를 이 말 한 마디에 담아 낸 것이다.[11]

N씨는 직접 농사를 지은 것 말고는 별다른 능력이 없는데도 농무부 장관이 된 한 남자에 대해서도 거의 똑같은 형태의 농담을 한다. 여론은 그 남자를 역대 최악의 농무부 장관으로 꼽고 있는 상태였다. 남자가 장관직을 내려놓고 농사 일로 돌아가자 N씨는 이렇게 말한다. 〈그는 킨키나투스처럼 쟁기《앞vor》의 자기 자리로 돌아갔다.〉 그에 비해 농사를 짓다가 관직에 임명된 로마인 킨키나투스는 관직을 그만두고 나서는 원래의 자리인 쟁기 〈뒤hinter〉로 돌아갔다. 쟁기 〈앞vor〉은 예나 지금이나 소의 자리다.

카를 크라우스Karl Kraus가 한 황색 언론인을 가리켜, 〈오리엔트 협박 열차Orienterpresszug〉를 타고 발칸 반도의 한 나라로 떠났다고 쓴 것도 살짝 변화를 주어 압축한 성공적인 예를 보여 준다. 〈협박Erpressung(에어프레숭)〉의 철자와 발음이 〈특급Express〉과 비슷하다는 점에 착안한 농담이다. 이렇듯 인쇄상의 실수를 가장한 이 농담은 또 다른 흥미로운 점을 보여 준다.

이런 유의 보기들을 계속 나열하는 건 어렵지 않지만 이 두 번째 그룹, 즉 변형을 통한 압축 기술의 특징을 파악하는 데 새로운 보기가 더 필요하지는 않을 것이다. 이제 이 두 번째 그룹을, 농담의 핵심적 기술이 합성어를 통한 압축에 있었던 첫 번째 그룹과 비교해 보면 둘의 차이가 본질적인 것이 아니라 경계도 흐릿함을

11 이 농담의 기술에는 내가 나중에 설명할 요량으로 미루어 두었던 또 다른 요소가 함께 작용하고 있다. 변형의 내용적 성격이 그것이다(상반되거나 모순되는 말을 통한 표현의 기술). 농담 기술은 여러 가지 수단을 동시에 사용하는 것에 전혀 구애를 받지 않는다. 다만 우리는 그 수단들을 순서에 따라 알아 가야 한다 — 원주.

쉽게 알 수 있다. 합성어든 변형이든 그 상위에는 대체물의 개념이 자리하고 있고, 원한다면 합성어를 두 번째 요소를 통한 기본어의 변형으로 볼 수도 있다.

2

여기서 잠시 숨을 고르며, 우리의 이런 첫 결과가 다른 문헌들의 어떤 요소와 완전히 또는 부분적으로 일치하는지 생각해 보자. 장 파울이 농담의 영혼이라고 불렀던 간결함과는 분명히 일치한다. 물론 간결함 자체가 농담은 아니다. 그렇지 않다면 모든 간결한 표현이 농담이어야 할 것이다. 농담의 간결함에는 뭔가 다른 특별함이 있는 것이 틀림없다. 립스가 농담적 축약의 특별함을 상세히 기술하고자 한 것도 그 때문이다. 우리의 연구도 거기서 출발했고, 농담의 간결성이 농담의 언어적 표현 속에 〈대체물〉이라는 이차적 흔적을 남기는 특수한 과정의 결과임을 증명했다. 또한 독특한 압축 과정을 원래의 의미로 되돌려 놓는 환원을 통해 농담에서 중요한 것이 압축 과정에서 생겨난 언어적 표현임을 알게 되었다. 이제 당연히 우리는 지금까지 거의 주목받지 못했던 이 특별한 과정에 관심을 집중할 것이다. 게다가 우리는 농담의 소중한 가치, 즉 농담이 우리에게 제공하는 즐거움이 그 과정에서 어떻게 만들어지는지도 아직 전혀 모르고 있다.

우리가 여기서 농담의 기술이라고 부르는 것과 비슷한 과정이 정신의 다른 영역에서도 알려진 것이 있을까? 물론이다. 겉보기엔 완전히 동떨어진 것처럼 보이는 딱 하나의 영역에서 그 유사한 과정이 밝혀진 적이 있다. 1900년 나는 『꿈의 해석 *Die Traumdeutung*』이라는 제목이 말해 주듯 꿈의 수수께끼를 밝히고, 꿈이 정상적인 정신 활동의 산물이라고 주장한 책을 발표했다. 나는 이 책에서 기묘할 때가 많은 명시적 〈꿈 내용Trauminhalt〉과 그것이 생성시키는, 잠재적이지만 아주 정확한 〈꿈 사고Traumgedanken〉를 대립시킬 계기를 찾았고, 잠재적인 꿈 사고로부터 꿈을 만들어 내는 과정 및 그러한 변화에 관여하는 정신적 힘을 연구하는 작업에 착수했다. 나는 이러한 전체 변화 과정을 〈꿈 작업Traumarbeit〉이라고 불렀고, 이 꿈 작업의 일부로서 농담 기술의 과정과 유사한 압축 과정을 거론하면서 그 과정이 어떻게 간결성으로 나아가고, 동일한 종류의 대체물을 형성하는지 설명했다. 우리는 누구나 꿈에 대한 기억을 통해 꿈에 등장하는 인물과 대상의 합성물을 안다.[12] 또한 꿈은 분석을 통해 해체될 수 있는 단어들의 합성물을 만들어 내기도 한다. 예를 들어 꿈에 나온 〈Autodidasker〉라는 말은 〈Autodidakt〉(독학자)와 〈Lasker〉(사람 이름)가 합쳐진 말이다.

그런데 꿈의 압축 작업으로 합성물이 만들어지는 것이 아니라 어떤 대상이나 인물을 완벽하게 닮은 형상이 만들어지는 경우도 있고, 그것이 훨씬 더 빈번하다. 다른 기원에서 비롯된 첨가나 수정, 그러니까 N 씨의 농담에서 나타나는 약간의 변형만 제외하면 완벽하게 닮은 형상들이다. 우리는 꿈에서건 N 씨의 농담에서건 동일한 효과를 만들어 내는 동일한 정신적 과정이 있음을 의심하지 않는다. 농담 기술과 꿈 작업 사이의 이런 광범한 유사성은 분명 농담 기술에 대한 우리의 관심을 고조시키고, 농담과 꿈의 비교로부터 농담의 해명에 필요한 것을 몇 가지 도출해 낼 수 있으리라는 기대를 불러일으킨다. 하지만 우리는 농담 기술을 불과 몇 가지 사례에서만 조사한 것이기에 우리가 믿고 싶어 하는 그

12 『꿈의 해석』 네 번째 장에 나오는 꿈 사례 참조.

유사성이 실제로 타당한지는 알 수 없다고 고백하는 것과 함께 농담과 꿈 사이의 비교를 자제하도록 하겠다. 이제 우리는 꿈과의 비교에서 벗어나 농담 기술로 돌아가고, 그 문제는 나중에 혹시 다루게 될지도 모를 미래의 과제로 남겨 두도록 하겠다.

3

우리가 일단 알고 싶은 것은 대체물 형성을 통한 압축 과정이 모든 농담에서 증명되는지, 그래서 그것을 농담 기술의 보편적 성격이라고 주장할 수 있느냐 하는 것이다. 이 대목에서 한 가지 농담이 떠오른다. 특별한 상황 때문에 아직도 기억에 남는 농담이다. 내 젊을 때 훌륭한 선생님이 한 분 계셨는데, 농담을 아예 하지 않을뿐더러 남의 농담도 즐길 줄 모르는 사람이었다. 그런 분이 어느 날 웃으면서 연구소로 들어오더니 평소와 달리 유쾌한 표정으로 자신이 기분 좋은 이유를 설명해 주었다. 「아주 기가 막힌 농담을 읽었지 뭔가. 위대한 장자크 루소의 친척이고, 성도 루소인 한 청년이 파리의 살롱에 가게 되었네. 머리가 붉은색이었다고 하더군. 그런데 어찌나 어색하고 촌스럽게 구는지 살롱의 부인이 청년을 데려온 신사에게 빈정거리듯이 이렇게 말했네. 〈당신이 내게 소개해 준 사람은《루소Rousseau》가 아니라《루에소roux et sot》[13] 같군요.〉」 선생님은 다시 생각해도 우스운지 또 웃음을 터뜨렸다.

이는 전문용어로 소리 농담이다. 그것도 고유명사로 장난을 치는 유치한 농담이다. 예를 들어 아브라함 아 산타 클라라[14]의 설

---

13 〈빨강 머리 멍청이〉라는 뜻이다.
14 Abraham a Santa Clara(1644~1709). 독특한 언어 구사력과 언어적 상상력

교 방식을 모방한 것으로 알려진, 『발렌슈타인 진영*Wallensteins Lager*』에 나오는 카푸친회 수도사의 설교 속 농담처럼.

〈발렌슈타인Wallenstein〉이라 불리는 그 남자
실은 우리 〈모두에게*allen*〉 불쾌감과 화를
불러일으키는 〈걸림돌*Stein*〉일 뿐일지니.[15]

이 농담의 기술은 어떤 것일까? 우리가 어쩌면 보편적인 것으로 증명하고 싶었던 농담의 성격이 첫 번째 예에서는 나타나지 않는다. 생략도 축약도 발생하지 않은 것이다. 살롱 마담은 그 농담으로 속에 품고 있던 생각을 거의 다 표현했다. 〈당신이 소개해 준 저 남자가《루소》의 친척이라고 해서 뭔가《루소》와 비슷한 정신적인 것이 있지 않을까 기대했는데, 가만 보니 그냥 멍청한《빨강 머리》애송이네요.〉 여기다 무슨 말을 더 붙이더라도 이 환원의 시도에서 농담의 성격은 사라지지 않는다. Rousseau와 *Roux Sot*의 발음이 같다는 데 이 농담의 본질이 담겨 있기 때문이다. 그렇다면 이 농담에서는 대체물을 통한 압축이 아무런 역할을 하지 못하고 있다.

그 밖에 뭐가 또 있을까? 우리는 새로운 환원 시도를 통해, 루소라는 이름이 다른 이름으로 대체되기 전까지는 농담의 성격이 유지되는 것을 알 수 있다. 예컨대 루소 대신 〈라신Racine〉이라는 이름을 집어넣으면, 살롱 마담의 비난은 여전히 유효하지만, 농담의 흔적은 깡그리 사라지고 만다. 이제 나는 이 농담 기술을 어

으로 유명한 오스트리아의 설교자이자 성직자.
15 프리드리히 실러F. Schiller의 〈발렌슈타인 3부작〉 중 1부 『발렌슈타인 진영』 제8막.

디서 찾아야 할지 알지만, 그것을 어떻게 표현해야 할지는 망설여진다. 일단은 이렇게 표현해 보고 싶다. 이 농담 기술의 핵심은 동일한 단어(주로 이름)의 〈이중적 사용〉이다. 즉 철자 맞히기 게임처럼 한 번은 전체 단어로, 한 번은 음절로 나뉘어 사용되고 있는 것이다.

나는 이와 똑같은 기술을 사용한 몇 가지 보기를 들 수 있다.

한 이탈리아 부인은 동일한 단어의 이중적 사용이라는 기술을 써서 나폴레옹 보나파르트Napoléon Bonaparte의 무례한 발언에 복수를 했다고 한다. 보나파르트가 한 궁중 무도회에서 부인에게 「이탈리아 사람들은 모두 춤을 못 추는군요!」 하고 말하자 부인은 순발력 있게 받아쳤다. 「모두는 아니지만, 〈상당수*buona parte*(부오나 파르트)〉는 못 추죠.」(브릴, 1911)

테오도어 피셔와 쿠노 피셔에 따르면, 베를린에서 소포클레스의 비극 「안티고네Antigone」가 상연되었을 때 비평가들은 그 연극에 고대적 특징이 부족하다는 평가를 내렸다고 한다. 그러자 베를린 사람들은 그 비판에 대해 재치 있게 받아쳤다. 「고대? 오, 노! *Antik? Oh, nee!*」[16]

의사들 사이에도 이와 비슷한 음절 분리 농담이 있다. 의사들이 청소년 환자들에게 자위를 하느냐고 물으면 예외 없이 이런 답이 돌아온다는 것이다. 「오, 전혀요*O na, nie!*」[17]

이 세 가지 예에서 사용된 농담 기술은 하나의 범주로 묶기에 충분해 보인다. 이 농담들에서는 동일한 단어가 두 번 사용되는데, 한 번은 온전한 단어로, 다른 한 번은 각각 다른 의미를 가리

---

16 이것을 붙여서 읽으면 〈안티고네〉와 비슷한 발음이 나온다.
17 〈O na, nie〉를 붙여서 읽으면 〈오나니〉가 되는데, 이는 독일어로 〈수음〉이라는 뜻이다.

키는 철자로 분리되어 사용된다.[18]

같은 단어를 한 번은 전체로, 한 번은 분리된 음절로 여러 번 사용하는 것은 우리가 앞서 살펴본 압축에서 벗어나는 기술의 첫 사례다. 그런데 깊이 숙고하지 않더라도 머릿속에 떠오르는 수많은 보기들을 고려하면 새로 발견된 기술을 결코 이 수단에만 국한시켜서는 안 될 것 같은 느낌이 든다. 동일한 말이나 동일한 소재를 한 문장에서 여러 번 사용할 가능성은 정말 가늠할 수 없을 정도로 많은 게 분명하다. 그렇다면 이 모든 가능성을 농담의 기술적 수단으로 받아들여야 할까? 그래야 할 듯하다. 다음의 농담들이 그것을 증명해 준다.

우선 동일한 언어적 소재를 취해서 그 순서만 약간 바꿀 수 있다. 변화가 적을수록, 그리고 동일한 단어들이 상이한 의미를 표

18 이 농담들의 우수성은 훨씬 고차원적인 다른 기술적 수단을 동시에 사용했다는 데 있다. 이 대목에서 나는 농담과 수수께끼의 관계에 주목한다. 철학자 브렌타노F. Brentano는 한 단어로 합쳐지거나 다양한 방식으로 조합되면 다른 의미를 만들어 내는 음절들을 알아맞히는 일련의 수수께끼를 지어 냈다. 예를 들면 이런 식이다.
〈플라타너스 잎이 내게 연상시키는 것은 Ließ mich das Platanenblatt ahnen.〉 (Platanenblatt에서 가운데 부분인 anen은 뒤에 나오는 ahnen과 발음이 같고, 뒷부분인 blatt는 앞부분인 Plat와 발음이 비슷하다. 그래서 Platanenblatt ahnen을 떼어 읽으면, 플라트 아넨, 블라트 아넨이 된다)
이런 예도 있다.
〈너는 인도인에게 처방을 써주다가 서두르는 바람에 잘못 썼지?Wie du dem Inder hast verschrieben, in der Hast verschrieben?〉 (Inder hast는 in der Hast와 발음이 같지만, 철자를 분리하면 뜻이 완전히 달라진다.)
알아맞혀야 할 음절들이 문맥 속에서 허사(虛辭)의 반복으로 대체되기도 한다. 브렌타노가 꽤 늦은 나이에 약혼했다는 소식을 들은 한 동료는 이렇게 물음으로써 재치 있게 복수한다. 〈Daldaldal daldaldal?〉 (브렌타노는 아직 불타고 있는가?Brentano brennt-a-no?)(〈brennt〉는 〈불타다〉라는 뜻이다.)
이 Daldal 수수께끼와 위의 농담들 사이의 차이는 무엇일까? 후자의 경우는 단어가 제시되고 기술이 숨겨지는 반면에 전자의 경우는 기술이 조건으로 주어지고 단어를 알아맞혀야 한다는 것이다 — 원주.

현하고 있다는 인상을 줄수록 그 농담은 기술적으로 더욱 훌륭하다.

슈피처Daniel Spitzer가 쓴 『빈의 산책*Wiener Spaziergänge*』(1912)에 이런 농담이 나온다.

> X 씨 부부는 상당히 사치스럽게 산다. 혹자는 남자가 〈돈을 많이 벌어*viel verdient* 일부를 저축했다*etwas zurückgelegt*〉고 하고, 혹자는 여자가 〈몸을 뒤로 눕혀*sich etwas zurückgelegt* 돈을 많이 벌었다*viel verdient*〉고 한다.[19]

악의적이지만 참으로 기발한 농담이다! 게다가 사용한 수단도 별로 없다. 그저 두 구절, 그러니까 〈*viel verdient*〉와 〈*sich etwas zurückgelegt*〉의 순서만 바꾸었을 뿐이다. 그럼에도 이 작은 변화를 통해 남자에 대해 말하는 것과 부인에 대해 암시하는 것이 천양지차로 갈린다. 하지만 여기서도 농담에 사용된 기술은 이것만이 아니다.[20]

〈동일한 소재의 반복 사용〉이라는 기술을, 농담의 핵심이 되는 단어(또는 단어들)를 한 번은 바꾸지 않고, 또 한 번은 가볍게 바꿔 사용하는 것으로 확장하면 농담 기술이 더욱 풍성해진다. N 씨의 다른 농담을 보자.

N 씨는 유대인 출신의 한 신사에게서 유대인의 기질에 대한 악

---

19 〈*zurücklegen*〉이라는 동사에는 〈저축하다〉라는 뜻과 〈몸을 뒤로 눕히다〉라는 뜻이 함께 담겨 있다.

20 이건 브릴이 『프로이트의 농담 이론』에서 인용한 올리버 웬델 홈스Oliver Wendell Holmes의 다른 탁월한 농담, 예를 들어 〈돈을 믿지 말고, 믿을 곳에 돈을 투자하라*Put not your trust in money, but put your money in trust*〉라는 농담에도 마찬가지로 해당한다. 앞뒤 문장은 모순처럼 보이지만, 두 번째 문장으로 모순은 해소된다. 이런 기술을 사용한 농담은 번역하기가 불가능하다는 것을 보여 주는 좋은 예다 — 원주.

의에 찬 험담을 들었다. 그는 이렇게 대꾸한다. 「호프라트 씨, 당신이 〈안테〉세미티즘Antesemitism인 건 알고 있었지만, 〈안티〉세미티즘Antisemitism인 건 처음 알았군요.」[21]

여기선 정확히 발음하지 않으면 차이를 거의 알아챌 수 없을 정도로 알파벳 하나만 살짝 바뀌었을 뿐이다. 이 예는 우리가 앞서 살펴본 N 씨의 다른 변형 농담들을 상기시키지만, 다른 점은 여기선 압축이 일어나지 않았다는 것이다. 화자의 의도는 농담 자체에서 명확히 드러난다. 즉 〈나는 당신도 유대인 출신이라는 걸 알고 있는데, 그런 사람이 유대인 욕이나 하고 다니다니 참으로 놀랍군요!〉

이러한 변형 농담의 탁월한 예는 〈번역자Traduttore는 곧 반역자Traditore〉라는 유명한 외침이다. 얼핏 보면 같은 단어로 착각할 정도로 비슷한 두 단어는, 번역자란 작가에 대한 반역자가 될 수밖에 없는 필연성을 인상적으로 표현하고 있다.[22]

이러한 농담에서 가벼운 변화의 가능성은 어떤 것도 다른 것과 완전히 똑같지는 않을 정도로 다양하다.

한 법학과 시험에서 있었던 농담을 보자! 라틴어 법전의 한 부분을 번역해야 하는 수험생이 〈Labeo ait〉를 〈나는 떨어졌다고 그가 말했다Ich falle, sagt er〉로 번역했다. 그러자 시험관은 〈그래, 자네는 떨어졌어, 하고 내가 말했다Sie fallen, sage ich〉라고 대답했고, 이로써 시험은 끝났다.[23] 유명한 법학자의 이름을 동사 형태로,

---

21 〈ante〉는 〈그전에〉라는 뜻이고, 〈anti〉는 〈반대〉라는 뜻이다.
22 브릴은 아주 유사한 변형 농담을 인용한다. 〈사랑에 빠진 사람은 바보Amantes amentes〉 — 원주.
23 라베오Labeo(기원전 50~기원후 18)는 로마의 유명한 법학자의 이름이다. 그렇다면 〈Labeo ait〉는 〈라베오가 말했다〉라고 번역해야 하는데, 수험생은 〈Labeo〉를 〈labeor〉(나는 떨어졌다)와 혼동했다.

그것도 틀린 동사 형태로 기억하는 사람에게는 더 기대할 것이 없다고 본 것이다. 그런데 이 농담의 기술은 수험생의 무지를 증명해 주는 단어를 시험관이 똑같이 사용하면서 책망한 데 있다. 게다가 이 농담은 〈순발력〉을 보여 주는 한 예인데, 순발력의 기술이라는 것이 여기서 설명한 것과 크게 다르지 않다는 사실을 곧 알게 될 것이다.

말이란 온갖 것을 만들어 낼 수 있는 유연한 재료다. 어떤 맥락에서는 원래의 의미를 거의 잃어버리지만 다른 맥락에서는 여전히 그 의미가 반짝거리는 단어들이 있다. 리히텐베르크G. C. Lichtenberg는 한 농담을 통해 본래의 의미가 탈색된 단어들이 온전한 의미를 되찾는 현상을 보여 준다. 「어떻게 지내세요?Wie geht's?」 하고 장님이 절름발이에게 묻자, 「보시다시피Wie Sie sehen」 하고 절름발이가 장님에게 대답한다.[24]

독일어에는 맥락에 따라 온전한 의미를 가지거나 빈껍데기 의미로 그치는 단어들도 있다. 동일한 뿌리에서 나온 상이한 두 단어는, 하나가 온전한 의미를 지닌 단어로, 다른 하나가 의미가 퇴색된 어미나 접미사로 변하기도 하는데, 둘의 발음은 완전히 똑같을 수 있다. 물론 온전한 단어와 퇴색한 단어의 발음이 같은 것은 우연일 수도 있다. 어쨌든 두 경우 모두 농담 기술은 언어적 소재의 그런 상황을 충분히 이용할 수 있다.

예를 들어 슐라이어마허F. E. D. Schleiermacher가 한 것으로 전해지는 다음 농담은 그런 기술적 수단의 거의 순수한 예로서 가치가 있다. 〈질투Eifersucht는 열심히mit Eifer 고통을 만들어 내는

---

24 〈Wie geht's?〉는 직역하면 〈어떻게 걸으세요?〉라는 뜻이고, 〈Wie Sie sehen〉은 〈보시다시피〉라는 뜻이지만, 관용구의 형태로 쓰면, 〈어떻게 지내세요?〉, 〈아시다시피〉라는 뜻으로 사용된다. 반면에 리히텐베르크의 농담에서는 〈gehen(걷다)〉과 〈sehen(보다)〉의 원래 뜻이 그대로 살아 있다.

Leiden schafft 열정*Leidenschaft*이다.〉

이것은 농담으로선 아주 강렬하지 않더라도 재치 면에선 이론의 여지가 없다. 다른 농담들을 개별적으로 분석할 때 우리를 혼란스럽게 했던 많은 요소들이 이 농담엔 없다. 단어의 소리로 표현된 생각은 무가치하지만, 어쨌든 질투에 대해 불충분하게나마 정의를 내리고 있다. 이 농담 속에는 〈무의미 속의 의미〉, 〈숨겨진 의미〉, 〈당혹스러움과 깨달음〉의 측면은 없다. 게다가 아무리 눈 씻고 찾아봐도 표상의 대조 역시 발견할 수 없다. 다만 단어들과 그것이 의미하는 바 사이의 대조만 뚜렷이 알아볼 수 있을 뿐이다. 압축의 흔적도 찾아볼 수 없다. 아니, 오히려 소리만 장황하다는 인상을 받는다. 그럼에도 이것은 농담이다. 그것도 아주 완벽한 농담이다. 이 농담에서 유일하게 눈에 띄는 특징은 동일한 단어가 여러 번 사용된 것인데, 이 특징을 빼면 사실 농담의 성격도 사라진다. 그렇다면 우리에겐 이 농담을, 〈루소〉나 〈안티고네〉의 경우처럼 단어들을 한 번은 온전하게, 한 번은 분리해서 사용하는 그룹에 포함시켜야 할지, 아니면 단어 요소들의 온전한 의미와 퇴색된 의미가 다양성을 만들어 내는 그룹에 포함시켜야 할지 선택의 문제만 남는다.

그런데 이 농담에는 이런 요소들 말고 주목할 만한 기술적 요소가 하나 더 있다. 〈일원화*Unifizierung*〉를 통한 특이한 연관이 그것이다. 즉 질투는 스스로의 이름에 의해, 그러니까 질투라는 말 자체에 의해 정의됨으로써 자기 정체성의 일원화가 이루어진다. 앞으로 알게 되겠지만 이것도 농담 기술이다. 앞서 설명한 이 두 요소는 어떤 말에 농담의 성격을 부여하기에 충분해 보인다. 그런데 동일한 단어를 다양하게 반복하는 이 기술로 좀 더 깊이 들어가 보면, 오래전부터 보편적인 농담 기술로 알려져 있고 인정

받아 온 〈이중 의미〉나 〈언어유희〉 같은 형식이 우리 앞에 버티고 있음을 단번에 알게 된다. 그렇다면 우리는 고작 농담에 관한 아주 피상적인 논문에서조차 쉽게 알아낼 수 있는 것을 다시 찾아내려고 이 수고를 들였단 말인가? 우리의 입장을 변호하려면 우선 우리가 언어적 표현의 동일 현상에서 다른 측면을 부각시키고자 했다는 점을 지적하고 싶다. 다른 저자들이 농담의 〈유희적〉 성격으로 입증하려고 했던 것을 우리는 〈반복 사용〉의 관점에서 고찰하는 것이다.

우리가 〈이중 의미〉의 세 번째 그룹으로 묶을 수 있는 반복 사용의 또 다른 예들은 다시 어렵지 않게 하위 그룹으로 분류할 수 있다. 물론 이 그룹들은 서로 본질적인 차이가 없다. 세 번째 그룹 전체가 두 번째 그룹과 본질적 차이가 없듯이.

(1) 〈고유명사〉와 그 〈사물적 의미〉의 이중성: 〈우리 사회에서 도망쳐라, 피스톨이여!〉(셰익스피어, 『헨리 4세』 제2막 2장)[25]

수년 전부터 많은 남자들의 구애를 받았지만 아직도 남편을 찾지 못한 아름다운 처녀들과 관련해서 농담 잘하는 빈의 한 남자는 이렇게 말했다. 〈결혼*Freiung*보다는 구애*Hof*가 많다.〉 여기서 〈프라이웅*Freiung*〉과 〈호프*Hof*〉는 빈 시내의 인접한 광장 이름이지만, 사물적인 뜻은 결혼과 구애다.

이번에는 하이네의 『슈나벨레봅스키*Schnabelewopski*』 3장에 나오는 농담을 보자. 〈여기 함부르크를 지배하는 사람은 수치스러운 맥베스가 아니라 방코*Banko*다.〉 방코는 셰익스피어의 『맥베

25 여기서 피스톨은 등장인물의 이름이기도 하고 권총이기도 하다. 따라서 〈*Drück dich aus unserer Gesellschaft ab, Pistol!*〉이라는 문장을 직역하면, 〈피스톨이여, 우리 사회 밖으로 방아쇠를 당기라〉는 뜻이지만, 피스톨이 사람 이름으로 쓰이면 우리 사회에서 도망치라는 뜻이 된다.

스』에 나오는 인물인 뱅쿠오Banquo와 발음이 유사한데, 사물적 의미는 은행이다.

이름을 바꾸지 않고는 효과가 없을 경우, 그러니까 목표한 바를 노릴 수 없을 경우, 우리도 잘 아는 가벼운 변형을 통해 이중 의미를 얻을 수 있다. 예를 들면 이런 식이다. 시간이 한참 지난 다음에 사람들은 물었다. 〈프랑스인들은 왜 로엔그린Lohengrin을 거부했는가?〉 대답은 이렇다. 〈엘자스Elsa's(Elsaß) 때문이라고.〉[26]

(2) 한 단어의 〈실질적〉 의미와 〈은유적〉 의미로서의 이중 의미. 이는 농담 기술의 비옥한 토양이다. 한 가지 예만 인용해 보겠다. 익살꾼으로 유명한 한 동료 의사가 언젠가 시인 아르투어 슈니츨러Arthur Schnitzler에게 이렇게 말했다. 「난 당신이 훌륭한 시인이 된 게 전혀 놀랍지 않습니다. 당신 부친께서도 이미 동시대인들에게 〈거울〉을 비추지 않았습니까?」 시인의 아버지, 그러니까 유명한 의사 슈니츨러 박사가 사람들에게 사용한 거울은 후두경(喉頭鏡)이다. 햄릿의 유명한 말에 따르면, 배우나 시인의 목표는 〈본성에 거울을 비추는 것, 즉 덕에는 덕의 고유한 모습을, 치욕에는 치욕의 모습을, 시대와 시대 현실에는 그 모습 그대로 보여 주는 것〉이다(『햄릿』 제3막 2장).

(3) 진정한 이중 의미 또는 〈언어유희〉, 그리고 반복적 사용의 이상적 경우가 이에 해당한다. 여기서는 단어에 폭력이 가해지지 않는다. 단어는 음절로 쪼개지지 않고, 변형될 필요도 없으며, 자신이 속한 영역, 예를 들어 고유명사로서의 영역을 다른 영역과 맞바꿀 필요도 없다. 단어는 원래 모습 그대로, 문장 구조 속의 모

---

26 「로엔그린」은 독일 작곡가 바그너의 오페라로, 백조의 기사 로엔그린은 위기에 처한 엘자 공주를 구하기 위해 싸운다. 엘자스는 독일과 프랑스가 서로 차지하기 위해 싸웠던 곳이다.

습 그대로 특정 상황의 은총으로 두 가지 의미를 발설한다.

이에 대한 보기는 충분하다.

(쿠노 피셔의 책에서 따온 예다.) 권좌에 오른 나폴레옹의 첫 번째 통치 행위 중 하나는 알다시피 오를레앙 내의 모든 재산을 몰수하는 것이었다. 당시 이 조치를 두고 탁월한 말장난이 나돌았다. 나폴레옹의 그 행위는 〈독수리의 첫 번째 비상*vol*〉이라는 것이다. 그런데 *vol*이라는 단어에는 〈비상(飛上)〉 외에 〈도둑질〉이라는 뜻도 들어 있다.

루이 15세는 재담으로 소문난 신하의 재치를 시험해 보고자 했다. 그래서 신하에게 자신에 대한 농담을 해보라고 명했다. 왕 자신이 이 농담의 〈주제*sujet*〉가 되고 싶었던 것이다. 신하는 재치 있게 대답했다. 「폐하께서는 절대 〈주제*sujet*〉가 될 수 없나이다.」 *sujet*라는 단어에는 〈신하〉라는 뜻도 있다.

한 부인의 병상을 떠나는 의사가 그 남편이 자신을 따라오는 것을 보고 머리를 절레절레 흔들며 말했다. 「부인은 영 제 〈마음에 들지*gefällt*〉 않아요.」 그러자 남편은 재빨리 「제 〈마음에 들지*gefällt*〉 않은 건 벌써 오래됐지요」 하고 대꾸했다.

의사는 당연히 부인의 상태를 두고 한 말이었지만, 환자를 염려하는 그 표현이 환자 남편에게는 결혼 생활에 대한 불만을 토로하는 계기가 된 것이다.

하이네는 한 풍자극에 대해 이렇게 말했다. 「작가가 〈물어뜯을*beißen*〉 것이 더 많았다면 이 풍자는 이렇게 〈신랄하지*bissig*〉 않았을 것이다.」 〈*bissig*〉는 원래 〈잘 문다〉는 뜻이다.

이 농담은 제대로 된 언어유희라기보다는 은유적이고 일상적인 이중 의미의 예다. 하지만 여기서 엄격한 경계를 긋는 것이 뭐 그리 중요하겠는가?

또 다른 훌륭한 언어유희가 있다. 그런데 하이만스나 립스 같은 저자들의 설명은 오히려 이 언어유희를 이해하는 데 방해가 된다.[27] 얼마 전에 나는 다른 땐 별 쓸모가 없는 한 농담 모음집에서 올바른 해석과 표현을 발견했다.[28]

한 번은 사피르가 로트실트를 만났다. 잠시 쓸데없는 말을 몇 마디 주고받는가 싶더니 곧장 이렇게 말한다. 「저, 로트실트, 내 금고가 바닥났는데 100두카트쯤 빌려줄 수 있겠소?」

「뭐 그 정도야 어려운 일이 아니지. 단 조건이 하나 있어요. 나한테 재미있는 농담을 하나 들려줘요.」

「그거야 어려운 일이 아니죠.」사피르가 대답한다.

「좋아요. 그럼 내일 내 사무실로 와요.」

27 립스의 『희극과 유머』에 나오는 구절을 직접 옮겨 보자.
〈돈 많은 채권자가 자신을 찾아온 채무자 사피르에게 묻는다. 「혹시 300굴덴 때문에 왔나?*Sie kommen wohl um die 300 Gulden?*」 그러자 사피르는 이렇게 대답한다. 「아뇨, 당신이 300굴덴 때문에 왔습니다 *Nein, Sie kommen um die 300 Gulden.*」(여기서 〈*kommen um etwas*〉는 관용적 표현으로 원래 〈무엇을 잃다〉라는 뜻이다. 그렇다면 당신이 300굴덴을 잃을 것이다, 즉 내가 당신한테 300굴덴을 빌리러 왔다는 뜻이다 — 옮긴이주.) 이 경우 사피르가 말하고자 하는 바는 언어적으로 아주 정확하게, 그리고 전혀 이상하지 않은 형태로 표현되고 있다고 하이만스는 말한다. 실제로 그렇다. 사피르의 답변은 그 자체로 보면 지극히 정상이다. 하지만 우리는 그가 말하려는 바, 즉 그가 빚을 갚을 생각이 없다는 것도 안다. 그럼에도 사피르는 채권자와 똑같은 표현을 사용한다. 그로써 우리는 그 말을 채권자가 사용한 의미로 받아들일 수밖에 없고, 그렇다면 사피르의 대답은 더 이상 아무런 의미가 없어진다. 채권자가《오는*kommen*》것은 아니기 때문이다. 그는 300굴덴 때문에 올 필요도 없고 돈을 받으러 오지도 않았다. 채권자라면 돈을 가지러 오는 것이 아니라 돈을 갚으라고 요구해야 한다. 이처럼 사피르의 말은 의미가 있는 동시에 의미가 없다는 점에서 웃음을 유발한다.〉
설명을 위해 그대로 가져온 위의 인용문을 분석해 보면 이 농담의 기술은 립스가 생각한 것보다 훨씬 단순하다. 사피르는 300굴덴을 갚으려고 온 것이 아니라 또다시 그만큼의 돈을 채권자에게서 가져가려고 온 것이다. 따라서 이 농담에서는 〈의미와 무의미〉를 논할 필요가 없다 — 원주.
28 빌리 헤르만Willy Hermann이 수집하여 엮은 『농담 모음집 *Das große Buch der Witze*』(1904) — 원주.

사피르는 정확하게 도착한다.

그가 사무실 안으로 들어오는 것을 보고 로트실트가 말한다. 「100두카트 때문에 오셨군*Sie kommen um Ihre 100 Dukaten.*」

사피르가 대답한다. 「아뇨, 당신이 100두카트 때문에 왔습니다 *Sie kommen um Ihre 100 Dukaten.* 나는 최후의 심판 날까지 그 돈을 갚을 생각이 없기 때문이죠.」

베를린의 한 광장에 설치된 동상들을 본 외국인이 토박이 베를린 사람에게 묻는다. 「이 동상들은 무엇을 표현한 것입니까?*Was stellen diese Statuen vor?*」 토박이가 대답한다. 「오른다리 아니면 왼다리겠죠.」[29]

하이네는 『하르츠 여행기*Harzreise*』에서 이렇게 말한다. 〈지금 내 머릿속에는 학생들의 이름*Name*이 전혀 남아 있지 않고, 교수들 중에는 아직 이름*Name*이 나지 않는 사람이 여럿 있다.〉

이 대목에서 교수들 사이에서 널리 퍼져 있는 다른 농담들을 보탬으로써 농담 기술의 세분화로 한 걸음 더 들어가 보자. 〈정식 교수와 임시직 교수의 차이는, 정식*ordentlich* 교수는 비범한 것 *außerordentliches*을 할 수 없고, 임시직*außerordentlich* 교수는 정돈된 것*ordentliches*을 할 수 없다는 것이다.〉 이는 분명 〈ordentlich〉와 〈außerordentlich〉에 담긴 두 가지 의미를 이용한 언어유희다. 즉 이 두 단어는 한편으론 정해진 계층*ordo* 안에 있느냐에 따라 정규직과 비정규직을 의미하고, 다른 한편으론 성실함과 비범함을 뜻한다. 그런데 우리가 아는 다른 예들과 이 농담의 유사성을 비교

---

29 〈vorstellen〉은 〈어떤 것을 표현하다〉라는 뜻 외에 〈앞으로 내밀고 있다〉라는 뜻도 있다.

해 보면 여기선 이중 의미보다 반복 사용이 훨씬 두드러짐을 알 수 있다. 우리는 이 문장에서 계속 반복되는 *ordentlich*라는 단어가 한편으론 원래의 뜻대로, 다른 한편으론 부정적으로 변형되어 사용되고 있음을 본다. 게다가 개념을 단어의 소리로 정의하는 기술(⟨질투는 열심히 고통을 만들어 내는 열정이다⟩ 참조)도 사용되고 있다. 더 정확히 설명하자면 두 개의 상관 개념을 부정적 의미이긴 하지만 서로에 의지해서 정의하는 기술이 사용되고 있는 것이다. 이처럼 이 농담에는 여러 기술의 교묘한 교차가 일어난다. 마지막으로 이 농담에서는 일원화의 관점도 부각시킬 수 있다. 즉 한 발언의 요소들 사이에 그 본래의 성격보다 좀 더 긴밀한 관련성이 생기는 것을 강조할 수 있다는 말이다.

하이네의 『하르츠 여행기』에는 이런 농담도 나온다. ⟨대학 행정 직원 슈 모 씨는 나를 매우 친근하게 대해 주었다. 그 역시 작가인 데다 반년에 걸쳐 쓴 글들에서 나를 자주 언급했기 때문이다. 게다가 어찌나 친절한지 나를 자주 인용하는*zietieren* 것도 모자라 내가 연구실에 없을 때는 내 방문 앞에 분필로 ⟨호출*Zitation*⟩이라고 쓸 정도였다.⟩[30]

『빈의 산책』을 쓴 다니엘 슈피처는 19세기 말 경제 호황을 누리던 기업 창설 시절에 융성했던 한 사회적 유형에 대해 그 시대적 특성을 잘 살린, 간명하면서도 재치 있는 표현을 찾아냈다.

⟨완강한 이마*eiserne Stirne*-철제 금고*eiserne Kasse*-철관(鐵冠)*eiserne Krone*.⟩ (철관은 귀족 계급으로 들어갈 수 있는 훈장이다.) 이 셋은 모두 철*Eisen*이라는 단어를 토대로 만들어진 탁월한 일원화다. ⟨철로 만들어진*eisern*⟩이라는 수식어의 상이하지만 크게 눈에 띄지 않는 상호 대조적인 의미들로 인해 이런 다중적 반복 사

30 ⟨*zitieren*⟩에는 ⟨인용하다⟩와 ⟨호출하다⟩라는 이중의 의미가 들어 있다.

용이 가능하다.

이중 의미의 기술이라는 새로운 아종(亞種)으로 넘어가는 것을 도와주는 다른 언어유희가 있다. 앞서 언급한 바 있는 익살스러운 내 동료 의사는 드레퓌스 사건[31] 당시 이런 농담을 했다. 「이 아가씨를 보니 드레퓌스가 생각나는군. 군(軍)은 그 여자의 〈결백 *Unschuld*〉을 믿지 않아.」

이 농담의 토대가 되는 것은 〈*Unschuld*〉라는 단어의 이중적 의미다. *Unschuld*는 한편으론 범죄나 과오와 반대되는 의미인 무죄 또는 결백을 가리키고, 다른 한편으론 성적 경험의 반대인 순결을 가리킨다. 이 같은 이중 의미의 예는 무척 많은데, 이때 농담의 효과에 중요한 것은 성적 의미다. 우리는 이 그룹에 〈모호성 *Zweideutigkeit*〉이라는 이름을 붙일 수 있을 듯하다.

모호성을 보여 주는 빼어난 예는 앞서 살펴본 슈피처의 농담이다. 〈혹자는 남자가 돈을 많이 벌어*viel verdient* 일부를 저축했다*etwas zurückgelegt*고 하고, 혹자는 여자가 몸을 뒤로 눕혀*etwas zurückgelegt* 돈을 많이 벌었다*viel verdient*고 한다.〉

그런데 모호한 이중 의미가 특징인 이 농담을 다른 예들과 비교해 보면 농담 기술에서 사소하다고 할 수 없는 차이가 눈에 들어온다. *Unschuld*를 이용한 농담에서는 이 단어의 한 가지 의미가 다른 의미만큼이나 쉽게 떠오른다. 그러니까 이 말의 성적인 의미와 비성적인 의미 가운데 어느 것이 더 자주 사용되고 우리에게 더 친숙한지 구분하기가 어렵다는 것이다. 하지만 슈피처의 예는 다르다. 이 농담에서 〈*sich zurückgelegt*〉라는 단어의 평범한

---

31 1894년 프랑스에서 드레퓌스라는 한 유대인 사관(士官)에게 독일에 군사 정보를 넘겼다는 혐의를 씌운 간첩 조작 사건. 당시 군 수뇌부는 진범이 따로 있다는 사실을 알면서도 사건을 은폐함으로써 큰 정치적 파장을 낳았다.

의미는 다른 의미보다 훨씬 강렬하다. 그러니까 순진한 사람은 자칫 놓칠 수도 있는 성적인 의미를 숨기고 있는 것이다. 선명한 대조를 위해, 성적인 의미를 은폐하려는 의도가 아예 보이지 않는 이중 의미의 다른 예를 살펴보자. 하이네는 바람기 있는 부인의 성격을 이렇게 묘사한다. 〈그 여자는 오줌 말고는 아무것도 《누지abschlagen》 못했다.〉 이것은 농담이라기보다 오히려 음담패설에 가깝게 들린다.[32]

그런데 한 단어의 두 가지 의미가 우리에게 동등한 비중으로 느껴지지 않는다는 특성은 성적 관련이 없는 농담에서도 얼마든지 나타날 수 있다. 한 의미가 그 자체로 더 일반적으로 느껴지는 방식이건, 아니면 한 의미가 문맥 속에서 다른 의미보다 앞자리에 놓이는 방식(예를 들어 〈독수리의 첫 번째 비상〉)이건 간에 말이다. 나는 이 모든 경우를 〈암시적 이중 의미〉라 부를 것을 제안한다.

4

지금까지 우리는 상당수의 농담 기술을 살펴보았다. 그 수가 많다 보니 혹시 전체적인 맥락을 놓칠 수 있으므로 다시 정리해 보도록 하자.

---

32 이 부분에 대해서는 쿠노 피셔의 『농담에 관하여』(85면)를 참조하기 바란다. 그는 한 단어의 두 가지 의미가 동등하게 전면에 등장하는 것이 아니라 한 의미가 다른 의미 뒤에 숨어 있는 그런 이중 의미를 가진 농담에다, 내가 위에서 다른 식으로 사용했던 〈모호성〉이라는 이름을 붙일 것을 제안했다. 이런 명칭 부여는 합의의 문제이고, 관용적 사용이 확고한 결정 요소도 아니다(〈abschlagen〉에는 〈거절하다〉와 〈오줌 누다〉라는 뜻이 있다).

(1) 압축

    a) 합성어

    b) 변형

(2) 동일한 소재의 사용

    c) 전체와 부분

    d) 순서 바꾸기

    e) 가벼운 변형

    f) 동일한 단어의 온전한 사용과 빈껍데기 사용

(3) 이중 의미

    g) 고유명사와 사물적 의미

    h) 은유적 의미와 실제적 의미

    i) 본래의 이중 의미(언어유희)

    j) 모호성

    k) 암시적 이중 의미

이러한 다양성은 혼란을 줄 수 있다. 그래서 막 농담 기술에 대한 연구에 착수한 우리로서는 이 다양성이 언짢을 수도 있고, 또 우리가 농담의 본질을 인식하는 데 혹시 기술적 의미를 과대평가하고 있는 건 아닌지 의심이 들 수도 있다. 물론 그렇다고 하나의 표현에서 농담의 기술적 효과를 빼버리면 농담으로서의 성격도 사라진다는 사실은 결코 부정할 수 없다. 따라서 이제는 이러한 다양성 속에서 통일성을 찾아야 한다. 이 모든 기술을 종합하는 것은 가능한 작업처럼 보인다. 앞서 말한 대로 두 번째 그룹과 세 번째 그룹을 통합하는 것은 어렵지 않다. 이중 의미, 즉 언어유희는 그저 동일한 소재를 사용하는 농담의 이상적 형태일 뿐이다. 여기서 더 포괄적인 개념은 당연히 동일한 소재를 사용한다는 것이다.

단어의 분해, 동일한 단어의 순서 바꾸기, 가벼운 변형(c, d, e)의 예들은 이중 의미의 개념에 무리 없이 포함될 수 있다. 그렇다면 대체물을 통한 압축이라는 첫 번째 그룹과 동일 소재의 반복 사용이라는 두 번째 그룹의 기술 사이에는 어떤 공통점이 있을까?

아주 단순하고 명백한 공통점이 있다고 생각한다. 동일한 소재의 사용은 압축의 특수 사례에 지나지 않고, 언어유희는 대체물 없는 압축과 다르지 않다는 것이다. 그렇다면 상위의 범주는 압축이고, 이들 기술의 지배 원리는 짧게 줄이는 경향, 좀 더 올바로 표현하자면 〈절약〉의 경향이다. 이 모든 것은 경제성의 문제처럼 보인다. 햄릿은 외친다. 「절약, 절약, 호레이쇼!」

개별적인 예들에서 이 절약의 원리를 검토해 보자. 〈그것은 독수리의 첫 번째 비상vol이다.〉 그렇다, 나폴레옹의 그 행동은 비상이 맞다. 하지만 도둑질의 비상이다. 이 농담의 효과를 가능하게 하는 것은 〈vol〉이라는 단어의 이중 의미다. 즉 이 단어에는 〈비상〉뿐 아니라 〈도둑질〉이라는 뜻도 담겨 있다. 이때 압축되거나 절약된 것은 없을까? 당연히 두 번째 생각 전체가 생략되었다. 그것도 대체물 없이 통째로. 〈vol〉이라는 단어의 이중 의미가 그런 대체물을 필요 없게 만든 것이다. 또는 더 정확히 표현하자면 〈vol〉이라는 단어에 생략된 생각의 대체물이 포함되어 있는 것이다. 그것도 첫 번째 문장에 무언가를 첨가하거나 바꿀 필요도 없이. 이것이 바로 이중 의미의 이점이다.

다른 예를 보자. 〈완강한 이마eiserne Stirne-철제 금고eiserne Kasse-철관eiserne Krone.〉 기나긴 생각을 일일이 다 적는 대신 〈철〉이라는 단어 하나로 모든 것을 설명하는 이 문장은 얼마나 대단한 절약인가? 그 속에 담긴 생각을 풀면 이렇다. 양심을 버리고 적당히 뻔뻔하게 살면 큰 재산을 모으는 건 어렵지 않고, 거기다 돈이 있으면 귀족 신분까지 살 수 있으니 금상첨화가 아닌가!

이 예들에서 압축, 그러니까 절약의 원리는 명백하다. 하지만 이 원리는 모든 사례에서 증명될 수 있어야 한다. 그렇다면 〈Rousseau-roux et sot〉, 〈Antigone-Antik? oh-nee〉 같은 농담에서 절약은 어디에 있을까? 일단 여기서는 무엇보다 우리로 하여금 동일한 소재의 다중 사용이라는 기술을 정립하게 했던 압축은 없다. 압축으로는 이 농담의 기술적 측면을 설명할 수 없는 것이다. 하지만 압축을 더 상위 개념인 〈절약〉과 바꾸면 문제는 어렵지 않게 해결된다. 〈루소〉나 〈안티고네〉 같은 예에서 절약된 것이 무엇인지는 쉽게 말할 수 있다. 즉 비판적인 생각을 표출하고 판단을 내리는 것이 절약되어 있는데, 둘 다 이미 이름 속에 주어져 있다. 〈질투열정〉의 예는 우리가 힘들게 정의 내리는 수고를 덜어 준다. 질투Eifersucht는 열심히mit Eifer 고통을 만들어 내는Leiden schafft 열정Leidenschaft이라는 것이다. 이제까지 분석한 다른 예들도 모두 비슷하다. 〈당신이 100두카트 때문에 왔다〉라고 하는 사피르의 언어유희처럼 절약된 것이 아주 적은 예에서도 최소한 답변을 새로운 단어로 표현해야 하는 수고를 덜어 준다. 질문자가 사용한 단어를 고스란히 답변에 사용하고 있기 때문이다. 별거 아닌 것 같지만, 바로 여기에 이 농담의 본질이 있다. 질문과 답변에 동일한 단어를 재차 사용하는 것도 분명 〈절약〉에 속한다. 그런 측면에서는 아버지가 죽은 뒤 곧바로 어머니의 결혼식이 치러지는 것을 본 햄릿이 〈제사상에 쓰인 음식이 차갑게 식은 채 잔칫상에 놓이는구나〉 하고 탄식한 것도 똑같다.

그런데 나는 〈절약의 경향〉을 농담 기술의 가장 일반적인 특징으로 받아들이고 그것의 뿌리와 의미가 무엇인지 묻기 전에, 또 농담의 즐거움이 왜 거기서 비롯되는지 묻기 전에 충분히 귀 기울일 만한 이유가 있는 의심에 대해 말해 보려 한다. 농담 기술 하나하나가 아무리 표현을 절약하는 경향을 보이더라도 그 관계가 역으로 성립하는 것은 아니다. 즉 표현을 절약하거나 축약했다고 해서 모두 농담이 되는 것은 아니라는 말이다. 예전에 우리가 모든 농담에서 압축 과정을 증명할 수 있지 않을까, 하고 기대했을 때도 지금과 처지가 비슷했다. 간결하다고 해서 바로 농담이 되는 것은 아니라고 우리는 반박했던 것이다. 그렇다면 어떤 표현을 농담으로 만드는 것은 축약과 절약 중에서도 특별한 유형의 축약과 절약임에 틀림없고, 이런 유형을 모르는 한 아무리 농담 기술의 공통점을 찾았다고 해도 우리의 과제 해결에 더 가까이 다가갈 수는 없을 것이다. 게다가 우리는 농담 기술이 만들어 내는 절약이 우리에게 압도적인 인상을 주는 것도 아니라는 점을 용기 내어 고백한다. 이 절약은 어쩌면 주부들이 채소를 몇 푼이라도 싸게 사려고 시간과 차비를 더 들여 멀리 떨어진 시장으로 가는 것과 비슷할지 모른다. 농담이 자신의 기술로 절약하는 것은 무엇일까? 별 어려움 없이 만들어 낼 수 있는 새 단어 몇 개를 조합하는 수고는 아낄 수 있다. 하지만 대신 두 가지 사고를 하나로 묶을 수 있는 단어를 찾는 수고를 들여야 한다. 일단 한 가지 사고를 일상적이지 않은 표현으로 바꾸어야 한다. 그것도 이 표현으로 두 번째 생각과의 통합을 위한 발판이 만들어질 때까지. 그렇다면 표현에 아무 공통점이 만들어지지 않는다면 두 가지 생각을 그냥 형편에 맞게 표현하는 것이 훨씬 단순하고 쉽고 절약하는 것이 아닐까? 표현된 말들의 절약은 이지적 작업의 비용에 비하면 오히려 경제성이 떨어지는 것이 아닐까? 게다가 여기서 절약을 하는 사람은 누구이고, 그것으로 이득을 보는 사람은 누구인가?

이러한 의심은 당분간 제쳐 둔 채 다른 데서 논의하기로 하고 우리는 원래의 주제로 돌아가도록 하자. 우리가 알고 있는 것이 정말 농담 기술의 전부일까? 새로운 예들을 수집해서 분석해 보자.

5

우리는 어쩌면 가장 많이 사용되는 농담 그룹을 아직 살펴보지 않았는데, 이는 아마 이 농담들에 대한 세간의 일반적인 폄하 때문일 것이다. 보통 〈껄렁한 말장난Kalauer(calembourgs)〉이라고 불리는 농담들이 그것인데, 이것들은 가장 질이 낮고 가장 쉽게 만들어진다는 이유로 〈말 농담〉 중에서 가장 저급한 변종으로 간주된다. 실제로 이런 농담은 진정한 언어유희와 비교가 안 될 정도로 표현 기술에 대한 요구가 낮다. 진정한 언어유희에서는 대개 한 번만 제시되는 동일한 단어로 두 가지 의미를 표현하는 반면에, 껄렁한 말장난에서는 두 단어가 그냥 넘길 수 없는 모종의 유사성으로 서로를 연상시키는 것만으로 충분하다. 구조의 일반적 유사성이건, 운율의 통일성이건, 초성의 공통성이건 간에 말이다. 〈소리 농담〉이라고 부르기엔 딱 맞아떨어지지 않는 이런 농담들은 『발렌슈타인 진영』에 나오는 카푸친회 수도사의 설교에서 자주 발견된다.

> 전쟁Krieg보다는 차라리 항아리Krug를 더 걱정하고,
> 칼Sabel보다는 주둥이Schnabel를 더 갈고 닦고,
> (……)
> 옥센슈티른Oxenstirn보다는 차라리 황소Ochsen를 잡아먹고,

(……)

라인 강의 물결*Rheinstrom*은 고통의 물결*Peinstrom*이 되었고,

수도원*Klöster*은 빈 둥지*Nester*가 되었고,

주교구*Bistümer*는 황무지*Wüsttümer*로 변했고,

(……)

은총을 받은 독일의 모든 지방*Länder*은

버림받은 곳*Elender*이 되었다.

농담은 단어 중에서 철자 하나만 바꾸는 걸 특히 좋아한다. 예를 들어 헤베시Hevesi는 『알마나칸도*Almanaccando*』(1888, 87면)에서 독일 황제를 무척 싫어하지만, 황제를 찬양하는 6운각의 시를 지어야 했던 한 이탈리아 시인에 대해 이렇게 이야기한다. 시인은 황제*Cäsaren*를 없애 버릴 수는 없었기에 대신 시행의 중간 휴지*Cäsuren*를 모두 없앴다고.

우리 수중에 있는 많은 껄렁한 말장난 중에서 정말 나쁜 예를 살펴보는 것도 꽤 흥미로울 듯하다. 하이네가 사용한 이 말장난의 전말은 이렇다(『르 그랑의 책』 5장). 오랫동안 한 부인 앞에서 〈인도 왕자〉로 행세하던 그가 마침내 가면을 벗고 고백한다. 「부인, 제가 당신을 속였습니다. (……) 저는 어제 점심때 먹은 〈캘커타 구이*Kalkuten*〉와 마찬가지로 〈캘커타*Kalkutta*〉에 가본 적이 없습니다.」 이 농담의 오류는 두 단어가 단순히 비슷한 데 그치는 것이 아니라 원래 같다는 데 있다. 그가 구이로 먹은 새는 캘커타에서 왔거나 캘커타에서 왔다고 해서 붙여진 이름이기 때문이다.

쿠노 피셔는 『농담에 관하여』(78면)에서 이런 형식의 농담들에 관심을 보이면서 이것들을 언어유희와 엄격하게 구분하고자 한다. 〈껄렁한 말장난은 나쁜 언어유희다. 단어가 아니라 소리로

장난을 치고 있기 때문이다.〉 반면에 언어유희는 〈단어의 소리에서 단어 자체로 들어간다〉.

다른 한편 쿠노 피셔는 〈가족백만장자〉나 〈안티고네〉 같은 농담도 소리 농담에 넣는다. 나는 이 점에서 피셔의 의견을 따를 필요를 느끼지 않는다. 우리가 보기에 언어유희에서도 단어는 그저 이런저런 의미와 연결된 소리 이미지일 뿐이다. 그렇다고 언어 사용에 엄격한 구분이 있는 것도 아니다. 피셔가 〈껄렁한 말장난〉을 경멸하면서도 〈언어유희〉를 어느 정도 높이 평가하는 데는 기술적인 관점과 상관없는 다른 관점에 의한 가치 판단이 작용한 듯하다. 우리가 〈껄렁한 말장난〉이라고 받아들이는 농담이 어떤 것들인지 주목해 보자. 기분이 좋을 때는 어떤 말을 들어도 계속 껄렁한 말장난으로 대꾸하는 재주를 가진 사람들이 있다. 내 친구 하나는 평소엔 겸손의 표본이지만 학문적 성취에 관한 이야기만 나오면 자화자찬을 늘어놓는다. 그날도 사람들이 그 친구의 그런 면에 잔뜩 긴장하고 있을 때였다. 그는 남들이 그의 끈기에 놀라움을 표하자 이렇게 응수했다. 「그래요, 난 항상 껄렁한 농담을 매복 중이죠*auf der* 〈*Ka-Lauer.*〉」[33] 사람들이 제발 그만하라고 하자 그는 조건을 내걸었다. 자신을 〈영국 왕실의 껄렁한 농담 계관시인*Poeta Ka-laureatus*〉으로 불러 준다면 그만두겠다는 것이다. 둘 다 합성어로 이루어진 탁월한 압축 농담이다. 앞의 농담을 풀이하자면, 나는 〈껄렁한 말장난〉을 치기 위해 여기서 〈매복〉 중이라는 뜻이다.

어쨌든 우리는 껄렁한 말장난과 언어유희의 경계 구분에 관한 논란을 통해 전자가 완전히 새로운 농담 기술을 아는 데는 도움

---

33 *auf der* 〈*Ka-Lauer*〉는 매복 중이라는 뜻의 〈*auf der Lauer*〉와 껄렁한 말장난을 뜻하는 〈*Kalauer*〉가 합쳐진 말이다.

이 되지 않는다는 것을 깨닫게 되었다. 껄렁한 말장난에서는 〈동일한〉 소재의 다의적 사용이 요구되지 않고, 이미 알고 있는 것의 재발견이나 말장난으로 사용된 두 단어의 일치에 주안점이 있다. 따라서 이것은 진정한 언어유희가 최고봉을 차지하는 농담 그룹의 아종일 뿐이다.

6

그런데 기술적 측면에서 우리가 지금껏 고찰했던 농담 그룹들과 어떤 식으로건 잘 연결이 되지 않는 농담들이 있다.

하이네와 관련해서 이런 이야기가 있다. 그가 어느 날 저녁 파리의 한 살롱에서 극작가 술리에F. Soulié와 담소를 나누고 있는데 파리의 한 갑부가 홀에 들어왔다. 단순히 돈만 많은 것이 아니라 손을 대는 것마다 성공한다고 해서 마이더스의 손이라 불리는 인물이었다. 갑부 주위에 곧 사람들이 몰려들었고, 다들 극진한 경외심으로 그를 대했다. 그걸 본 술리에가 하이네에게 말했다. 「저기 좀 봐요, 19세기가 금송아지를 얼마나 경배하고 있는지.」 하이네는 경배의 대상을 흘깃 보더니 마치 정정이라도 하듯 대답했다. 「오, 송아지치고는 나이가 많이 들어 보이는데요!」(쿠노 피셔, 1889, 82~83면).

이 탁월한 농담에 사용된 기술은 무엇일까? 쿠노 피셔는 언어유희라고 말한다. 〈예를 들어 《금송아지》라는 단어는 물질적 탐욕과 우상 숭배를 뜻할 수 있다. 물질적 탐욕의 핵심은 황금이고, 우상 숭배의 핵심은 동물의 형상이다. 이것은 돈은 아주 많지만 교양은 별로 없는 사람을 비꼬는 말로 사용된다.〉 여기서 시험 삼아 〈금송아지〉라는 표현을 빼버리면 농담의 성격은 사라진다. 예를 들어 술리에의 말을 이렇게 풀어 보자. 「저기 좀 봐요. 돈이 많다는 이유 하나만으로 저 하찮은 인간 주위에 사람들이 얼마나 몰려드는지.」 이 표현은 재치도 없고 하이네의 농담으로 이어지지도 못한다. 중요한 것은 술리에의 다소 재치 있는 비유가 아니라 훨씬 더 재치 넘치는 하이네의 대답이라는 사실을 명심하자. 그렇다면 우리는 금송아지라는 표현을 건드릴 권리가 없다. 그것은 하이네의 답변을 이끌어 내는 조건일 뿐이다. 그래서 환원은 하이네의 답변에만 해당한다. 〈오, 송아지치고는 나이가 많이 들어 보이는데요!〉라는 표현은 이렇게 대체할 수 있다. 〈오, 저건 송아지가 아니라 다 큰 황소인데요!〉 여기서 알 수 있는 것은 하이네가 금송아지라는 단어를 은유적으로 사용한 것이 아니라 아예 사람으로 받아들여 갑부에게 적용했다는 사실이다. 술리에는 이런 이중적 의미를 의도하지 않았음에도 말이다!

하이네의 농담을 위와 같이 환원해도 농담의 성격은 완전히 사라지지 않으며, 오히려 본질적인 부분은 고스란히 남아 있음을 지적하고 싶다. 즉 〈저기 좀 봐요. 19세기가 금송아지를 얼마나 경배하고 있는지〉라는 술리에의 말에 하이네가 〈오, 저건 송아지가 아니라 다 큰 황소인데요!〉 하고 대답하는 격이다. 이 환원된 표현 속에도 농담의 성격은 여전히 남아 있다. 하이네의 말을 다르게 환원하는 것은 불가능하다. 이 훌륭한 예에 그렇게 복잡한 기술적 조건이 들어 있다는 것은 아쉬운 일이다. 이제 이 사례를 통해 얻을 수 있는 또 다른 해명은 없기에 이것과 내적 유사성을 가진 것으로 보이는 다른 예를 찾아보도록 하자.

폴란드 갈리치아 지방에 목욕을 싫어하는 유대인들의 습성과 관련한 〈목욕 농담〉이 그것이다. 예를 선택할 때 우리는 그것이 고결한지 아닌지 따지지 않는다. 출처도 묻지 않고 그저 그것이 웃음을 유발하는지, 우리의 이론적 관심에 적합한지 유용성만 따질 뿐이다. 유대인 농담이 이러한 두 가지 요구에 가장 적합해 보인다.

유대인 두 명이 목욕탕 근처에서 마주치자 한 명이 묻는다. 「목욕했어?*Hast du genommen ein Bad?*」[34] 다른 한 명이 대답한다. 「왜? 하나가 없대?*Wieso? Fehlt eins?*」

어떤 말을 듣고 진짜 깔깔거리며 웃었다고 해서 그것이 농담 기술의 탐구에 적절한 자격을 갖추었다는 뜻은 아니다. 때문에 이런 분석의 길로 들어서는 데는 몇 가지 어려움이 따른다. 문득 〈희극적 오해〉라는 생각이 떠오른다. 그건 그렇고, 이 농담에서는 어떤 기술이 사용되었을까? 〈*nehmen*〉이라는 동사의 이중 의미적 사용이 농담의 핵심인 것은 분명하다. 한 사람은 〈*nehmen*〉을 퇴색된 보조적 의미로 사용한 반면에, 다른 사람은 퇴색되지 않은 온전한 의미로 사용하고 있다. 앞서 우리가 분류한 〈동일한 단어의 온전한 사용과 빈껍데기 사용〉(두 번째 그룹의 f)에 속한다. 첫 번째 유대인이 말한 〈목욕했다*genommen ein Bad*〉라는 표현을 같은 의미의 좀 더 간단한 표현인 〈*gebadet*〉로 대체하면 농담의 성격은 바로 사라지고, 물음에 대한 답변도 적절해 보이지 않는다. 그렇다면 이 농담의 본질은 〈*genommen ein Bad*〉라는 표현에 있다.

맞는 말이다. 하지만 이 경우에도 환원이 올바르지 않은 대목에서 이루어지는 것처럼 보인다. 여기서 농담의 핵심은 물음에

---

34 〈*ein Bad genommen*〉은 〈목욕하다〉라는 뜻인데, 여기서 *nehmen*(*genommen*의 원형. 영어의 *take*)은 목욕을 〈한다〉라는 기능적 동사로 쓰였다. 반면에 〈*nehmen*〉의 원래 뜻(갖고 가다)을 살리면 이런 해석이 가능하다. 〈네가 목욕통 갖고 갔어?〉.

있지 않고, 답변, 즉 〈왜? 하나가 없대?〉라는 반문에 있다. 이 대답은 의미를 훼손하지만 않는다면 표현을 다르게 바꾸거나 확장해도 농담의 성격이 사라지지 않는다. 또한 우리는 두 번째 유대인의 대답에서 〈nehmen〉이라는 단어에 대한 오해보다 목욕에 대한 기피가 더 중요하다는 인상을 받는다. 물론 여기서도 아직 명확하지는 않기에 세 번째 예를 찾아보자. 이 역시 유대인 농담이지만, 부수적인 상황만 제외하면 핵심은 인간 보편적이다. 게다가 이 예도 분명 원치 않은 복잡성을 띠고 있지만, 다행히 이제까지 우리의 이해를 가로막았던 그런 성격의 복잡성은 아니다.

빈곤에 처한 한 남자가 부자 지인을 찾아가 자신의 딱한 처지를 수차례 호소하여 마침내 25플로린을 빌렸다. 그런데 바로 그날 채무자는 레스토랑에서 비싼 연어 요리를 먹고 있었다. 채권자가 그를 발견하고는 비난을 퍼부었다.

「아니, 나한테 돈을 빌려 가서는 이런 데서 연어 요리를 먹고 있단 말이오? 이러려고 돈을 빌렸던 거예요?」

채무자가 대꾸했다. 「무슨 말인지 이해가 안 되는군요. 돈이 없을 때는 돈이 없어서 연어를 못 먹고, 돈이 있으면 또 있어서 못 먹는다면 대체 난 언제 연어를 먹어야 됩니까?」

이중 의미의 흔적은 여기서 전혀 발견되지 않는다. 농담의 기술이 연어라는 단어의 반복적 사용에 있는 것도 아니다. 여기선 〈동일한 소재의 반복적 사용〉이 전략적으로 구사되는 것이 아니라 내용상 동일한 단어를 반복할 수밖에 없는 상황이기 때문이다. 우리는 이 농담을 두고 한동안 어찌할 바 몰라 혼란스러워하다가 우리를 웃게 만든 이 일화에 농담의 성격을 박탈해 버리는 식으로 탈출구를 찾으려 할지 모른다.

그 밖에 가난한 이 남자의 대답에서 주목할 점은 무엇일까? 특이한 방식의 논리적 성격이 바로 그것이다. 그것도 부당한 방식으로 말이다. 이 대답은 분명 비논리적이다. 채무자는 빌린 돈으로 고급 요리를 사먹는 것에 대해 방어 논리를 펼치면서, 자신은 그러면 대체 〈언제〉 연어 요리를 먹어야 하느냐고 되묻는다. 연어 요리를 먹는 것이 마치 자신의 정당한 권리라도 되는 듯이. 이는 결코 올바른 답변이 아니다. 채권자는 상대가 돈을 빌린 바로 그날에 연어를 사먹었다고 비난하는 것이 아니라 돈을 빌릴 수밖에 없는 처지에 그런 비싼 요리를 사먹는 것을 지적한 것이다. 그럼에도 몰락한 그 미식가는 너무나 명확한 그 비난의 의미를 마치 못 알아들은 것처럼, 마치 다른 뜻으로 오해한 것처럼 무시하면서 대답한다.

그렇다면 비난의 뜻을 무시하는 〈논점 회피*Ablenkung*〉가 이 농담의 기술적 본질일까? 그게 맞다면 우리가 유사하게 느꼈던 이전의 두 보기에서도 비슷한 관점 변화와 주안점의 전이가 증명되어야 할 것이다.

이것은 실제로 아주 쉽게 증명되고, 그 사례들의 기술을 드러낸다. 술리에는 19세기 사회가 오래전 황야에서 유대 민족이 그랬던 것처럼 〈금송아지〉를 숭배했다는 점을 하이네에게 상기시킨다. 이것에 어울리는 하이네의 대답은 예를 들면 이런 식이었을 것이다. 〈그래요, 그게 인간의 본성이죠. 수천 년이 지나도 그건 변하지 않아요.〉 혹은 어떤 것이건 술리에의 생각에 동의하는 표현이어야 했을 것이다. 그러나 하이네는 술리에의 생각에서 벗어나 걸맞은 대답을 하지 않는다. 대신 옆길로 새서 〈금송아지〉라는 말에 담긴 이중 의미를 사용하고, 그 표현의 한 부분, 즉 〈송아지〉만

포착함으로써 술리에 말의 강조점이 바로 이 단어에 있는 것처럼 대답한다. 〈오, 송아지치고는 나이가 많이 들어 보이는데요!〉[35]

목욕 농담에서는 논점 회피가 더욱 뚜렷하다. 이 예는 시각적 묘사를 요구한다.

첫 번째 사람이 묻는다. 「목욕했어?*Hast du genommen ein Bad?*」 이때 강조점은 〈목욕*Bad*〉이다.

두 번째 사람은 마치 앞 사람이 〈너 목욕통 가져갔니?*Hast du genommen ein Bad?*〉 하고 물은 것처럼 대답한다. 〈*genommen ein Bad*〉라는 표현만 강조점의 이동이 가능하다. 만일 이것과 뜻은 같지만 다른 표현인 〈*Hast du gebadet?*〉 하고 물었다면 전이는 불가능할 것이다. 그 경우 이런 재미없는 대답이 돌아온다. 〈목욕했냐고? 무슨 말이야? 무슨 뜻인지 모르겠어.〉 결국 이 농담의 기술은 강조점이 〈*Baden*〉에서 〈*nehmen*〉으로 이동한 데 있다.[36]

논점 회피의 가장 순수한 예로 보이는 〈연어 요리〉의 예로 돌아가 보자. 이 예의 새로운 점은 여러 방향에서의 고찰을 가능하게 한다. 우선 여기서 드러난 기술에 이름을 붙일 필요가 있는데, 나는 이것을 〈전이*Verschiebung*〉 기술이라 부를 것을 제안한다. 이것의 본질이 사고 과정으로부터의 이탈과 심리적 강조점을 처음의 것과는 다른 주제로 옮기는 것에 있기 때문이다. 그렇다면 전이 기술이 농담의 표현과 어떤 관계에 있는지를 연구하는 것이

35 하이네의 대답에는 두 가지 농담 기술이 조합되어 있다. 슬쩍 비틀기와 논점 회피가 그것이다. 그러니까 하이네는 〈저 인간은 송아지가 아니라 황소인데요〉 하고 직접적으로 말하지 않는다 — 원주.

36 〈*nehmen*〉은 그 다양한 뜻으로 인해 언어유희에 매우 적합한 단어다. 그중에서 위의 것과 반대되는 예를 하나 들어 보겠다. 유명한 증권 투자가이자 은행장이 친구와 산책을 하다가 한 카페 앞에서 〈우리 여기 들어가 뭐 좀 먹을까?*Gehen wir hinein und nehmen wir etwas?*〉 하고 제안한다. 그러자 친구가 만류하며 말한다. 「이보게, 안에 사람들이 있지 않나?」. (여기서 〈*nehmen wir etwas*〉는 〈무엇을 먹자, 마시자〉라는 뜻이지만, *nehmen*에는 〈무언가를 빼앗다, 훔치다〉라는 뜻도 있다.)

우리의 과제가 될 것이다.

연어 요리의 예에서 우리는 전이 농담이 언어 표현에는 별로 구애받지 않는다는 사실을 알 수 있다. 전이 농담을 좌우하는 것은 말이 아닌 사고 과정이다. 답변의 의미가 유지되는 한 표현을 다른 것으로 대체한다고 해서 농담의 성격이 제거되지는 않는다. 환원은 우리가 사고 과정을 수정해서 그 미식가가 농담으로 회피하려 했던 비난에 직설적으로 답하게 할 경우에나 가능하다. 환원된 표현은 이렇다. 〈난 맛있는 음식을 포기할 수 없고, 그걸 사먹을 수만 있다면 돈은 어디서 구하건 상관없어요. 자, 이제 설명이 되었습니까? 내가 당신에게 돈을 빌린 바로 오늘 연어 요리를 사먹은 것에 대해?〉 이것은 농담이 아니라 〈냉소〉처럼 들린다.

이 농담을 의미 면에서 무척 유사한 다른 농담과 비교해 보는 것도 퍽 유익할 듯하다.

한 소도시에서 강의로 먹고사는, 술독에 빠진 남자가 있었다. 그런데 그가 술주정뱅이라는 사실이 차츰 알려지면서 많은 학생들이 떨어져 나갔다. 한 친구가 나서서 그를 타이르게 되었다.

「여보게, 자네는 술만 끊으면 여기서 가장 훌륭한 강의를 할 수 있어. 어떤가, 그렇게 해보지 않겠나?」

「무슨 소릴 하는 건가?」 그가 격분해서 소리쳤다. 「나는 술을 마시기 위해 강의를 하는 사람이야. 그런 사람한테 강의를 위해 술을 끊으라니!」

이 농담도 겉보기엔 〈연어 요리〉 농담에서 두드러졌던 논리성을 띠고 있지만 전이 농담이라고 할 수는 없다. 이 대화에서 대답은 무척 직접적이다. 앞의 농담에서는 숨겨졌던 냉소주의가 여기서는 적나라하게 드러난다. 〈나한테는 술 마시는 것이 제일 중요하다〉는 것이다. 이 농담의 기술은 너무 빈약해서 농담의 효과를 설명해 주지 못한다. 기술의 핵심은 동일한 문구를 위치만 바꾼 데 있다. 좀 더 정확히 말하자면, 술과 강의 사이의 수단-목적 관계를 전도시킨 것이다. 환원 과정에서 표현의 이런 요소를 드러내 놓고 강조하지 않으면 농담의 성격은 바로 사라진다. 예를 들면 이런 식이다. 〈무슨 가당찮은 요구인가? 나한테 중요한 것은 강의가 아니라 술이네. 강의는 술을 계속 마시게 하는 수단일 뿐이라고!〉 결국 농담의 성격은 그 표현에 있었다.

목욕 농담에서 분명 농담의 성격을 좌우한 것은 〈*Hast du genommen ein Bad?*〉라는 표현이다. 이 표현을 바꾸면 농담의 성격도 제거된다. 그렇다면 이 농담의 기술은 이중 의미(아종 f)와 전이의 좀 더 복잡한 결합이다. 질문의 표현은 이중 의미를 허용한다. 농담은 대답이 질문자의 원래 의미가 아닌 부차적 의미로 향함으로써 생겨난다. 따라서 우리는 표현의 이중적 의미는 살려 두되 전이만 제거함으로써 농담의 성격을 없애 버리는 환원을 만들 수 있다. 이런 식이다.「자네 목욕했어?」「내가 뭘 가져갔다고? 목욕통? 그게 뭔데?」 그런데 이런 환원은 더 이상 농담이 아니라 장난기 어린 악의적인 과장에 지나지 않는다.

하이네의 〈금송아지〉 농담에서도 이중 의미는 비슷한 역할을 한다. 이중 의미로 인해 답변자는 질문에 의해 야기된 사고 과정에서 벗어나는 데 성공한다. 이런 이탈은 연어 요리 농담에선 그런 식으로 표현에 의지하지 않고도 가능했다. 아마 술리에의 말과 하이네의 답변을 환원하면 이럴 것이다. 〈갑부라는 이유로 사람들이 저렇게 떼 지어 몰려드는 걸 보니 금송아지 숭배가 연상되는군요.〉 하이네의 대답은 이럴 것이다. 〈진짜 고약한 건 저 사람이 부 때문에 저렇게 떠받들어지는 게 아니라고 생각합니다. 당신은 저 사람의 부 때문에 저 사람의 어리석음을 용서하는 것이 더 나쁘다는 걸 놓치고 있습니다.〉 이렇게 환원하면 이중 의미는 유지되지만 전이 농담의 성격은 사라진다.

이 지점에서 우리는 이 까다로운 구분이 하나로 연결된 것들을 갈기갈기 찢으려 한다는 반론을 각오해야 한다. 모든 이중 의미에 전이의 계기, 즉 사고 과정을 한 의미에서 다른 의미로 옮겨 가게 하는 계기가 있는 것은 아닐까? 우리는 〈이중 의미〉와 〈전이〉를 완전히 다른 두 농담 유형의 대표로 내세우는 것에 동의해야 할까? 그러나 이중 의미와 전이 사이에는 분명 그런 관련이 존재하지만, 농담 기술에 대한 우리의 구분과는 아무 관계가 없다. 이중 의미의 농담에는 여러 해석이 가능해서 듣는 사람으로 하여금 한 생각에서 다른 생각으로의 이행을 허용하는 하나의 단어가 항상 포함되어 있는데, 여기서 그 이행은 조금 무리하면 전이와 동일시될 수도 있다. 하지만 전이 농담에는 농담 그 자체에 전이가 이루어지는 사고 과정이 담겨 있다. 여기서 전이는 농담을 만들어 내는 작업에 속하지, 농담을 이해하는 데 필요한 작업이 아니다. 이 차이가 명확하게 이해되지 않는다면 그 차이를 명확하게 보여 주는 환원이라는 부인할 수 없는 수단이 있다. 그렇다고 앞서 언급한 반론의 가치를 부정하고 싶지는 않다. 이 반론을 통해 우리는 농담 생성의 정신적 과정(농담 작업)을 농담 수용의 정신적 과정(이해 작업)과 혼동해서는 안 된다는 사실에 주목하게 되었기 때문이다. 전자[37]만이 현재 우리의 연구 대상이다.[38]

37 여기서 몇몇 단어를 더 설명하는 것도 쓸모없는 일은 아닐 것이다. 전이는 보통 어떤 발언이 나오고, 거기서 시작된 것과는 다른 방향으로 사고가 나아가는 대답 과정에서 일어난다. 전이를 이중 의미와 구분하는 것에 대한 정당성은 양자가 결합된 예들에서 가장 뚜렷이 드러난다. 그러니까 그런 예들의 경우, 발언 속의 한 표현이 화

전이 기술의 다른 예도 있을까? 찾는 건 어렵지 않다. 앞의 예에서 살펴보았던, 지나치게 강조된 논리성조차 결여된 순수한 예가 바로 다음 농담이다.

말 상인이 고객에게 승마용 말을 추천한다. 「이 말을 타고 새벽네 시에 출발하면 여섯 시 반이면 벌써 프레스부르크에 도착해 있을 겁니다.」 「여섯 시 반에 프레스부르크에 도착해서 뭘 하게요?」

여기서 전이는 바로 눈에 띈다. 상인이 이른 새벽에 프레스부르크에 도착할 수 있다고 말한 것은 그 말의 능력을 증명하려는 의도였다. 반면에 고객은 의심할 여지가 없는 말의 운동 능력은 거들떠보지도 않고 단지 예시로 선택된 시간에만 초점을 맞춘다. 그렇다면 이 농담의 환원은 어렵지 않다.

그런데 환원이 훨씬 어려운 예도 있다. 농담의 기술을 알아차리기가 정말 힘들지만, 전이를 가진 이중 의미로 분석될 수 있는 예다. 이 농담은 유대인 중매쟁이의 변명에 관한 것인데, 앞으로 우리가 여러 번 다루게 될 농담 그룹에 속한다.

중매쟁이가 구혼자에게 신붓감의 아버지가 살아 있지 않다고 분명히 말한다. 그런데 약혼을 하고 보니 신부의 아버지는 버젓이 살아 있고, 그것도 감옥에 갇혀 있다는 사실이 밝혀진다. 신랑이 중매쟁이에게 비난을 퍼붓자 중매쟁이는 이렇게 대꾸한다. 「아니, 내가 뭐라고 그랬다고 그럽니까? 그게 정말 〈사는 겁니까?〉」

자가 의도하지 않았지만 답변에 전이의 길을 열어 주는 이중 의미를 허용한다 ─ 원주.

38 후자, 즉 농담 수용의 정신적 과정에 대해선 나중의 장들을 참조하기 바란다 ─ 원주.

여기서 이중 의미는 〈사는 것(삶)〉이라는 단어에 있고, 전이의 본질은 중매쟁이가 〈죽음〉과 반대되는 그 말의 일반적 의미를 〈그게 사는 거냐?〉라는 관용적 표현에서 그 말이 차지하는 의미로 옮겼다는 데 있다. 중매쟁이는 후자의 의미가 여기서 문제시되는 맥락과는 동떨어진 것임에도 불구하고 그전에 자신이 했던 말은 이중적인 뜻이었다고 설명한다. 여기까지의 기술은 〈금송아지〉 농담이나 〈목욕〉 농담과 비슷하다. 그런데 여기서는 농담 기술을 이해하는 데 방해가 되는 다른 중요한 요소에 주목할 필요가 있다. 이것은 말하는 사람의 성격을 보여 주는 〈성격 농담〉이라고 할 수 있다. 즉 아무렇지도 않게 거짓말을 늘어놓는 능청스러움과 순간적인 재치가 뒤섞인 중매쟁이의 성격을 한눈에 보여 주고 있는 것이다. 하지만 이것이 농담의 겉모습이나 표면에 지나지 않는다는 사실을 곧 알게 될 것이다. 농담의 의미와 의도는 다른 데 있다. 이것들에 대한 환원 시도도 나중으로 미루겠다.[39]

이렇게 분석하기 어렵고 복잡한 예들을 살펴보고 난 뒤에 〈전이 농담〉의 정말 명확하고 순수한 표본을 살펴본다면 그 기쁨은 배가될 것이다.

남에게 손을 잘 벌리는 한 남자가 부유한 남작을 찾아가 오스텐트로 여행할 비용을 지원해 줄 것을 정중히 청했다. 건강 회복을 위해 의사가 온천 요양을 권했다는 것이다.

「그래요, 도움을 드리죠.」 남작이 말했다. 「그런데 하고많은 온천 요양지 중에 하필 가장 비싼 곳으로 가야 합니까?」

그러자 남자는 훈계조로 답한다. 「남작님, 제 건강을 위해서라면 비싼 건 없습니다.」

39 3장 참조—원주.

분명 옳은 말이다. 다만 도움을 청하는 사람의 입장으로는 옳지 않다. 이것은 부유한 남작의 입장에서나 할 수 있는 소리다. 도움을 청하는 남자는 자신의 건강을 위해 쓰게 될 돈이 마치 자기 돈인 양, 그리고 돈과 건강이 한 사람하고만 상관된 문제인 것처럼 행동하고 있다.

7

시사점이 많은 〈연어 요리〉의 예로 다시 돌아가 보자. 이 농담도 겉으로는 논리적으로 보이지만, 우리가 분석을 통해 밝혔듯이 그 논리성은 사고 오류, 즉 사고 과정의 전이를 은폐하고 있다. 이 지점에서 비록 대조적인 비교 방식이지만 다른 농담들, 즉 앞의 것들과 상반되게 말도 안 되는 터무니없는 것들과 바보 같은 생각을 숨김없이 드러내는 농담들을 끌어와 보자. 이 농담들에서는 어떤 기술이 사용되었는지 자못 궁금하다.

이 그룹 중에서 가장 강렬하고도 순수한 예를 들어 보겠다. 이 역시 유대인 농담이다.

이치히가 포병대로 징집되었다. 똑똑하지만 고분고분하지 않고 군 복무에 관심도 없는 남자다. 이치히를 좋게 생각하는 한 상관이 그를 따로 불러내어 말한다.

「이치히, 자네는 우리한테 아무 쓸모가 없어. 충고 하나 하자면, 〈그냥 대포 하나 사서 독립하도록 해〉.」

절로 웃음이 터져 나오게 하는 이 충고는 두말할 것 없이 난센스다. 대포는 살 수 있는 물건이 아닐 뿐 아니라 개인이 무슨 사업체를 하나 내듯 군대를 창설해 독립하는 것은 불가능하기 때문이다. 하지만 이 충고가 단순히 난센스에 그치는 것이 아니라, 재치 있는 난센스이자 탁월한 농담이라는 것은 의심할 여지가 없다. 그렇다면 이 난센스를 농담으로 만드는 것은 무엇일까?

오래 생각할 것도 없다. 서문에서 언급한 다른 저자들의 논구를 통해 우리는 그런 재치 있는 난센스(무의미) 속에 하나의 의미가 숨겨져 있고, 이 무의미 속의 의미가 난센스를 농담으로 만든다고 추정할 수 있다. 우리의 예에서 숨겨진 의미를 찾는 것은 어렵지 않다. 포병 이치히에게 말도 안 되는 충고를 하는 장교는 이치히가 얼마나 바보같이 행동하고 있는지 보여 주려고 본인 스스로 바보처럼 구는 것뿐이다. 그러니까 이치히를 흉내 내어, 〈이제 자네만큼이나 바보 같은 충고를 하나 하겠네〉 하고 말하는 격이다. 장교는 이치히의 소망에 딱 들어맞는 제안을 함으로써 그의 어리석음을 스스로 깨닫게 한다. 만일 이치히가 대포를 사서 혼자 힘으로 군대를 유지해야 한다면 그의 지적인 능력과 야망이 얼마나 유용하게 쓰일 것이며, 다른 대포 소유자들과의 경쟁에서 이기기 위해 대포 관리에 얼마나 유의하고 그 사용법에 숙달하려고 노력하겠느냐고 꼬집는 것이다.

이쯤에서 이 예의 분석을 중단하고, 좀 더 짧고 단순하지만 명확성에선 조금 떨어지는 다른 난센스 농담을 통해 난센스의 동일한 의미를 증명해 보자.

〈절대 태어나지 않는 것이, 죽을 수밖에 없는 운명을 가진 인간에게는 최선일 것이다.〉 고대의 이 금언에다 잡지 『플리겐데 블래터』의 현자(賢者)들은 이렇게 덧붙인다. 〈그러나 10만 명의 인간들 중에 그런 일은 거의 누구에게도 일어나지 않는다.〉

고대의 금언에 현대적으로 덧붙여진 말은 분명 난센스다. 그것도 겉보기엔 신중해 보이는 〈거의〉라는 표현으로 인해 더더욱 말이 안 된다. 하지만 이 문장은 첫 번째 문장에 연결된 지극히 올바른 유보적 조건으로서, 경외감으로 받아들여지던 그 지혜가 사실 난센스와 큰 차이가 없음을 우리에게 일깨워 준다. 즉 태어나지 않은 사람은 결코 인간의 자식이 될 수 없고, 그런 자에겐 좋은 것과 최선의 것이란 존재할 수 없다는 것이다. 결국 여기서의 난센스도 포병 이치히의 예처럼 타인의 어리석음을 폭로하고 표현하는 데 이용된다.

이쯤에서 세 번째 예를 들어 보자. 내용상으론 상세히 전달할 필요가 없지만, 농담 속의 난센스가 타인의 난센스를 드러내는 데 사용된다는 점을 특히 뚜렷이 보여 주는 예다.

길을 떠나는 한 남자가 친구에게, 자신이 없는 동안 딸의 행실을 감독해 달라며 딸을 맡긴다. 그런데 몇 달 뒤 돌아와 보니 딸이 임신해 있다. 당연히 남자는 친구에게 비난의 화살을 퍼붓는다. 하지만 친구는 자신도 이 불행한 사태가 어떻게 일어났는지 알 수 없다고 강변한다.

마침내 딸아이의 아버지가 묻는다. 「대체 그 아이를 어느 방에서 재웠나?」

「내 아들과 한방에서.」

「내가 딸아이를 잘 지켜 달라고 그렇게 부탁했는데 어떻게 자네 아들과 한방에서 재울 수 있나?」

「하지만 둘 사이엔 벽이 있었네. 스페인식 벽을 두고 한쪽에는 자네 딸의 침대가, 다른 쪽에는 내 아들의 침대가 있었다고.」

「만약 자네 아들이 그 벽을 돌아갔다면?」

「아, 그건 미처 생각하지 못했네.」친구가 생각에 잠긴 표정으로 말한다.「그랬을 수도 있겠군.」

사실 별로 뛰어나다고 할 게 없는 이 농담의 경우 환원은 아주 쉽게 이루어진다. 예를 들면 이런 식이다. 〈자네는 나를 비난할 자격이 없네. 젊은 놈과 계속 부닥치며 살 수밖에 없는 집에다 딸을 맡기는 바보가 어디 있나? 그런 상황에서 처녀가 정절을 지키는 게 가당키나 한 일인가!〉그렇다면 겉으로 드러난 이 친구의 어리석음 역시 아버지의 어리석음에 대한 〈거울 비추기〉일 뿐이다. 환원을 통해 우리는 농담 속의 어리석음을 제거했고, 그로써 농담 자체의 성격도 없애 버렸다. 〈어리석음〉이라는 요소 자체에서 벗어난 것이다. 이 요소는 원래의 의미로 환원된 문장의 맥락 속에서는 다른 위치를 차지한다.

이제 대포 농담에 대한 환원을 시도해 보자. 장교는 이런 뜻으로 말했을 것이다. 〈이치히, 난 자네가 똑똑한 장사꾼이라는 걸 잘 아네. 하지만 군대는 각자가 자기 이익을 위해 다른 이들과 싸워야 하는 장사꾼의 세계와는 달라. 그걸 깨닫지 못하는 건《아주 어리석은》짓이야. 군대에서 요구하는 건 복종과 협력일세.〉

지금까지 살펴본 난센스 농담의 기술은 뭔가 어리석고 앞뒤가 안 맞는 말을 통해 상대의 어리석고 앞뒤가 안 맞는 점을 드러내고 표현하는 데 있다.

그렇다면 농담 기술에서의 이러한 자가당착은 매번 그런 의미를 갖는 것일까? 이 물음에 대해 그렇다고 말하는 다른 예가 있다.

고대 아테네의 정치인 포키온은 연설 뒤 박수갈채가 쏟아지자 친구들에게 고개를 돌리며 물었다.「대체 내가 무슨 바보 같은 말을 한 거지?」

이 물음은 자가당착적으로 들린다. 하지만 그 의미는 바로 이해할 수 있다. 〈도대체 내가 이 바보 같은 대중의 마음에 들 만한 무슨 말을 했단 말인가? 이런 갈채를 받는 것은 부끄러운 일이다. 이 어리석은 사람들의 마음에 들었다면 내가 그리 지혜로운 말을 하지 않았던 게 분명하다.〉그런데 농담 기술에서 자가당착이 남의 난센스를 드러내려는 목적이 아니더라도 자주 사용되는 것을 보여 주는 다른 예들이 있다.

별 재미없는 전공 강의에서 농담을 자주 섞어 분위기를 돋우곤하는 한 유명한 대학 교수가 늘그막에 늦둥이를 얻자 많은 사람들이 축하 인사를 건넨다. 그러자 그가 대답한다. 「네, 이건 인간의 손이 이루어 낼 수 있는 경이로운 기술이죠.」

이 대답은 아주 터무니없고 어울리지도 않아 보인다. 아이는 사람의 손재주로 만들어지는 것이 아니라 보통 신의 가호로 여겨지기 때문이다. 그러나 우리는 곧 이 대답이 하나의 의미, 그것도 외설적인 의미를 갖고 있음을 깨닫는다. 이 행복한 아버지는 다른 일이나 다른 사람을 바보로 만들려고 바보인 척하는 것이 아니다. 겉으론 터무니없어 보이는 이 대답에 우리는 깜짝 놀란다. 앞서 다른 연구자들의 표현을 빌리자면 한 마디로 당혹스럽다. 우리는 연구자들이 이 농담의 효과를 〈당혹스러움과 깨달음〉으로 설명한 것을 알고 있다. 그에 대한 평가는 나중에 내리기로 하고, 여기서는 이 농담의 기술이 당혹스러움과 터무니없음을 자아내게 하는 데 있다는 사실만 강조하고 넘어가자.

이런 〈바보 농담〉 중에서 아주 특별한 위치를 차지하는 농담이 있다. 리히텐베르크의 농담이다.

그는 〈고양이 가죽에서 두 눈이 있어야 할 바로 그 자리에 두 개의 구멍이 뚫려 있다〉는 사실에 놀라워한다. 자명한 것에 놀라워하는 것, 그러니까 의미론적으로 동일한 것의 반복 설명에 지나지 않는 이 말은 분명 바보짓이다. 이 문장은 미슐레J. Michelet가 『여자La femme』(1860)에서 진지하게 외쳤던 감탄을 연상시킨다. 내 기억에 따르면 그 외침은 대충 다음과 같다. 아기가 세상에 태어나자마자 자신을 받아들일 준비가 된 엄마를 찾을 수 있도록 해놓은 자연의 장치는 얼마나 멋진가! 미슐레의 말은 정말 바보 같은 농담이지만, 리히텐베르크의 말은 뭔가 숨겨진 다른 목적을 위해 바보스러움을 이용하는 농담이다. 그게 무엇인지는 이 시점에서는 말할 수 없다.

8

우리는 이제 두 그룹의 예에서 농담 작업이 재치 있는 표현을 만드는 기술적 수단으로 정상적인 사고로부터의 이탈, 즉 〈전이〉와 〈자가당착〉을 이용하는 것을 보았다. 게다가 다른 형태의 〈사고 오류〉도 동일한 목적으로 사용될 수 있다는 기대를 가져봄직하다. 실제로 그런 종류의 보기가 몇 가지 있다.

한 신사가 제과점에 들어가 케이크 한 조각을 주문한다. 그런데 곧 다시 케이크를 반납하더니 대신 리큐어 한 잔을 달라고 한다. 그가 리큐어를 다 마신 뒤 계산도 하지 않고 나가려고 하자 가게 주인이 붙잡는다.

「왜 그래요?」 신사가 묻는다.

「리큐어 값을 내셔야죠.」 주인이 대답한다.

「그 대신 케이크를 주지 않았습니까?」

「케이크 값도 내지 않았잖아요.」

「케이크는 먹지도 않았어요!」

이 이야기 역시 겉으론 논리적으로 보이지만, 우리는 이미 이 것이 사고 오류를 적당히 가리는 표면일 뿐임을 안다. 오류의 핵 심은 영악한 손님이 케이크를 돌려주고 대신 리큐어를 받으면서 둘 사이에 존재하지도 않는 관계를 만들어 냈다는 데 있다. 이 사 건은 두 과정으로 나뉜다. 즉 가게 주인과는 아무 관련이 없고, 오 직 손님의 의도 속에서만 대체의 관계로 존재하는 과정이다. 손 님은 먼저 케이크를 받았다가 돌려준다. 그렇다면 케이크 값은 지불할 필요가 없다. 그다음 리큐어를 마셨는데, 이에 대해선 값 을 지불해야 한다. 그런데 고객은 〈그 대신〉이라는 관계를 이중적 의미로 사용함으로써 빠져나간다. 좀 더 정확히 말해서, 이중 의 미를 이용해서 객관적으로 아무 근거가 없는 하나의 관련성을 만 들어 낸 것이다.[40]

이제 결코 사소하다고 볼 수 없는 고백을 하나 할까 한다. 우리 는 현재 예를 들어 가면서 농담 기술을 연구하고 있다. 그렇다면 선택된 예들이 정말 제대로 된 농담이라고 확신할 수 있어야 한 다. 하지만 일련의 사례들을 보면 해당 예를 농담이라 부를 수 있

40 농담이 그 내용의 특별한 조건들을 통해 소멸된 것처럼 보이는 관련성을 계 속 유지하려 할 때면 비슷한 난센스 기술이 나온다. 리히텐베르크의 농담 〈칼자루가 없는, 날 없는 칼〉이 이에 속한다. 팔케도 비슷한 농담을 이야기한다. 「여기가 웰링턴 공작이 그 말을 했던 곳인가요?」 「예, 여기가 그곳이기는 하지만, 공작은 그런 말을 한 적이 없습니다」 — 원주.

을지 주저하게 되는 것이 사실이다. 연구를 통해 명확한 기준이 나오기 전까지는 우리에겐 사용할 수 있는 기준이 없다. 기존의 관용적 기준은 믿을 수 없고, 그 타당성도 검증 절차를 거쳐야 한다. 우리가 결정을 내릴 때 의지하는 것은 바로 어떤 〈느낌〉이다. 그러니까 우리가 아직 인식은 못하고 있지만 어떤 특정 기준에 따라 결정을 내리고 있는 것으로 해석할 수 있는 모종의 느낌을 말한다. 하지만 이 느낌은 충분한 근거가 될 수 없다. 그렇다면 이제 우리는 마지막으로 언급한 예들이 농담(예를 들어 궤변적 농담)인지, 아니면 그냥 궤변에 불과한지 의문을 품을 수밖에 없다. 농담의 본질이 어디에 있는지 우리는 아직 모르기 때문이다.

그에 반해 이른바 보완적 사고의 오류라고 부를 수 있는 다음 예는 농담이 분명하다. 이 역시 중매쟁이에 관한 이야기다.

중매쟁이는 젊은 남자의 불평에 맞서 자신이 소개한 처녀를 변호한다.

청년이 말한다. 「장모 될 사람이 마음에 들지 않아요. 심술궂고 미련한 사람이에요.」

「장모랑 결혼하는 게 아니라 딸하고 결혼하는 거잖아요.」

「그건 그렇지만 딸도 나이가 많고 예쁘지도 않아요.」

「그건 문제가 되지 않아요. 나이가 적지 않고 예쁘지 않다면 그만큼 신랑한테 잘할 겁니다.」

「돈도 별로 없어요.」

「뭐요? 지금 돈 얘기를 했어요? 당신 돈하고 결혼합니까? 당신은 여자하고 결혼하는 거예요!」

「하지만 그 여자는 꼽추예요.」

「아니, 대체 뭘 바라는 겁니까? 〈결점 없는 사람은 없어요!〉」

이 대화의 주인공은 못생기고 나이 많고 결혼 지참금도 변변찮고, 거기가 고약한 장모에다 심각한 장애까지 있는 처녀다. 당연히 결혼할 상대로는 끌리지 않는다. 그럼에도 중매쟁이는 하나하나의 결함에 대해 보기에 따라서는 얼마든지 받아들일 수 있는 관점을 제공한다. 도저히 용납하기 어려운 꼽추도 누구에게나 있을 수 있는 결점 정도로 치부한다. 여기서 우리는 또다시 겉으로만 논리적일 뿐, 실은 사고 오류를 숨긴 궤변적인 논리와 만나게 된다. 처녀의 결점은 너무나 명백하다. 그것도 하나가 아니라 여럿이고, 그중 하나는 도저히 간과할 수 없을 정도로 중하다. 정상적으로는 결혼할 상대를 찾기 어려운 처녀다. 하지만 중매쟁이는 결점들이 하나씩 보태지면서 신붓감의 값어치가 점점 떨어지는데도 각각에 대해 회피적 대답으로 결점이 제거된 것처럼 군다. 그는 모든 결점들을 개별적으로 다룰 것을 주장하면서 그것들의 합산을 거부한다.

웃기기는 하지만 농담이라고 부를 수 있는지 의심이 드는 다른 궤변도 위의 예와 비슷하다. A는 B에게 구리 솥을 빌렸다가 돌려주었는데, 그 뒤에 B로부터 솥에 큰 구멍이 나서 더는 사용할 수 없게 되었다고 항의를 받았다. 그에 대한 A의 변명은 이랬다. 〈첫째, 나는 B에게 솥을 빌린 적이 없다. 둘째, 빌릴 때 벌써 솥에 구멍이 나 있었다. 셋째, 나는 솥을 온전한 상태로 돌려주었다.〉 각각의 변명은 그 자체로는 문제가 없지만, 한데 묶어 놓으면 서로를 배척한다. A는 신붓감의 결점을 눙치는 중매쟁이와 마찬가지로, 연관 지어 생각해야 할 것을 분리해서 다룬다. 다시 말해 〈이것 아니면 저것〉이라고 표현해야 할 지점에다 〈그리고〉를 놓은 격이다.

우리는 다음의 중매쟁이 이야기에서 또 다른 궤변을 만난다.

신랑감은 중매쟁이가 다리를 절뚝거리는 신붓감을 소개해 주었다고 비난을 퍼붓는다. 그러자 중매쟁이가 반박한다.

「그건 잘못 생각하고 계신 겁니다. 건강하고 사지 멀쩡한 여자와 결혼한다고 가정해 보세요. 좋을 게 뭐 있습니까? 여자가 넘어져 다리가 부러지지 않을까, 그래서 평생 불구가 되지 않을까 하는 걱정으로 하루도 편안한 날이 없을 겁니다. 그다음에 찾아오는 건 고통과 한탄, 치료비뿐이겠죠. 하지만 〈그 여자〉를 아내로 맞으면 그런 일은 생기지 않아요. 이미 다 〈끝난 상태니까요〉.」

이 예는 겉으로 드러난 논리성조차 무척 약해 보인다. 불행의 가능성 때문에 〈이미 끝난 불행〉을 선호하는 사람은 없을 테니까 말이다. 이 사유 과정에 담긴 오류는 다음의 두 번째 이야기에서 좀 더 쉽게 확인할 수 있는데, 그 속에 나오는 속어의 의미를 완전히 살리지 못하는 것이 아쉽다.

크라쿠프의 한 유대교 회당에서 위대한 랍비 N이 제자들과 기도를 올리다 갑자기 외마디 비명을 지른다. 제자들이 걱정스러운 얼굴로 묻자 그가 대답한다.

「리비우의 위대한 랍비 L께서 방금 돌아가셨다.」

이 말과 함께 크라쿠프 교구의 신도들은 위대한 랍비의 죽음을 애도한다. 그리고 며칠 뒤 리비우에서 사람들이 찾아오자 그곳의 위대한 랍비가 어떻게 죽었는지, 어디가 아팠는지 묻는다. 그런데 그들은 무슨 영문인지 모르겠다는 표정을 짓는다. 아주 건강하게 잘 지내는 랍비를 보고 왔기 때문이다. 마침내 랍비 N이 텔레파시로 감지한 랍비 L의 죽음은 사실이 아닌 것으로 드러난다. 리비우의 랍비는 현재 멀쩡히 살아 있기 때문이다. 한 외지인이 이 일을 언급하며 크라쿠프 랍비의 제자를 놀린다.

「너희 랍비가 리비우 랍비의 죽음을 잘못 본 건 정말 부끄러운 일이야. 랍비 L은 지금도 살아 있거든.」

제자가 대꾸한다. 「상관없어. 〈어쨌든 가만히 앉아서 크라쿠프에서 리비우까지 내다본 것만 해도 대단하지 않아?〉」

마지막 두 예에 공통적인 사고 오류는 숨겨지지 않고 당당하게 노출된다. 판타지의 가치는 리얼리티에 비해 부당하게 격상되고, 가능성은 현실과 거의 동등한 위치에 놓인다. 크라쿠프와 리비우 사이의 공간적 한계를 뛰어넘는 천리안은 만일 그 결과가 참이었다면 정말 대단한 텔레파시 능력일 것이다. 하지만 제자에게 그것은 중요하지 않다. 크라쿠프의 랍비가 죽음을 선포한 바로 그 순간에 리비우의 랍비가 정말 죽었는지 어떤지는 알 수 없다. 그 제자에게 강조점은 스승의 능력을 경탄할 만한 것으로 만드는 조건에서 그 능력에 대한 무조건적인 경탄으로 옮겨 간다. 〈위대함은 그것을 시도한 것만으로 충분하다*In magnis rebus voluisse sat est*〉[41] 라는 말과 비슷한 맥락이다. 이 예에서 가능성을 위해 리얼리티가 도외시되는 것과 마찬가지로, 앞서의 중매쟁이는 신붓감이 실제로 불구냐 아니냐의 문제는 뒷전으로 제쳐 놓고, 사고로 불구가 될 가능성을 현실보다 훨씬 더 중요하게 볼 것을 신랑감에게 뻔뻔하게 강요하고 있다.

〈궤변적〉 사고 오류의 이 그룹과 비슷한 다른 흥미로운 그룹이 있다. 〈자동적〉 사고 오류라 부를 수 있는 그룹이다. 그런데 이 새 그룹으로 제시할 예들이 모두 중매쟁이에 관한 이야기인 것은 그저 우연의 일치일 뿐이다.

41 프로페르티우스Propertius의 『비가*Elegiae*』에 나오는 구절이다.

중매쟁이가 신붓감에 대해 설명하는 자리에 옆에서 거들어 줄 조력자를 하나 데려간다.

「그 아가씨는 전나무처럼 늘씬해요.」 중매쟁이가 말한다.

「전나무처럼?」 조력자가 놀란 듯이 반복한다.

「두 눈도 멀쩡해요.」 중매쟁이가 말한다.

「눈도요?」 조력자가 메아리치듯 반복한다.

「게다가 얼마나 교양 있는지 몰라요.」

「교양까지?」 조력자가 중매쟁이의 말에 다시 힘을 싣는다.

「하지만 곱사등이인 게 좀 흠이죠.」 중매쟁이가 진실을 얘기한다.

이 말에 조력자의 입에서 자동적으로 같은 말이 터져 나온다. 「곱사등까지!」

좀 더 재치가 있으면서도 위의 예와 아주 흡사한 다른 이야기들도 있다.

신붓감을 소개받은 신랑이 몹시 불쾌한 표정으로 중매쟁이를 한쪽 구석으로 끌고 가더니 귀엣말로 항의한다.

「나를 여기 왜 데려온 거요?」 그가 못마땅해 하며 중매쟁이에게 따진다. 「어떻게 저런 사람을 소개해 줍니까? 늙고 못생기고, 사팔뜨기에다 치아도 시원찮고, 거기다 눈물까지 많지 않습니까?」

「크게 말해도 됩니다.」 중매쟁이가 아무렇지도 않게 말한다. 「귀까지 먹었으니까요.」

신랑감이 중매쟁이와 함께 신붓감의 집을 처음 방문한다. 거실에서 여자 쪽 가족이 나타나기를 기다리는 동안 중매쟁이가 무척 아름다운 은그릇이 진열된 장식장을 가리키며 말한다.

「저 봐요, 저것만 봐도 이 사람들이 얼마나 부자인지 알겠죠?」

젊은 남자가 미심쩍은 얼굴로 대꾸한다. 「하지만 부자로 보이려고 남들한테 저 물건들을 잠시 빌려 왔는지 누가 압니까?」

그러자 중매쟁이가 잘라 말한다. 「지금 무슨 말 하는 거요?〈저 사람들한테 저런 걸 빌려 줄 사람이 어디 있다고!〉」

이 세 가지 사례에서는 똑같은 일이 벌어지고 있다. 수차례 잇달아 동일한 방식으로 반응하던 사람이 그다음 차례에서는 그런 답변이 부적절하고 원래 의도에 맞지 않는데도 관성적으로 같은 방식의 답을 하는 것이다. 습관의 타성에 젖어 상황에 맞게 다르게 답해야 하는 것을 잊어버린 결과다.

첫 번째 사례의 경우, 신랑감에게 신붓감을 잘 소개하려고 데려간 조력자가 자신의 책무를 잊어버린다. 즉 신붓감의 장점을 앵무새처럼 반복함으로써 임무에 충실하던 사람이 슬며시 끼워 넣듯이 토로된 신붓감의 곱사등에 대해서도 똑같이 반복하고 만 것이다. 두 번째 이야기에서도 중매쟁이는 신랑감이 나열하는 신붓감의 결점에만 푹 빠진 나머지 자신이 아는 것까지 덧붙임으로써 결점의 목록을 완성한다. 그게 그의 의도나 책무가 아닌데도 말이다. 세 번째 사례에서도 중매쟁이는 젊은 남자에게 여자의 집안이 부자라는 것을 각인시키는 데만 너무 집착한 나머지, 한 가지 점에 대해선 자신의 진실성을 증명할 목적으로 지금까지의 모든 노력을 뒤집어 버리는 말을 자기도 모르게 내뱉고 만다. 그러니까 세 가지 사례 모두에서 습관적인 자동화가 사고와 발언의 합목적적인 수정을 압도하고 있다.

이 점을 파악하는 것은 어렵지 않다. 그런데 이 세 가지 이야기를 〈농담〉으로 제시했던 것과 동일한 권리로 〈희극적〉이라고도 부를 수 있다는 점에 주목하면 혼란스러워진다. 심리적 자동화는 온갖 폭로나 자기 배반처럼 희극의 기술에 속한다. 이 대목에서 우리는 그전에 우리가 피하고자 했던 농담과 희극의 관계라는 문제에 갑작스레 부딪히게 된다(서문 참조). 가령 이 이야기들은 단지 〈희극적〉일 뿐, 농담은 아닌가? 여기서 희극은 농담과 동일한 수단을 사용하는가? 또한 재차 던지는 질문이지만, 농담으로서의 특별한 성격은 어디에 있는가?

우리는 방금 살펴본 이 농담 그룹의 기술적 본질이 다른 무엇보다 〈사고 오류〉에 있음을 확인했지만, 사실 지금까지 이 연구가 우리를 깨달음의 빛보다 어둠 속으로 더 깊숙이 이끌었음을 고백하지 않을 수 없다. 그럼에도 농담 기술에 대한 좀 더 완벽한 인식을 통해 앞으로의 통찰에 출발점이 될 결과를 얻게 되리라는 기대를 포기하지 않는다.

9

우리가 계속 살펴볼 다음 농담들은 분석하기가 한결 수월하다. 특히 그 기술은 우리에게 익숙한 것을 떠올리게 한다. 가령 리히텐베르크의 농담을 예로 들어 보자.

〈1월은 벗들에게 행운을 기원하는 달이고, 나머지는 그 행운이 이루어지지 않는 달들이다.〉

이런 식의 농담은 강렬하다기보다 섬세하다. 게다가 별로 두드러진 수단을 쓰지 않기에 비슷한 농담들을 수집함으로써 이 농담들에 대한 인상을 강화시켜 보자.

〈인간의 삶은 둘로 나누어진다. 전반기에는 후반기가 오기를 소망하고, 후반기에는 전반기로 되돌아가기를 소망한다.〉

〈경험의 본질은 경험하지 말았으면 하는 것을 경험하게 된다는 데 있다.〉 (둘 다 쿠노 피셔의 농담이다.)

이 예들은 우리가 앞서 다룬, 〈동일한 소재의 반복 사용〉이 특징인 농담 그룹을 자연스럽게 떠올리게 한다. 특히 마지막 예는 우리가 왜 이것을 그 그룹에 넣지 않고 새로운 맥락으로 살펴보려고 하는지 의문을 던지게 한다. 〈경험〉의 예는 〈질투〉의 예와 마찬가지로 〈경험〉이라는 말 자체에 의해 규정되고 있다. 그래서 이 예를 그 그룹으로 분류한다고 해도 나는 반대할 생각이 별로 없다. 하지만 비슷한 성격의 다른 두 예에는, 이중 의미의 흔적이 전혀 남아 있지 않은 〈동일한 말의 반복 사용〉보다 더 두드러지고 중요한 요소가 있다고 생각한다. 게다가 나는 이 두 예에선 뜻밖의 새로운 통일체, 그러니까 생각들 간의 상호 관련성, 상호 간의 성의(定意) 또는 공통적인 제3요소와의 관련을 통한 정의 같은 통일체들이 생성되었다는 점을 강조하고 싶다. 나는 이 과정을 〈일원화〉라 부르고 싶다. 이 과정은 동일한 단어로의 집중을 통한 압축과 유사하기 때문이다. 이것을 두 번째 예에서 살펴보면, 인간 삶의 두 시기는 그것들 사이에 발견된 상호 관련성을 통해 서술된다. 즉 전반기에는 후반기가 오기를 소망하고, 후반기에는 전반기로 돌아가기를 소망한다는 것이다. 좀 더 정확히 말하자면, 유사한 두 가지 상호 관련성이 묘사를 위해 선택되었다. 여기서 이 관련성들의 유사성은 단어의 유사성(〈오기를 소망하다*herbei-wünschen*〉 ― 〈돌아가기를 소망하다*zurück-wünschen*〉)에서 비롯되었다. 동일한 소재의 반복 사용을 떠올리게 하는 대목이다. 리히텐베르크의 농담에선, 1월과 나머지 달들은 제3요소와의 변형된 관계를 통해 특징지어진다. 여기서 제3요소란, 1월이면 누구나 받지만 나머지 달에는 이루어지지 않는 것만 확인되는 행운의 기원이다. 이중 의미에 근접한 〈동일한 소재의 반복 사용〉과의 차이가 여기서 매우 뚜렷이 드러난다.[42]

42 위의 예들보다 〈일원화〉를 좀 더 선명하게 설명하기 위해 나는 앞에서 살펴본 농담과 수수께끼의 독특한 요철 관계, 즉 한쪽은 숨기고 한쪽은 노출하는 관계를 언급하고자 한다. 철학자 페히너G. Th. Fechner는 눈이 멀어 가던 시기에 수수께끼 만들기로 시간을 보냈는데, 그중 많은 수수께끼들이 상당히 매력적이고 고급스러운 일원화를 특징으로 하고 있다. 예를 들어 『미제스 박사의 수수께끼 책Rätselbüchlein von Dr. Mises』(4쇄. 연도는 적시되지 않았다)에 나오는 203번의 멋진 수수께끼가 그렇다.

첫 번째 두 음절은 나머지 두 음절에서 자신의 안식처를 찾고, 전체는 그것들의 잠자리를 만든다.

알아맞혀야 할 두 음절 쌍에 대해서는 서로 간의 관계 외에는 아무것도 제시되지 않고, 전체에 대해서는 첫 번째 음절 쌍과의 관계만 주어져 있다. 정답은 무덤 파는 사람Totengräber이다. (첫 두 음절은 〈죽은 자Toten〉를, 나머지 두 음절은 〈구덩이Gräber〉를, 전체는 〈무덤 만드는 사람Totengräber〉을 뜻한다 — 옮긴이주.) 다음의 두 예에서는 동일하거나 미미하게 변형된 제3요소와의 관계가 묘사되어 있다.

170번
첫 번째 음절에는 이빨과 털이 있고, 두 번째 음절에는 털 속에 이빨이 있다. 이빨과 털이 없는 동물을 기르지 않는 사람은 전체 음절로 이루어진 이 물건을 사지 않는다.
정답: 말빗Roßkamm (이빨과 털이 있는 것은 〈말Roß〉이고, 털 속에 이빨이 있는 것은 〈빗Kamm〉이고, 이빨과 털이 없는 동물을 기르지 않는 사람은 말빗Roßkamm을 살 필요가 없다.)

168번
첫 번째 음절은 먹이를 먹고, 두 번째 음절은 음식을 먹고, 세 번째 음절은 동물이 먹는 것이고, 전체는 사람이 먹는 것이다.
정답: 초절임 양배추Sauerkraut (먹이를 먹는 것은 〈암퇘지Sau〉이고, 음식을 먹는 것은 〈그er〉이고, 동물이 먹는 것은 〈채소Kraut〉이고, 사람이 먹는 것은 〈초절임 양배추Sauerkraut〉다.)

가장 완벽한 일원화는 슐라이어마허의 수수께끼에서 찾아볼 수 있는데, 이것은 정말 재치 있는 농담이라고 부를 수밖에 없다.

프랑스 시인 루소는 「후손들에게À la postérité」라는 제목의 송시(頌詩)를 썼는데, 이 시가 후손들에게 전해질 만큼 뛰어나지는 않다고 생각한 볼테르는 다음과 같이 익살스럽게 말한다. 〈이 시는 자신의 수신인에게 도달하지 못할 것이다.〉(쿠노 피셔의 책에서 인용)

이 마지막 보기를 통해 우리가 알게 된 것은 이른바 순간적으로 번뜩이는 농담의 밑바탕엔 일원화가 있다는 사실이다. 순간적인 재치의 핵심은 공격 전환을 통한 수비, 〈창끝 돌리기〉, 〈똑같은 수단으로 되갚아주기〉, 즉 종합하자면 공격과 역공 사이에 예기치 않은 통일성을 만들어 내는 것이다. 예를 들어 보자.

제빵업자가 손가락 하나가 곪은 술집 주인에게 말한다.
「손가락이 자네 맥주에 빠졌나 보지?」
술집 주인이 답한다. 「아니, 자네 롤빵이 내 손톱에 낀 걸세.」
(위버호르스트K. Überhorst의 『희극적인 것』2권, 1900)

자신의 영지를 둘러보던 영주가 군중 속에서 자신과 무척 닮은 남자를 발견하고는 손짓으로 불러 묻는다.
「혹시 자네 어머니가 궁정에서 일한 적이 있나?」
「아닙니다, 전하. 〈제 부친이〉 일한 적은 있습니다.」

완성된 전체는 마지막 음절에 휘감긴 채 첫 두 음절을 향해 공중으로 휙 솟아오른다.
정답: 교수형에 처해야 할 악한Galgenstrick (Galgen은 교수대, Strick은 밧줄이다. 둘을 합치면 교수형에 처할 만큼 나쁜 놈이라는 뜻이다.)
대다수 음절 수수께끼에는 일원화가 결여되어 있다. 다시 말해 여기서는 한 음절을 짐작케 하는 특징이 두 번째, 세 번째 음절을 위한 근거, 또는 전체 단어를 독자적으로 추측케 하는 근거와는 완전히 무관하게 나타난다 — 원주.

뷔르템베르크의 카를 공작이 말을 타고 산책하던 중에 한참 열심히 일하고 있는 염색공을 우연히 만난다.

「내 백마를 파랗게 염색할 수 있나?」

공작의 말에 염색공은 이렇게 대답한다.

「물론이옵니다, 전하. 그 말이 삶는 것만 견딜 수 있다면요.」(쿠노 피셔의 책에서 인용)

모두 똑같은 방식으로 되갚아주기의 탁월한 예다. 그러니까 터무니없는 물음에 터무니없는 답을 하는 식이다. 그런데 이 예들에서는, 만일 염색공이 〈아니옵니다, 전하. 전하의 백마는 삶는 것을 견디지 못할 것 같습니다〉 하고 대답했더라면 드러나지 않았을 다른 기술적 요소가 함께 작용하고 있다.

일원화에는 흥미로운 기술적 수단이 하나 더 있다. 〈그리고〉라는 이음말을 통한 병렬이 그것이다. 이런 병렬은 관련성을 의미한다. 달리 이해할 수는 없다. 예를 들어 보자. 하이네는 『하르츠 여행기』에서 괴팅겐이라는 도시에 대해 이렇게 설명한다. 〈괴팅겐 주민은 대체로 교수, 대학생, 속물 그리고 짐승으로 분류된다.〉 이 배치의 의미는 하이네가 그다음에 바로 덧붙인 말에 의해 분명해진다. 〈하지만 이 부류들은 선명하게 구분되지는 않는다.〉 다른 보기도 있다. 하이네는 〈라틴어, 매질 그리고 지리학이 난무하던〉 학교를 어떻게든 견뎌 내야 했던 곳으로 설명한다. 그런데 두 교과목 사이에 〈매질〉을 배치함으로써 선명하게 부각된 이 병렬의 의미는 이렇다. 어린 학생의 머릿속에 분명하게 각인되어 있는 매질은 라틴어와 지리학 시간으로 확장되어야 한다는 것이다.

〈재치 있는 열거〉와 〈병렬〉의 예들 중에서 하이네의 〈교수, 대학생, 속물 그리고 짐승〉과 가장 가까운 표현은 립스의 책에서 찾을 수 있다.

〈어머니는 포크와 노력으로 그것을 국에서 건져 냈다.〉여기서 립스는 〈노력〉을 마치 〈포크〉와 같은 하나의 도구처럼 표현하고 있다. 그런데 하이네의 병렬은 의심할 바 없이 농담인 반면에, 립스의 이 구절은 농담이라기보다는 오히려 매우 희극적인 인상을 자아낸다. 나중에 희극과 농담의 문제를 더 이상 회피할 필요가 없을 때 우리는 이 예를 다시 떠올리게 될 것이다.

10

공작과 염색공의 예에서 만일 염색공이 《아니옵니다》, 전하. 전하의 백마는 삶는 것을 견딜 수 없을 것 같습니다〉하고 대답했더라면 이것은 일원화의 농담으로만 남았을 것이다. 하지만 그는 《예》, 전하. 그 말이 삶는 것을 견딜 수만 있다면요〉하고 대답한다. 원래는 〈아니요〉라고 대답해야 할 자리에 〈예〉라고 말함으로써 새로운 농담 기술이 생겨난 것이다. 이 기술이 사용된 다른 보기들을 살펴보기로 하자.

쿠노 피셔의『농담에 관하여』에 나오는 농담은 더 단순하다.

프리드리히 대왕이 귀신을 부릴 줄 아는 것으로 소문난 슐레지엔 지방의 한 사제를 불러 묻는다.

「그대가 귀신을 부를 수 있다고 하던데?」

사제가 답한다. 「예, 분부만 내려주시옵소서, 폐하. 하지만 귀신들은 오지 않을 것입니다.」

이 예에서는 맥락상 〈아니요〉라고 대답해야 할 자리에 〈예〉를 쓴 것이 농담의 본질적 수단임이 분명하다. 그런데 이 대체를 실행하기 위해 〈하지만〉이라는 말이 〈예〉라는 말 뒤에 바로 연결되고, 이로써 〈예〉와 〈하지만〉은 〈아니요〉와 대등한 의미를 가진다.

〈반대를 통한 표현〉이라고 부르고 싶은 이 기술은 다양한 농담에서 사용된다. 특히 다음 두 예는 이 기술의 핵심을 적나라하게 보여 준다. 하이네의 글이다.

〈이 여자는 많은 점에서 밀로의 비너스와 닮았다. 아주 나이가 많고, 치아도 없고, 누르죽죽한 살갗에 군데군데 흰 반점까지 있는 게 말이다.〉

이 예는 미의 여신과 일치시키는 수단을 통해 추함을 묘사하고 있다. 물론 이 일치는 이중 의미로 표현된 특성이나 부수적인 것 속에 그 본질이 있을 뿐이다. 다음의 두 번째 예는 후자에 해당한다.

리히텐베르크: 〈위대한 정신〉.

그 남자 속에는 가장 위대한 인물들의 특성이 통합되어 있었다. 그는 알렉산드로스 대왕처럼 고개가 삐딱했고, 카이사르처럼 항상 머리를 긁적거렸으며, 라이프니츠처럼 커피를 마셨다. 또 팔걸이의자에 제대로 자리를 잡고 앉으면 뉴턴처럼 먹고 마시는 것을 잊어버려 뉴턴처럼 깨워야 했다. 게다가 존슨 박사처럼 장식용 가발을 썼고, 세르반테스처럼 바지 단추 하나가 항상 열려 있었다.

〈반대를 통한 표현〉의 특히 아름다운 예가 있다. 이중 의미의 사용을 완전히 포기한 이 예는 팔케가 아일랜드로 여행 갔다가 들여온 것이다. 무대는 마담 투소라는 밀랍 인형 박물관이다. 여기도 관람객을 인솔하며 인형들을 설명하는 안내인이 있다.

「이건 웰링턴 공작과 공작의 말입니다.」 안내인이 설명한다.

이 말에 한 젊은 아가씨가 묻는다. 「어느 게 웰링턴 공작이고, 어느 게 말이죠?」

「당신 마음대로 정하세요, 손님. 돈을 낸 건 손님이니 선택도 당신이 할 수 있어요.」 (팔케, 1897, 271면)

이 아일랜드 농담을 환원하면 이렇다. 〈말과 기사를 분간하지 못할 만큼(이건 물론 익살스러운 과장이다) 인형들을 엉망으로 만들어 놓고 관람객들에게 전시할 생각을 하다니 정말 뻔뻔한 인간들이다. 그것도 비싼 입장료를 받아 가면서!〉 이런 분노가 관람 중에 극적으로 표출된다. 관람객들 중에서 한 여자가 나오고, 기사 인형이 개인적인 선택에 따라 정해진다. 아일랜드에서 가장 유명한 웰링턴 공작이 말이다. 그런데 사람들의 주머니에서 돈을 가져가면서도 그에 대한 대가를 전혀 지불하지 않는 이 박물관의 주인 또는 안내인의 뻔뻔스러움은 정반대로 표현된다. 즉 자신은 돈을 지불한 관람객의 권리를 존중하는 양심적인 사업가임을 강조하는 답을 내놓음으로써 말이다. 이 농담의 기술은 그렇게 단순하지 않다. 사기꾼이 자신의 양심을 전할 수 있는 길을 찾았다는 점에서 이것은 〈반대를 통한 표현〉의 농담이다. 하지만 사람들이 그에게 완전히 다른 것을 요구해서 그가 사업적 성실성으로 대답해야 할 때, 그러니까 인형들이 서로 비슷비슷할 때 이런 대답을 한다면 그건 전이 기술의 예가 될 것이다. 이렇듯 이 농담의 기술은 두 가지 수단의 조합에 있다.

이 예들은 〈역설적 강조의 농담〉이라고 부를 만한 작은 그룹과

거리가 멀지 않다. 그러니까 환원하면 〈예〉가 어울릴 자리에 〈아니요〉를 갖다 놓는데, 여기서 〈아니요〉는 내용상 한층 강화된 〈예〉의 의미를 가진다. 그건 거꾸로도 마찬가지다. 어쨌든 부정은 강한 긍정의 형태로 나타난다. 레싱G. E. Lessing의 격언 시[43]를 보자.

착한 갈라테! 사람들은 그녀가 머리를 검게 물들였다고 한다.
하지만 그녀의 머리는 그녀가 그것을 샀을 때 이미 검었으니.

이번에는 학교에서 배운 지식에 대한 리히텐베르크의 짓궂은 가짜 변호를 살펴보자.
햄릿 왕자는 경멸조로 이렇게 말했다. 「하늘과 땅에는 너희의 학교 지식이 꿈꾸는 것보다 훨씬 많은 것이 있어.」 리히텐베르크는 이 비판이 그렇게 날카롭지 못하다고 여겼다. 학교 지식을 향한 온갖 비판의 칼날을 온전히 활용하지 못하고 있다고 생각했기 때문이다. 그래서 햄릿의 말에 빠진 것을 이렇게 보충했다. 〈하지만 학교 지식에도 하늘에서건 땅에서건 찾을 수 없는 많은 것들이 있다.〉 이 표현은 학교 지식이 햄릿이 질책한 결함에 대해 우리에게 무엇으로 보상해 주고 있는지 강조하고 있지만, 실은 이 보상에는 훨씬 더 큰 질책이 들어 있다.
아래의 두 유대인 농담은 전이의 흔적이 전혀 없기에 더더욱 명확하다. 물론 조금 거칠기는 하지만.

유대인 둘이 목욕을 화제로 대화를 나누는데 한 사람이 말한다. 「나는 1년에 한 번은 꼭 목욕을 해. 필요하든 필요하지 않든.」

43   레싱이 『그리스 명작시집』을 모방해서 쓴 『격언시집Sinngedichte』에 나오는 시다─원주.

남자는 자신의 청결함을 이렇게 뻐기듯이 장담함으로써 자신의 불결함을 더더욱 명확하게 드러내고 있다.

한 유대인이 상대방의 수염에 음식 찌꺼기가 묻은 것을 보고 말한다.
「난 자네가 어제 뭘 먹었는지 알아.」
「그래? 말해 봐. 내가 뭘 먹었는데?」
「렌즈콩.」
「틀렸어. 그건 그저께 먹은 거야.」

다음 예는 반대를 통한 표현에 뿌리를 둔 멋진 〈역설적 강조의 농담〉이다.

국왕이 잔뜩 어깨에 힘을 주고 외과 병원을 방문해서는, 의대 교수가 다리 절단 수술을 하는 것을 보며 매 단계마다 연신 큰 소리로 감탄을 늘어놓는다. 「브라보! 브라보! 아주 훌륭해!」
수술이 끝나자 교수가 왕에게 다가가 허리를 숙이며 묻는다. 「폐하, 다른 쪽 다리도 원하시면 언제든 분부만 내려주시옵소서.」

왕이 박수갈채를 보내는 동안 교수가 머릿속에서 어떤 생각을 했는지 이렇게 정리해 볼 수 있다. 〈이거 원, 내가 지금 이 불쌍한 인간의 병든 다리를 수술하고 있는 게 꼭 왕의 주문으로, 왕의 만족을 위해 하는 것 같은 기분이군. 하지만 아냐! 내가 이 수술을 하는 데엔 다른 이유가 있어.〉 그런데도 왕에게 다가가 이런 식으로 말한다. 〈폐하의 명령 말고는 제가 수술할 다른 이유는 없나이다. 저는 폐하의 박수갈채에 어쩌나 감동했던지 분부만 내리신다면 저 환자의 멀쩡한 다리도 마저 절단하겠나이다.〉교수는 자신의 생각이나 마음과는 반대되는 것을 말함으로써 오히려 진정한 속내를 드러내는 데 성공했다. 정말 대단한 역설적 강조가 아닐 수 없다.

이 예에서 보는 것처럼 반대를 통한 표현은 자주 사용되면서도 무척 효과적인 농담 기술이다. 물론 이 기술이 농담에만 국한되지 않는다는 사실을 간과해서는 안 된다. 마르쿠스 안토니우스는 광장에서 긴 연설을 하면서 청중의 관심을 카이사르의 죽음으로 돌린 뒤 다시 한 번 이런 말을 던졌다.

「브루투스는 〈명예로운〉 사람이기에…….」

그는 군중이 자기 말에 담긴 진정한 의미를 알아채고 다음과 같이 소리칠 거라는 걸 이미 알고 있었다.

「명예로운 사람이라니! 그 사람들은 〈반역자〉요!」

다른 예도 있다. 잡지 『짐플리치시무스 *Simplizissimus*』[44]가 천인공노할 잔인한 행동과 냉소적인 말들을 모아 놓은 모음집에 〈인정미 있는 사람들〉이라는 제목을 달았다면 이 역시 반대를 통한 표현이다. 하지만 이는 〈반어법〉이지 농담이 아니다. 반어법은 반대를 통한 표현과 결코 다른 기술이 아니다. 게다가 〈반어적 농담〉이라는 말도 자주 사용된다. 따라서 농담의 성격을 이 기술만으로 규정짓기엔 충분치 않다는 건 분명하다. 우리가 지금껏 발견하지 못한 다른 무언가가 첨가되어야 한다. 물론 농담 기술의 퇴화와 함께 농담의 성격도 제거된다는 사실은 여전히 부인할 수 없다. 우리가 농담의 해명을 위해 얻은 이 두 가지 확고한 사실을 하나로 묶어서 생각하는 것은 일단 어려워 보인다.

44 뮌헨에서 1896년부터 1944년까지 발행된 정치·문화적 풍자 잡지.

11

반대를 통한 표현이 농담 기술의 수단에 속한다면 그와 대척점에 있는 것, 즉 〈비슷한 것〉을 통한 표현 역시 농담 기술로 사용될 수 있으리라는 기대가 생겨난다. 그리고 앞으로 보게 되겠지만, 비슷한 것을 통한 표현도 실제로 굉장히 포괄적이고 새로운 〈생각 농담〉 그룹의 기술임을 알게 될 것이다. 여기서 〈비슷한 것〉을 〈동종의 것〉 또는 〈연관된 것〉으로 대체하면 이 기술의 속성은 훨씬 더 적확하게 설명될 수 있다. 일단 후자의 성격을 출발점으로 삼아 즉시 한 예를 들어 설명하고자 한다.

어느 미국인의 일화다.

별로 양심적이지 않은 두 사업가가 여러 차례 과감한 사업을 벌여 큰돈을 벌었다. 이제 두 사람에게는 상류사회로 진출하는 일만 남았다. 그러기 위해선 그림을 그렸다 하면 화제가 되는, 도시에서 가장 명망 높고 유명한 화가에게 자신들의 초상화를 그리게 하는 것이 그럴 듯한 방법으로 보였다. 두 사람은 비싼 값을 주고 초상화를 주문했고, 그림이 완성되자 성대한 만찬을 열어 처음 공개했다. 그러고는 뭔가 찬사를 기대하며 도시에서 가장 영향력 있는 미술 평론가를 초상화가 나란히 걸려 있는 살롱 벽으로 안내했다. 그런데 한참 동안 그림을 응시하던 평론가는 무언가 빠져서 아쉽다는 듯이 머리를 흔들더니 두 초상화 사이의 빈 공간을 가리키며 물었다. 「그런데 구세주는 어디 있습니까?」(풀이하자면 〈구세주 그림이 없어서 아쉽군요.〉)

이 말의 의미는 명백하다. 여기서도 중요한 것은 직접적으로 표현될 수 없는 것의 표현이다. 그렇다면 이 〈간접 묘사〉는 어떤 방식으로 이루어지는가? 쉽게 떠오르는 연상과 일련의 추리를 통해 이 농담의 표현을 추적해 보자.

구세주, 즉 구세주의 그림은 어디 있느냐는 물음에서 짐작할 수 있는 것은 평론가가 두 점의 초상화를 보면서 그에게나 우리에게나 익숙한 어떤 장면을 떠올렸고, 그와 함께 두 그림 사이에 빠진 것이 구세주의 그림임을 넌지시 빗대고 있다는 사실이다. 두 악인을 양쪽에 두고 십자가에 매달린 예수의 모습이 그것이다. 빠진 것은 농담으로 강조되고, 이로써 농담에서 무시된 두 초상화 사이에 유사성이 생겨난다. 이 유사성의 본질은 살롱에 걸린 그림 속 주인공들 역시 예수 양쪽의 악인들과 마찬가지로 나쁜 놈들이라는 것이다. 그렇다면 평론가가 말하고 싶었지만 말할 수 없었던 것은 다음과 같다. 〈너희는 둘 다 나쁜 놈이다. 좀 더 길게 말하자면, 너희가 나쁜 놈인 걸 아는데 나한테 무슨 말을 기대해?〉 결국 평론가는 몇몇 연상과 추론을 거쳐 우리가 〈암시〉라고 부르는 방법으로 그런 속내를 표현했다.

암시의 방법은 우리가 이미 만난 적이 있다. 이중 의미의 영역에서 말이다. 즉 동일한 단어에 담긴 두 가지 의미 가운데 하나는 듣는 순간 바로 우리 머릿속에 떠오를 정도로 일상적이고 자주 사용되는 반면에 다른 하나는 뒷전에 밀려 있을 경우, 우리는 이것을 〈암시적 이중 의미〉라고 불렀다. 지금까지 살펴본 일련의 예들에서 우리는 농담의 기술이 결코 간단하지 않음을 지적했는데, 이제는 암시가 그 기술을 더욱 복잡하게 하는 요소임을 깨닫게 된다(예를 들어 뒤로 몸을 눕혀 큰돈을 벌었다는 여자에 관한 〈순서 바꾸기 농담〉이나, 늦둥이 본 것을 축하하는 인사말에 인간의 손으로 이룰 수 있는 경이로운 일이라고 답하는 난센스 농담이

이에 해당한다).

미국인 사업가의 일화에서 우리는 이중 의미에서 자유로운 암시를 만나고, 사고 관련성으로 연결된 것을 통한 대체가 그 암시의 성격임을 알게 된다. 게다가 활용 가능한 관련성이 한 가지 종류 이상일 수 있다는 것도 쉽게 짐작할 수 있다. 무수한 가능성들 속에서 길을 잃지 않으려면 성격이 아주 뚜렷한 유형들을 몇몇 예를 통해 알아보는 것이 좋을 듯하다.

대체에 사용되는 관련성은 단순한 〈일치〉에 지나지 않을 수도 있고, 그래서 그 하위 부류가 시시한 말장난과 비슷해 보이기도 한다. 하지만 여기서의 관련성은 단순히 두 단어의 일치가 아니라 전체 문장이나 특징적인 문구 같은 것들의 일치를 가리킨다.

예를 들어 보자. 리히텐베르크는 이런 격언을 만들어 냈다. 〈새 온천은 잘 낫는다 *Neue Bäder heilen gut*.〉 이 격언은 〈새 빗자루는 잘 쓸린다 *Neue Besen kehren gut*〉라는 속담을 바로 연상시킨다. 두 문장에서 공통적인 것은 첫 번째 단어와 두 번째 단어의 일부, 마지막 단어, 그리고 전체 문장 구조다. 이것은 재치 넘치는 사상가 리히텐베르크가 유명한 속담을 빗대서 만든 것이 분명하다. 그의 격언은 그 속담을 암시하고, 이 암시를 통해 직설적으로 표현되지 않은 것을 우리에게 넌지시 알린다. 그러니까 온천의 효과에는 늘 일정한 속성을 유지하는 온천물 외에 다른 무언가도 작용하고 있다는 것이다.

리히텐베르크의 다른 농담 또는 말장난도 기술 면에서 쉽게 설명이 된다. 그는 이런 표현을 썼다. 〈열두 번의 유행이 채 안 된 여자아이 *Mädchen, kaum zwölf Moden*.〉 여기서 〈열두 번의 유행〉은 시간 규정처럼 들리는데, 원래는 〈열두 달 *zwölf Monden*(*Monate*)〉이라고 써야 하는데 잘못 쓴 것처럼 보인다. 물론 오타를 가장한 문학적 표현이다. 여자라는 존재의 나이 규정을 위해 변하는 달 대신 변하는 유행을 사용한 것은 상당히 의미가 있어 보인다.

이 농담에서 관련성의 본질은 단 하나의 〈가벼운 변형〉만 빼고 나머지는 모두 똑같다는 데 있다. 그런 면에서 이 기술은 말 기술과 비슷하다. 이 두 종류의 농담은 거의 동일한 인상을 불러일으키지만, 농담의 작업 과정을 보면 좀 더 쉽게 구분된다.

이런 말 농담 또는 말장난의 예를 살펴보자.

풍부한 성량뿐 아니라 6척의 거구로 유명한 여가수 마리 빌트 Marie Wilt는 쥘 베른의 유명한 소설의 제목을 딴 연극 제목이 자신의 기형적인 거구에 대한 암시로 사용되는 것을 보고 상처를 받는다. 그 제목은 「80일간의 빌트 여행Die Reise um die Wilt in 80 Tagen」[45]이었는데, 이것은 누가 보더라도 베른의 작품 『80일간의 세계 일주』를 빗댄 것이다. 그것 말고도 〈어느 모로 보나 여왕다운Jede Klafter eine Königin〉이라는 표현도 셰익스피어의 유명한 문구 〈어느 모로 보나 왕다운Jeder Zoll ein König〉[46]을 변형한 것으로 거구의 그 여가수를 암시하는 것이 분명하다. 만일 누군가 이 농담을 대체물 형성이 아닌, 변형을 통한 압축으로 분류한다고 해도 심한 반론은 제기되지 않을 듯하다(〈tête-à-bête〉 참조).

자신의 이상을 고집스레 추구하는 친구에 대해 한 남자가 이렇게 말한다. 「얼굴 앞에 이상이 있는 친구야Er hat ein Ideal vor dem Kopf.」이 말은 관용구 〈얼굴 앞에 널빤지가 있는 사람ein Brett vor dem Kopf haben〉[47]을 암시하는데, 그렇다면 〈자신의 이상으로 앞뒤가 꽉 막힌 사람〉이라는 뜻으로 들린다. 이것도 변형을 통한 압

---

45 독일어로 〈세계〉는 〈벨트Welt〉인데, 그 여가수의 이름(Wilt)과 발음 및 철자가 비슷하다는 점을 이용해서 그녀를 놀리고 있다.

46 〈Krafter〉는 〈6척〉, Zoll은 2.3~3센티미터의 단위를 가리킨다.

47 앞뒤가 꽉 막힌 사람이라는 뜻이다.

축 기술이라 불러도 무방하다.

변형이 철자의 변화에만 국한되면 변형과 압축을 통한 암시는 대체물 형성과 거의 구별되지 않는다. 그에 대한 예가 *Dichteritis* [48] 이다. 이 단어는 디프테리아*Diphtheritis*라는 나쁜 전염병을 암시하는데, 소질도 없으면서 주제넘게 글을 쓰는 얼치기 역시 전염병만큼이나 위험하다는 의미를 담고 있다.

부정을 의미하는 접두사는 미세한 변화만으로도 아주 멋진 암시를 가능케 한다.

하이네는 말한다. 〈나의 무신론 동지 스피노자*Unglaubensgenosse Spinoza*.〉 리히텐베르크의 실행되지 못한 한 선언서는 이렇게 시작한다. 〈신의 은총을 받지 못한*von Gottes Ungnaden* 우리의 날품팔이, 노예, 흑인, 농노……〉 여기서 말하는 바는 이렇다. 왕과 제후를 신의 은총을 받은 사람들이라 부르는 것보다 이 불행한 인간들을 신의 은총을 받지 못한 사람들이라고 부르는 편이 더 적절하다는 것이다.

가만히 생각해 보면 대체물 없는 압축과 유사한 〈생략〉도 암시의 한 형태다. 원래 모든 암시에는 무언가가, 그러니까 암시로 나아가는 사고 과정이 생략되어 있다. 여기서 중요한 것은 암시적 표현에서 좀 더 뚜렷한 것이 그 공백이냐, 아니면 공백을 부분적으로 메우는 대체물이냐 하는 것이다. 그렇다면 우리는 일련의 예를 통해 노골적인 생략에서 본래의 암시로 돌아갈 것이다. 대체물 없는 생략의 예는 다음과 같다.

신랄한 비방 때문에 반복해서 신체적 보복을 당한 적이 있는 재기 넘치고 전투적인 한 작가가 빈에 살고 있었다. 그가 늘 비방

48 여기서 〈*Dichter*〉는 〈작가〉라는 뜻이다.

하던 한 적대자의 새로운 악행이 소문나자 제삼자가 이렇게 말한다. 〈X가 들었으면 또 따귀를 얻어맞았겠군.〉

이 농담의 기술은 우선 난센스로 인한 당혹스러움이다. 단순히 어떤 이야기를 들었다고 해서 뺨을 얻어맞는다는 건 쉽게 이해되지 않기 때문이다. 다만 두 구절 사이에 생략된 부분을 채워 넣으면 난센스는 사라진다. 〈X가 이걸 듣고《그 문제의 인물에 대해 또다시 신랄한 기사를 쓰면》또 뺨을 얻어맞겠군.〉 결론적으로 생략과 난센스를 통한 암시가 이 농담의 기술적 수단이다.

하이네의 말이다. 〈그 인간이 어찌나 자화자찬을 해대던지 시중의 향초 값이 오른다.〉 이 문장의 공백은 쉽게 메울 수 있다. 생략된 것은 결론으로 대체되고, 결론은 암시로서 생략된 것으로 거슬러 올라간다. 즉 〈자화자찬은 악취를 풍긴다〉는 것이다.

다시 목욕탕 앞에서 만난 두 유대인 이야기로 돌아가 보자!

한 사람이 한숨을 쉬며 말한다. 「벌써 또 한 해가 갔군!」

이 예들에서 생략이 암시의 일부라는 것은 의심할 여지가 없다.

다음 보기에서는 여전히 공백이 눈에 띈다. 진짜 제대로 된 암시 농담이다.

빈의 예술인 축제가 끝나고 유머 모음집이 발간되었는데, 거기에 아주 독특한 경구가 실려 있다.

〈여자는 우산과 같아서 사람들은 조만간 마차를 타게 된다.〉

우산은 비를 충분히 막지 못한다. 〈조만간〉은 〈비가 세차게 내리면〉이라는 뜻이고, 마차는 대중교통 수단이다. 그런데 여기서는 비유의 형식을 다루고 있기에 이 농담에 대한 상세한 분석은 나중 기회로 미루기로 하자.

하이네의 「루카의 온천」은 신랄한 암시들의 진정한 보고인데, 여기서 농담의 이 형태는 플라텐 백작을 공격할 목적으로 교묘하게 사용되고 있다. 독자들이 이 농담 형태의 사용을 눈치 채기 전에 이미, 대놓고 말하기엔 적절하지 않은 주제가 다양한 소재의 암시를 통해 전주곡처럼 연주된다. 예를 들어 히르슈-히야킨트의 말 비틀기가 그렇다. 〈당신은 너무 비대하고, 나는 너무 말랐습니다. 당신은 상상력이 풍부하지만, 대신 나는 사업 감각이 있습니다. 나는 만물박사*Praktikus*이지만, 당신은 설사 박사*Diarrhetikus*입니다. 요컨대 당신은 나의 완전한 안티 엉덩이*Antipodex*입니다.〉[49] 다른 표현들도 있다. 〈비너스 우리니아*Urinia*〉, 〈함부르크 똥 벽*Dreckwall*의 뚱뚱한 구델*Gudel*〉[50] 등등. 하이네가 이야기하는 것들에는 항상 방향 전환의 시점이 있다. 이 방향 전환은 처음엔 그냥 화자의 악의적인 무례함을 증언하는 듯하다가 곧바로 공격적인 의도와의 상징적 관련성을 고스란히 노출하며 암시의 형태로 표면에 떠오른다. 결국 플라텐 백작에 대한 공격이 시작되고, 적의 재능과 성격을 표적으로 삼은 모든 문장에서는 이미 세간에 파다한 백작의 동성애 기질에 대한 암시가 솟구쳐 나온다. 예를 들면 이런 식이다.

그는 뮤즈들이 자신을 좋아하지 않음에도 언어의 정령을 부릴 줄 안다. 아니, 언어의 정령을 폭력적으로 제압할 줄 안다고 하는

49 〈*Diarrhe*(설사)〉에다 만물박사의 〈-*tikus*〉를 붙여 〈설사 박사〉라는 말을 만들어 냈다. *Aitipodex*는 원래 *Antipode*(대척점)라고 써야 하는데, *Podex*(엉덩이)로 바꿈으로써 말을 비틀고 있다.
50 〈우라니아*Urania*〉는 그리스 신화의 뮤즈 중 하나로 천문을 관장하는 여신인데, 그 말을 *Urin*(소변)으로 바꾸어 비틀고 있다. *Gudel*은 함부르크 사교계의 부유한 귀족 부인인데, 히르슈-히야킨트는 그녀에게 〈똥 벽〉이라는 항문과 관련된 별명을 붙여 주었다.

편이 맞다. 정령은 그를 자발적으로 사랑하는 것이 아니기에 그는 정령의 꽁무니를 줄기차게 쫓아다닐 수밖에 없다. 그러다 보니 그가 포착할 수 있는 것이라고는 아름다운 굴곡에도 불구하고 결코 고결하게 표현될 수 없는 외적 형태뿐이다.

그는 고개를 모래 속에 처박은 채 엉덩이를 다 드러내 놓고도 자신을 충분히 숨겼다고 생각하는 타조와 비슷하다. 하지만 우리의 지체 높은 새는 차라리 엉덩이를 모래에 처박고 얼굴을 내보이는 게 더 나을 듯하다.

암시는 어쩌면 농담 수단 중에서 가장 흔하고 쉽게 써먹을 수 있는 수단이다. 이것은 우리가 대화 중에 끼워 넣곤 하는, 수명이 짧은 대다수 농담 생산의 토대를 이루는데, 이 토양에서 분리해 독자적으로 분류하는 것은 적절치 않아 보인다. 하지만 앞서 농담 기술의 평가에서 우리를 혼란스럽게 했던 그 관계가 바로 이 암시에서 재차 떠오른다. 암시도 그 자체로는 농담이 아니다. 농담의 성격과 관계없으면서도 제대로 된 암시들도 있다. 〈재치 있는〉 암시만이 농담의 성격을 띠고 있어서 우리가 지금껏 기술적 측면에서 추적해 온 농담의 특징은 여기서 다시 사라져 버린다.

나는 가끔 암시를 〈간접 묘사〉라고 지칭했는데, 여기서 지적하고 싶은 것은 다양한 종류의 암시들이 반대를 통한 표현 및 앞으로 언급될 다른 기술들과 함께 〈간접 묘사〉라는 포괄적인 이름으로 하나의 커다란 그룹으로 묶일 수 있다는 점이다. 그렇다면 우리가 이미 알고 있는 생각 농담의 기술들을 정리해 보면 다음의 세 관점으로 나뉜다. 〈사고 오류〉, 〈일원화〉, 그리고 〈간접 묘사〉.

이 소재를 계속 연구해 나가면서 우리는 간접 묘사의 새로운 아종을 발견하게 되었다. 뚜렷한 특징을 지니지만 소수의 예로만 증명될 수 있는 이 하위 부류는 〈사소한 것〉 또는 〈아주 사소한 것〉을 통한 묘사로서 작은 세부 내용을 통해 전체의 성격을 온전히 표현하는 방식이다. 이 부류는 아주 사소한 것과 전체 표현이 서로 연관되어 있고 사소한 것이 그 관련성에서 결론으로 도출될 수 있을 때 암시 그룹으로 집어넣는 것이 가능하다. 예를 들면 이렇다.

갈리치아 지방 출신의 한 유대인이 저고리 단추를 풀고 맞은편 좌석에 다리를 올려놓은 채 아주 편안한 자세로 기차를 타고 간다. 그때 세련된 옷차림의 신사가 기차에 오른다. 유대인은 즉시 옷매무새를 가다듬고 자세를 바로잡는다. 장부를 넘기면서 뭔가 골똘히 계산을 하던 신사가 유대인에게 불쑥 묻는다.
「저기 말입니다, 속죄일[51]이 언제죠?」
이 말에 유대인은 〈아하!〉 하고 외치며 대답을 하기 전에 다리부터 다시 좌석에 걸친다.

사소한 것을 통한 묘사가, 우리가 말 농담의 기술을 살펴본 뒤 최종 공통점으로 지목했던 절약의 경향과 연결되어 있음은 부인할 수 없다.
아주 유사한 예가 있다.

남작 부인의 분만을 도와 달라는 부탁을 받은 의사가 아직 때가 안 됐다며, 기다리는 동안 옆방에서 카드놀이나 하자고 남작에게 제안한다. 잠시 후 남작 부인의 고통스러운 비명이 두 남자의

51 욤키푸르. 유대교의 가장 큰 명절.

귓전을 때린다.

「맙소사! 너무 아파요!」

이 소리를 들은 남편이 벌떡 일어나려는 순간 의사가 만류한다.

「아무것도 아닙니다. 그냥 계속 카드나 치시죠.」

얼마 뒤 산고의 비명이 다시 찢어질 듯이 들려온다.

「아이고, 사람 죽는다, 사람 죽어!」

「이보시오, 의사 양반, 가봐야 하지 않겠소?」 남작이 묻는다.

「아뇨, 아뇨, 아직 때가 안 됐습니다.」

마침내 옆방에서 도저히 알아들을 수 없는 괴성이 들려온다.

「크아아아아악!」

그제야 의사는 카드를 내려놓는다.

「이제 때가 됐군요.」

남작 부인이 진통 과정에서 내지르는 비명의 단계적 변화를 통해 이 훌륭한 농담이 보여 주는 것은 두 가지다. 아무리 훌륭한 교육을 받았다고 해도 정말 고통이 심할 때는 동물적인 본성이 나올 수밖에 없다는 것과, 겉으론 하찮아 보이는 말도 중요한 결정의 단서가 될 수 있다는 것이다.

12

우리는 농담에 이용되는 간접 묘사의 또 다른 유형인 〈비유〉를 오랫동안 아껴 왔다. 그에 대한 평가가 새로운 난관에 부딪히거나, 아니면 이미 다른 자리에서 나왔던 난관들이 더더욱 뚜렷이 드러날 거라는 이유에서였다. 그전에 이미 우리는 이 연구를 위해 제시된 여러 보기들을 농담으로 분류할 것인지를 두고 미적거리는 수밖에 없었던 상황을 고백한 바 있다. 그런 불확실성 때문에 우리 연구의 토대가 심각하게 흔들리는 것도 자각하고 있다. 그런데 내가 이 불확실성을 다른 어떤 소재들보다 더 강하게, 그리고 더 자주 느끼는 것은 바로 비유 농담이다. 나와 같은 조건의 상당수 사람들이 그러하겠지만, 우리가 어떤 예를 농담이라 부르고, 또 거기에 숨겨진 농담적 성격이 발견되기 전에 이미 농담이라 불러도 된다고 말한다면 그것은 우리가 가지고 있는 어떤 느낌 때문이다. 그런데 이 느낌이 나를 가장 먼저 곤혹스럽게 하는 것은 재치 있는 비유다. 나는 처음엔 어떤 비유를 주저 없이 농담이라고 말해 놓고 나면 바로 다음 순간 내가 거기서 얻은 즐거움이 여느 일반 농담과 다른 성질의 것이라는 사실을 깨닫는다. 게다가 재치 있는 비유들 중에는 훌륭한 농담처럼 폭발적인 웃음을 야기하는 경우가 무척 드물다는 점도 예전의 그 의심을 떨칠 수 없게 한다. 그래서 나는 이 부류에서 가장 훌륭하고 효과적인 예들만 간추릴 수밖에 없다.

농담이라는 느낌을 전혀 주지 않는, 아주 멋지고 효과적인 비유는 쉽게 찾을 수 있다. 앞서 언급한 「오틸리엔의 일기」에서 영국 해군의 빨간 실을 일관된 애정에 비유한 것이 한 예다. 거기다 내가 지금도 침이 마르도록 경탄하는 다른 예도 있다. 라살F. Lassalle이 한 유명한 변론문(「과학과 노동자Die Wissenschaft und die Arbeiter」)을 끝맺으면서 했던 비유다.

여러분에게 설명했듯이 자신의 삶을 〈과학과 노동자〉라는 대의에 바친 사람은 인생길을 걷다가 가끔 비난을 받아도 그것을 〈과학 실험에 심취한 화학자가 실험 중에 움찔하는 증류기를 보면서 느끼는 것)과 다르지 않게 느낄 것입니다. 화학자는 이 물질의 저항에 미간을 살짝 찌푸리고, 그로써 방해물이 제거라도 된 것처럼 차분하게 다시 연구에 매진합니다.

리히텐베르크의 책 『재치 있고 풍자적인 착상들 *Witzige und satirische Einfälle*』(1853)에는 적절하고 재치 있는 비유들이 풍부하게 실려 있는데, 그중 몇몇을 우리의 연구를 위한 소재로도 활용하고 싶다.

진리의 횃불을 들고 밀집한 군중 사이를 지나가면서 누군가의 수염을 그슬리지 않는 것은 거의 불가능한 일이다.

이것은 농담처럼 보인다. 그런데 자세히 들여다보면 농담의 효과는 비유 자체가 아닌 그것의 부차적 특성에서 비롯된 것임을 알 수 있다. 사실 〈진리의 횃불〉은 새로운 형태의 비유가 아니라, 비유가 운 좋게 관용구로 자리 잡으면 으레 그렇듯 이미 오래전에 빤한 상투어가 되어 버렸다. 그래서 이제는 〈진리의 횃불〉이라는 관용구에서는 더 이상 비유의 성격을 찾기 어렵다. 그러던 것이 리히텐베르크의 문구에서는 원래의 온전한 비유적 힘을 되찾았다. 여기서는 이 비유를 토대로 새로운 결론을 도출하고 있기 때문이다. 그런데 퇴색된 의미의 관용어를 이렇게 〈액면 그대로 받아들이는 것〉은 이미 우리가 농담 기술의 하나로 알고 있고, 동일한 소재의 반복 사용에서 한자리를 차지하고 있다. 리히텐베르크의 문구가 농담이라는 인상을 주는 것도 어쩌면 이 농담 기술을 사용하고 있기 때문일 가능성이 높다.
이 작가의 다른 재치 있는 비유에도 같은 평가를 내릴 수 있을 듯하다.

그 남자는 〈커다란 빛 *ein großes Licht*〉은 아니었지만, 〈커다란 촛대*ein großer Leuchter*〉이기는 했다. (……) 그는 철학 교수였다.

학자를 〈커다란 빛〉이나 〈세계의 빛〉이라고 부르는 것은 그게 원래 농담으로 그랬든 아니든 간에 더 이상 효과적인 비유의 역할을 하지 못한 지 오래다. 그런데 이 비유에서 모종의 변형을 이끌어 내어 새로운 두 번째 비유를 만들어 냄으로써 비유의 온전한 힘이 새롭게 되살아난다. 여기서 농담의 조건이 되는 것은 두 비유 자체라기보다 두 번째 비유를 만들어 낸 방식으로 보인다. 이는 횃불의 예와 똑같은 농담 기술의 사례일 듯하다.
다음 예도 비슷한 판단이 내려질 수 있는 다른 이유에서 농담으로 보인다.

나는 〈서평〉을, 갓 출간된 책들이 심하게건 약하게건 걸리기 마련인 일종의 〈소아병〉이라고 생각한다. 아주 건강한 책이 그 병에 걸려 사라지거나, 아주 허약한 책이 그 병을 이겨 낸 사례도 적지 않다. 물론 아예 그 병에 걸리지 않는 책도 일부 있다. 사람들은 종종 〈서문〉이나 〈헌사〉라는 〈액막이용 부적〉을 이용해서 그 병을 예방하거나, 자신의 판단으로 그 병을 〈파기하려 하지만〉 그런다고 항상 도움이 되는 것은 아니다.

서평을 소아병에 비유한 것은 우선 책이건 사람이건 세상에 나온 지 얼마 안 돼 걸리기 쉽다는 데 착안한 것이다. 그런 점에서 이것이 농담이라고 할 수 있는지는 사실 판단하기 곤란하다. 어쨌든 그 뒤로도 비유는 계속되고, 새 책들의 운명이 똑같은 비유의 틀 안에서, 또는 차용된 비유를 통해 표현된다. 비유의 이런 속행은 의심할 바 없이 재치가 있다. 그런데 어떤 기술로 인해 그렇게 보이는지 우리는 이미 알고 있다. 이것은 예기치 않은 관련성의 생성, 즉 〈일원화〉의 사례다. 그런데 여기서 일원화가 첫 번째 비유에 수렴된다고 해서 일원화의 성격이 바뀌는 것은 아니다.

다른 일련의 비유들의 경우, 부인할 수 없을 정도로 뚜렷한 농담의 인상은 비유 자체의 성격과는 아무 관련이 없는 다른 요소에서 찾아볼 수 있다. 그것은 눈에 띄는 특이한 조합이나 심지어 터무니없는 결합을 품고 있거나, 아니면 비교의 결과로서 그와 같은 조합으로 대체되는 비유들이다. 리히텐베르크의 상당수 예가 이 그룹에 속한다.

작가들이 무엇을 먹었는지 알 수 있도록 그들의 〈유식한 내장〉을 볼 수 없는 것이 아쉽다.

〈유식한 내장〉이라는 이 황당하고 말도 안 되는 표현은 비유를 통해 비로소 해명된다. 그런데 이 비유의 농담적 인상이 전적으로 이 조합의 당혹스러운 성격에서 기인했다면 어떻게 되는 것일까? 그 경우 이것은 우리도 잘 아는 농담 수단, 즉 〈난센스〉를 통한 표현에 해당한다.

리히텐베르크는 독서나 배움을 통해 습득한 정신적 지식을 물질적 양분 흡수에 비유하는 방식을 다른 농담에도 활용했다.

그는 〈방에서 공부하는 것〉을 무척 중요시했다. 그러니까 〈학식의 외양간 사육〉에 전적으로 찬성하는 입장이었다.

우리는 이 농담의 핵심이 터무니없거나 적어도 특이한 수식어 첨가에 있다는 사실을 같은 저자의 다른 비유들에서도 확인할 수 있다.

이것은 〈내 도덕적 체질에서 늘 풍상을 맞았던 곳〉이라 어느 정도 참을 수 있다.

모든 인간에게는 〈정말 급할 때〉가 아니면 내보이지 않고, 최대한 〈단정한 예의범절의 바지〉로 가리려고 하는 〈도덕적 이면〉이 있다.

〈도덕적 이면〉은 비유의 결과로 자리 잡은 특이한 조합이다. 거기다 제대로 된 언어유희(〈정말 급할 때〉)와 더 한층 특이한 두 번째 조합(〈단정한 예의범절의 바지〉)과 함께 비유는 계속된다. 특히 두 번째 조합은 그 자체로 재치 있는 농담이다. 아랫도리를 가리는 바지를 단정한 예의범절의 바지라고 표현한 것이 재미있기 때문이다. 우리가 이 문장을 보면서 전체적으로 무척 재치 있는 비유라는 인상을 받는 것은 결코 이상한 일이 아니다. 우리는 평가를 내릴 때 일반적으로 일부에만 존재하는 성격을 전체로 확장하는 경향이 있다는 사실을 새삼 깨닫는다. 그건 그렇고, 이번에는 〈단정한 예의범절의 바지〉와 비슷한 방식으로 당황스러움을 자아내는 하이네의 시구를 보자.

그러다 결국 내
〈인내의 바지〉는 더는 참지 못하고
단추들이 모두 떨어져 나갔다.

이 마지막 두 비교 속에는 분명 다른 모든 훌륭한, 그러니까 적절한 비유들에서는 찾아볼 수 없는 성격이 담겨 있다. 굳이 이름 붙이자면, 상당 수준으로 격을 떨어뜨리는 〈격하〉의 성격이라고 할 수 있다. 즉 고결하거나 추상적인 범주의 대상(여기서는 단정한 예의범절, 인내)을 구체적이고 저급하기까지 한 대상(여기서는 바지)과 조합한 것이다. 이러한 특성이 농담의 성격과 관련이 있는지는 나중에 다른 관점에서 숙고해 봐야 한다. 여기서는 일단 격하의 성격이 뚜렷한 다른 예를 분석해 보도록 하자.

네스트로이J. Nestroy의 익살극 「그는 장난치고 싶어 해*Einen Jux will er sich machen*」에 나오는 점원 바인베를은 나중에 자신이 큰 상인으로 성공했을 때 젊은 시절을 어떻게 떠올릴지 그려 본다. 〈아늑한 대화 속에서 기억의 창고 앞 얼음은 곡괭이질로 깨지고, 과거의 아치형 문은 활짝 열리고, 옛 물건들이 가득 쌓인 공간에서는 판타지의 푸들이 뛰어다니고……〉

이는 의심할 바 없이 추상적인 대상과 일상적이고 구체적인 대상의 비교다. 전적으로건 아니면 부분적으로건 농담의 성격은 점원이 자신의 일상적인 활동 영역에서 비유를 길어 내고 있다는 데 있다. 그런데 추상적인 것을 평소 자신의 삶에서 익숙한 것들과 연결시키는 것은 일종의 〈일원화〉이기도 하다.

리히텐베르크의 비유로 돌아가 보자.

우리로 하여금 어떤 행동을 하게 하는 운동인(運動因)[52]은 마치 32방위처럼 배열해 놓을 수 있을 뿐 아니라 거기다 비슷한 방식으로 이름까지 붙일 수 있다. 예를 들면 〈빵-빵-명성〉 또는 〈명성-명성-빵〉 이런 식으로.

52 운동인은 행동의 동기 또는 계기 정도로 이해할 수 있다 ― 원주.

리히텐베르크의 농담들이 흔히 그렇듯, 여기서도 우리는 적절하고 기지 넘치고 날카로운 인상을 받는 바람에 이것의 농담적 성격을 판단하는 데 자칫 헷갈리기도 한다. 이런 경구에서 농담의 성격이 탁월한 의미와 섞이게 되면 우리는 전체적으로 뛰어난 농담이라고 생각하고픈 유혹에 빠진다. 하지만 나는 이 농담의 실질적 성격이 〈빵-빵-명성〉이라는 특이한 조합이 주는 낯섦에서 기인하는 것이라고 주장하고 싶다. 그리되면 이것은 난센스를 통한 농담이 된다.

독특한 조합이나 터무니없는 수식어는 비유 그 자체의 결과일 수 있다. 리히텐베르크의 다음 농담을 보자. 〈둘이 잘 수 있는 여자.〉〈졸린 교회당 의자.〉 이 둘의 배후에는 침대의 비유가 숨어 있고, 둘 다 당혹스러움의 효과 외에 암시라는 기술적 수단이 함께 작용하고 있다. 즉 두 번째 예에서는 사람을 졸리게 만드는 설교가, 첫 번째 예에서는 결코 고갈되는 법이 없는 성관계가 암시되고 있다.

지금까지는 비유가 농담처럼 들린다면 그것은 이미 우리에게 알려진 농담 기술이 섞여 있기 때문이라는 것을 알게 되었다. 그렇다면 이제는 몇몇 다른 예를 통해 비유 그 자체가 농담이 될 수 있다는 것을 증명해 보도록 하자. 리히텐베르크는 몇몇 송시들의 성격을 다음과 같이 특징짓는다.

그 시들이 시문학에서 차지하는 위치는 산문에서 야콥 뵈메 Jakob Böhme의 불멸의 작품이 차지하는 것과 같다. 그러니까 그것은 〈작가는 말을, 독자는 의미를 내세우는 일종의 소풍이다〉.

그의 〈철학〉은 일상적으로 대상들을 비추는 〈아늑한 달빛〉

같다. 전체적으로는 쾌적하지만 어느 것 하나 또렷이 비추지는 못한다.

이번에는 하이네의 표현을 보자.

　그녀의 얼굴은 썼던 글자를 지우고 다시 쓴 양피지 같았다. 교부의 가르침을 적어 놓은 수사의 선명한 검은 글자 밑으로 옛 그리스 연애 시인의 반쯤 지워진 시구가 빠끔 고개를 내미는 양피지 말이다.

하이네의 「루카의 온천」에도 폄하의 성격이 강한 비유가 나온다.

　〈가톨릭 성직자〉는 〈큰 상점〉에 고용된 점원과 비슷하다. 가톨릭교회, 그러니까 교황이 사장으로 앉아 있는 이 큰 상점은 신부에게 일정한 일거리를 주고 그 대가로 얼마간의 임금을 지불한다. 신부는 자기 책임하에 사업체를 운영하지 않고, 동료도 많고, 또 큰 사업체의 성격상 남들의 눈에 쉽게 띄지 않기에 열심히 일하지 않는다. 그에게 중요한 것은 오직 상점의 신용도, 더 나아가 상점의 유지뿐이다. 혹시라도 상점이 파산하면 바로 생계가 끊길 위험이 있기 때문이다. 반면에 〈개신교 성직자〉는 어디서건 자신이 사장이고, 자기 책임하에 종교 사업체를 운영한다. 그런데 동료 가톨릭 상인들처럼 거대한 사업체가 아니라 〈작은 점포〉에 불과하다. 혼자 점포를 책임지기에 게으름을 피워서는 안 된다. 또한 고객들에게 자신의 〈신앙 상품〉을 열심히 칭찬하고 경쟁자의 상품을 깎아내려야 한다. 그는 진정한 소상인으로서 길거리 작은 점포

앞에 서 있다. 모든 큰 상점들, 특히 고용한 회계원과 종만 수천 명에 이르고 거기다 세계 곳곳에 지점까지 낸 로마의 대기업에 대한 시샘 가득한 표정으로.

우리는 다른 많은 사례들과 마찬가지로 이 예들을 보면서 비유가 그 자체로 하나의 농담일 수도 있다는 사실을 더는 부정할 수 없다. 그것도 우리가 알고 있는 농담 기술들과 연결 짓지 않으면서 말이다. 하지만 그렇게 되면 비유를 농담으로 만드는 것이 무엇인지 알 길이 없다. 왜냐하면 비유의 농담적 성격은 분명 사고의 표현 형식으로서 비유 그 자체나 비교 행위에 있는 것이 아니기 때문이다. 우리는 비유를 농담 기술이 사용하는 〈간접 묘사〉 그룹에 분류하는 것 말고는 달리 방법이 없다. 이전에 다룬 바 있는 농담 수단들보다 비유에서 훨씬 뚜렷하게 대두되는 문제는 미제로 남겨 두어야 한다. 어떤 것이 농담인지 아닌지를 판단할 때 다른 표현 형식들보다 비유에서 더 많은 어려움이 존재한다면 거기엔 특별한 이유가 있는 게 틀림없다.

그런데 우리의 이해에 이러한 공백이 있다고 해서 이 첫 연구가 소득 없이 끝났다고 비난할 필요는 없다. 농담의 다양한 속성들 사이에 존재하는 내밀한 관련성을 고려하면 우리가 다른 측면들을 살펴보기 전에 이 문제의 한 측면을 완전히 해명할 수 있으리라고 기대하는 것은 성급해 보인다. 이제 우리는 다른 각도에서 이 문제를 공략해야 한다.

우리는 지금껏 농담 기술 중 어느 것도 빠뜨리지 않았다고 확신할 수 있을까? 아마 아닐 것이다. 다만 앞으로 새로운 소재들을 계속 검토해 나가다 보면 우리가 농담 작업에서 가장 빈번하고 중요한 기술적 수단들을 이미 알고 있고, 그게 아니라면 최소한 그 정신적 과정의 성격을 판단하는 데 필요한 정도는 알게 되었다고 확신할 수 있을 것이다. 물론 현재로선 아직 그런 판단을 하기 어렵다. 하지만 이 문제에 대한 계속된 해명을 어떤 방향에서 기대할 수 있을지 중요한 지침은 갖고 있다고 생각한다. 우리가 말 농담의 기술적 핵심으로 파악했던, 대체물을 통한 압축의 흥미로운 과정은 우리를 꿈 형성 과정에 주목하게 만든다. 왜냐하면 동일한 정신적 과정이 꿈 형성의 메커니즘에서도 발견되기 때문이다. 그뿐이 아니다. 생각 농담의 기술들, 즉 전이, 사고 오류, 난센스, 간접 묘사, 반대를 통한 표현 같은 기술들 역시 빠짐없이 꿈 작업에서 사용되고 있다. 예를 들어 깨어 있을 때의 생각이 꿈 속에서도 계속된다고 볼 수 없을 만큼 꿈의 모습이 낯선 것은 전이 기술 때문이다. 또한 난센스와 부조리함의 사용은 꿈이라는 정신적 산물의 품위를 손상시켰을 뿐 아니라 다른 전문가들로 하여금 비판, 도덕, 논리의 중지와 정신적 활동의 붕괴를 꿈 형성의 조건으로 받아들이도록 했다. 게다가 반대를 통한 표현은 완전히 방향을 잘못 잡은 세간의 인기 있는 꿈 해설서들조차 언급할 만큼 꿈에서는 일상적이다. 마지막으로 꿈의 표현 방식을 우리의 깨어 있는 사고와 구분 짓게 하는 것도 바로 간접 묘사, 암시를 통한 꿈 생각의 대체, 사소한 것, 비유와 유사한 상징이다.[53] 농담 작업과 꿈 작업에서 사용되는 수단들의 이런 광범한 일치는 결코 우연처럼 보이지 않는다. 이 일치를 상세히 증명하고 그 근거를 제시하는 것이 훗날 우리의 과제가 될 것이다.

53 『꿈의 해석』제6장「꿈 작업」참조 — 원주.

3. 농담의 의도들

1

나는 앞 장 마지막에서 가톨릭 신부를 대기업 직원에, 개신교 목사를 소규모 자영업자에 비유한 하이네의 글을 옮기면서 솔직히 이 비유를 사용하고 싶지 않은 마음도 있었다. 독자들 중에는 자신의 종교뿐 아니라 종교 지도자나 그 종사자들까지 존경하는 사람이 분명 있을 터인데, 그런 독자라면 이 비유에 비분강개해서, 비유 그 자체에 농담의 성격이 있는지, 아니면 다른 부가적 요소 때문에 농담으로 비치는지를 분석하는 것에 아예 처음부터 흥미를 잃을 수도 있기 때문이다. 물론 다른 비유들, 예를 들어 어떤 철학이 대상들에 던지는 빛이 아늑한 달빛 같다고 한 비유의 경우엔 우리의 연구에 지장을 초래할 정도로 일부 독자에게 영향을 주리라고 걱정할 필요는 없을 것 같다. 독실한 신앙인도 부디 우리의 문제에 대해 판단을 내릴 수 있기를 바란다.

농담을 듣는 사람의 다양한 반응이 그 농담의 성격과 관련이 있다는 것은 어렵지 않게 짐작할 수 있다. 농담은 한편으론 그 자체가 목적이어서 특별한 의도로 사용되지 않지만, 다른 한편으론 의도적인 목적을 위해 사용되기도 한다. 그런 농담을 〈경향성〉이 있는 농담이라고 하는데, 이런 농담은 사람들에게 거부감을 줄 위험이 있다. 테오도어 피셔는 경향성이 없는 농담을 〈추상적〉 농담이라 불렀지만, 나는 〈악의 없는〉 농담이라고 부르고 싶다.

앞서 우리는 농담을 그 기술이 미치는 소재에 따라 말 농담과 생각 농담으로 구분했다면 이제는 이 분류와 방금 제시한 새로운 분류가 어떤 관계에 있는지 조사할 필요가 있다. 말 농담과 생각 농담, 경향성 농담과 추상적 농담, 이 두 부류는 서로 영향을 주고받는 관계가 아니고, 농담 생산 과정에서 서로 완전히 독립된 그룹이다. 혹자는 어쩌면 악의 없는 농담을 대부분 말 농담으로 생각하고, 그에 반해 좀 더 복잡한 기술을 사용한 생각 농담을 대개 강력한 경향성 농담이라고 여길지 모르겠다. 그러나 언어유희나 비슷한 소리를 이용한 악의 없는 농담도 있지만, 생각 농담의 모든 수단을 사용한 악의 없는 농담도 있다. 경향성 농담이 기술적으로 말 농담과 다르지 않다는 것도 그에 못지않게 쉽게 증명할 수 있다. 예를 들어 고유명사로 〈장난을 치는〉 농담은 모욕적이고 상처를 주는 경향성을 띨 때가 많고, 그것들은 당연히 말 농담에 속한다. 물론 정말 악의 없는 농담은 말 농담이기도 하다. 예를 들어 요즘 인기 있는 〈자음 교환 운(韻)〉[1]이 그러한데, 여기서는 아주 독특하게 변형된 〈동일한 소재의 반복〉 기술이 사용된다.

그는 돈이 많았기에 *Und weil er Geld in Menge hätte*,
늘 해먹에 누워 지냈다 *lag stets er in der Hängematte*.

이런 종류의 별로 까다롭지 않은 시운에서 느끼는 만족감이 농

---

1 단어의 첫 자음을 서로 맞바꾸어 운을 맞추는 기법. 가령 아래 시에서 첫 행의 m과 h가 둘째 행에서 h와 m으로 바뀌는 식이다.

담에서 느끼는 것과 다르지 않다는 것을 부정하는 사람이 없기를 바란다.

추상적 또는 악의 없는 생각 농담의 훌륭한 예들은 리히텐베르크의 비유에서 충분히 발견할 수 있다. 그의 비유 중 일부는 우리도 이미 알고 있지만, 여기서는 몇 가지 더 추가해 보겠다.

그들은 작은 8절판 책을 괴팅겐으로 보냈고, 몸과 마음으로 4절판을 돌려받았다.

건물을 제대로 지으려면 무엇보다 기초가 튼튼해야 하는데, 나는 찬성하는 층 위에다 반대하는 층을 올리는 것만큼 확실한 기초는 없다고 생각한다.

누군가가 생각을 낳으면 두 번째 사람은 그 생각에 세례를 내리고, 세 번째 사람은 그 생각과 혼인해서 아이를 낳고, 네 번째 사람은 그 생각의 죽음을 지켜보고, 다섯 번째 사람은 그 생각을 땅에 묻는다. (일원화의 비유)

그는 귀신을 믿지만 않는 게 아니라 무서워하지도 않는다.

이 농담의 본질은 일반적으로 더 가벼워 보이는 것을 원급에 놓고 더 중한 것을 비교급에 두는 일반적인 형식을 뒤집은 논리적 자가당착에 있다. 농담의 외피를 벗겨 내면 이 문장의 속뜻은 다음과 같다. 귀신이 나타났을 때 귀신을 막는 것보다 귀신에 대한 두려움을 이성적으로 물리치는 편이 훨씬 더 쉽다. 이것은 단순히 농담이 아니라 아직 제대로 평가받지 못한 올바른 심리학적

인식이다. 레싱은 이런 인식을 다음과 같은 유명한 말로 표현했다.

자신의 굴레를 조롱하는 사람이라고 해서 누구나 자유로운 건 아니다.[2]

이참에 혹시 있을지 모를 오해를 일소하기 위해 분명히 말해 두고 싶은 것이 있다. 〈악의 없는〉 또는 〈추상적인〉 농담은 결코 내용이 없는 농담과 동의어가 아니라 나중에 보게 될 〈경향성〉 농담의 대립적 형태로 제시된 것일 뿐이라는 점이다. 앞의 예가 보여주듯 악의 없는, 즉 경향성 없는 농담도 내용이 풍부할 수 있고, 무척 값진 것을 말할 수 있다. 하지만 농담의 내용은 농담 자체와는 무관할 뿐 아니라 특별한 장치를 통해 재치 있게 표현된 생각의 내용을 가리킨다. 물론 시계 기술자가 고급 시계를 값비싼 케이스에 담아 파는 것처럼 농담도 효과를 높이기 위해 내용이 풍부한 사고를 얼마든지 이용할 수 있다.

생각 농담에서 생각의 내용과 농담적 표현의 구분을 면밀히 들여다보면 농담에 대한 우리의 판단에서 많은 불확실성을 해소해 줄 통찰에 이르게 된다. 즉 의외의 사실이지만, 우리가 생각 내용과 농담 능력의 종합적 인상에 따라 농담에 대한 만족감을 느끼고, 한 요인을 통해 다른 요인의 작용 범위를 오판할 수 있다는 사실이 드러나는 것이다. 우리의 판단이 틀렸다는 것은 농담의 환원을 통해서야 비로소 알게 된다. 이는 말 농담에도 그대로 해당한다. 〈경험의 본질은 경험하지 말았으면 하는 것을 경험하게 된다는 데 있다〉라는 농담을 들으면 우리는 일단 당혹스러워하고,

2 레싱의 『현자 나탄 Nathan der Weise』 제4막 4장.

새로운 진리를 접했다는 생각을 하게 된다. 하지만 얼마 안 가 이 농담 속에 포장된 내용이 결국 〈사람은 실수를 저지름으로써 현명해진다〉(쿠노 피셔)라는 진부한 것임을 깨닫게 된다. 〈경험〉이라는 말 자체로 〈경험〉을 정의하는 기술의 탁월함에 눈멀어 이 문장의 내용을 과대평가한 것이다. 이런 예는 많다. 예를 들어 새해 소원도 다른 소원들처럼 이루어지는 경우가 무척 드물다는 리히텐베르크의 일원화 농담(1월에 관한 농담)도 누구나 다 아는 것을 말해 주고 있을 뿐이다.

이와 반대로 생각만 탁월하고 농담 능력은 미미한데도 생각 내용의 적절함과 올바름에 사로잡힌 나머지 탁월한 농담이라고 말하게 되는 것들도 있다. 리히텐베르크의 농담 중에 특히 그런 것이 많다. 즉 생각의 알맹이가 농담의 표현 능력보다 훨씬 가치가 있는 것일 경우, 그 생각에 대한 존중 때문에 부당하게 농담 능력까지 덩달아 높게 평가하게 된다. 예를 들어 〈진리의 횃불〉이라는 말 지체는 그다지 재미있는 비유가 아닌데도 이를 토대로 새로운 내용이 나왔다는 점에서 우리는 이것을 매우 재치 있는 농담이라고 말한다.

리히텐베르크의 농담은 무엇보다 생각 내용과 정곡을 찌르는 면에서 탁월하다. 괴테는 이 작가의 재치 있고 익살스러운 착상들 속에는 문제들이 숨어 있다고 말한다. 좀 더 정확히 말하자면, 문제 해결을 슬쩍 건드리고 지나간다는 것이다. 타당한 말이다. 괴테가 인용한 리히텐베르크의 다음 농담을 보자.

그는 호메로스를 너무 많이 읽은 나머지 안게놈멘*angenommen*[3]을 항상 아가멤논Agamemnon으로 읽었다. (농담 기술: 바보스러

3 *annehem*(받아들이다, 가정하다)의 과거분사.

움 + 소리의 유사성)

괴테는 이것을 재치 있는 착상이라고 기록하면서 오독의 비밀에 가까운 것을 여기서 발견했다고 한다.[4] 앞서 언급한 바 있는, 기술적으로 몹시 부족해 보이는 다음 농담도 비슷하다.

그는 고양이 가죽에서 두 눈이 있어야 할 바로 그 자리에 두 개의 구멍이 뚫려 있는 것에 놀라워했다.

여기서 드러나는 바보스러움은 표면적인 어리석음일 뿐이다. 실제로 이 단순한 말 뒤엔 동물의 신체 구조에서 목적론이라는 거대한 문제가 숨어 있다. 즉 각막이 끝나는 지점에서 눈꺼풀이 위아래로 벌어진다는 사실은 진화론에 의해 그 비밀이 밝혀지기 전까지는 결코 자명한 것이 아니었다.

우리가 명심해야 할 것은, 재치 있는 문장에서는 전체적으로 생각 내용의 몫과 농담 작업의 몫을 분리할 수 없다는 인상을 받는다는 사실이다. 어쩌면 이와 관련해서는 나중에 좀 더 의미심장한 유사점이 또 하나 발견될지 모른다.

2

농담의 본질을 이론적으로 해명하기 위해서는 경향성 농담보다는 악의 없는 농담이, 심오한 농담보다는 내용 없는 농담이 분명 더 소중해 보인다. 악의 없고 내용 없는 언어유희는 농담의 문

---

4 『일상생활의 정신병리학』 참조. 이 농담은 『정신분석 강의』 두 번째 강의에서도 다루어진다 — 원주.

제를 가장 정제된 형태로 우리에게 보여 준다. 경향성으로 인한
혼란의 위험과 내재된 의미로 인한 판단의 현혹에서 벗어날 수
있기 때문이다. 따라서 그런 소재들에서 우리의 인식은 한 걸음
더 나아갈 수 있다.

어쩌면 가장 악의 없어 보이는 말 농담의 예를 들어 보겠다.

> 욕실에 있을 때 손님이 찾아왔다는 전갈을 받은 한 아가씨가
> 한탄한다.
> 「아, 이렇게 〈가장 매력적일*anziehendsten*〉[5] 때의 모습을 보여 줄
> 수 없다는 게 아쉽군!」[6]

그런데 이 농담을 경향성이 없는 농담의 출발점으로 삼을 수
있을지에 대해 의구심이 들기에 나는 그런 반론에서 자유로운,
정말 단순한 다른 보기를 들어 보겠다.

> 어느 집에 초대를 받고 갔는데, 식사 막바지에 〈룰라르*Roulard*〉
> 라는 요리가 나왔다. 집에서 만들기에는 까다롭고 손이 많이 가는
> 음식이다.
> 같이 온 손님이 집주인에게 물었다. 「집에서 만드신 건가요?」
> 주인이 대답했다. 「물론이죠. 〈홈 룰라르*Home-Roulard*〉죠.」[7]

이번에는 농담 기술 대신 정말 중요한 다른 요소에 주목해 보

---

5 〈*anziehend*(매력적)〉라는 말은 원래 〈옷을 입고 있다〉라는 뜻이다.
6 클라인파울 R. Kleinpaul의 『언어의 수수께끼*Die Rätsel der Sprache*』(1890) —
원주.
7 〈홈 룰라르〉는 〈*Home Rule*(자치)〉이라는 말에 빗대서 말장난을 친 것인데, 영
국이 아일랜드에 허용한 자치를 가리킨다.

자. 집주인의 즉흥적인 농담은 지금도 또렷이 기억나는데 그 자리에 있던 모든 사람들에게 큰 즐거움과 웃음을 안겨 주었다. 이 농담을 비롯해 다른 무수한 농담의 경우, 청자가 느끼는 즐거움은 농담의 경향성에서 오는 것도 아니고, 농담의 사고 내용에서 오는 것도 아니다. 그렇다면 이 즐거운 느낌은 농담의 기술과 연관 지을 수밖에 없다. 다시 말해 앞서 언급한 압축과 전이, 간접 묘사 같은 농담의 기술적 수단에 청자에게 즐거움을 선사하는 기능이 있다는 것이다. 물론 이 기능이 청자에게 어떻게 작용하는지는 아직 알 수 없지만. 어쨌든 이로써 우리는 아주 손쉬운 방법으로 농담의 해명을 위한 두 번째 명제에 이르렀다. 첫 번째 명제는 농담의 성격이 표현 형식에 달려 있다는 것이었다. 그렇다면 두 번째 명제가 우리에게 새롭게 가르쳐 주는 것은 사실상 없다고 할 수 있다. 우리가 앞서 경험한 것들 속에 담긴 것을 따로 추출했을 뿐이니까 말이다. 즉 우리는 농담을 원래 의미로 환원하면, 다시 말해 농담의 의미를 세심하게 유지하면서 표현을 다른 것으로 대체하게 되면 농담의 성격뿐 아니라 웃음 효과, 즉 농담의 즐거움도 사라진다는 사실을 아직 기억하고 있다.

이 지점에서 우리는 당분간 권위 있는 철학자들의 생각과 토론을 벌이지 않고는 더 이상 나아갈 수 없다.

농담의 성격이 희극적인 것에 있다고 보고 희극적인 것 자체를 미학에서 다루어 온 철학자들은 미적 표상의 특징을 이렇게 설명한다. 우리가 사물에서 기대하는 것이 전혀 없고, 실생활의 욕구를 충족시키려고 사물을 필요로 하는 것이 아니라 사물을 그저 관조하고 그 표상을 즐기는 데 만족해야 한다는 것이다. 쿠노 피셔는 말한다. 〈이러한 향유, 이러한 표상 양태는 오직 그 자체에 기인하고, 오직 자기 속에서만 목적을 가진 채 삶의 다른 목적과

는 아무 연관이 없는 순수 미적인 것이다.〉

나는 피셔의 말에 별로 반대하고 싶지 않지만, 그의 생각에 대해 이런 식으로 의구심을 제기할 수는 있을 듯하다. 즉 농담의 뚜렷한 목적이 결국 청자에게 즐거움을 주는 것이라면 과연 그것을 아무 목적이나 목표가 없는 행위로 부를 수 있느냐는 것이다. 사실 나는 우리가 어떤 행위를 할 때 아무런 의도 없이 할 수 있을지에 대해선 회의적이다. 우리의 정신 기관이 필수적인 욕구 충족을 위해 사용될 필요가 없을 때 우리는 그것을 즐거움 생성의 수단으로 사용하고, 그 자체의 활동에서 즐거움을 찾으려 한다. 나는 이것이 모든 미적 표상에 깔려 있는 조건이라고 생각하지만, 이것을 강력하게 주장하기엔 나 자신이 미학에 대해 아는 것이 너무 없다. 그럼에도 앞서 얻은 두 가지 인식을 토대로, 농담이란 정신적 과정들(지적 과정 또는 다른 과정들)에서 즐거움을 얻는 것을 목적으로 하는 활동이라고 주장할 수는 있다. 다른 활동 중에도 똑같은 목적을 가진 것이 분명 존재할 것이다. 다만 어떤 정신적 활동 영역에서 즐거움을 길어 올리느냐에 따라, 또 그것들이 사용하는 방법에 따라 서로 구분이 될지 모른다. 물론 현재로선 그것을 정확히 결정 내릴 수는 없다. 일단 농담 기술과 그것의 주요한 절약 경향이 즐거움을 만들어 내는 것과 관련이 있다는 점에 주목해 보자.

농담의 기술적 수단이 청자에게 어떻게 즐거움을 불러일으키는지 그 수수께끼를 푸는 작업에 착수하기 전에 우리는 단순화와 명료성을 위해 경향성 농담을 제쳐 두었던 사실을 기억해야 한다. 하지만 농담의 경향성, 즉 농담의 특정 의도에는 어떤 것들이 있고, 또 농담이 그런 의도들을 어떤 식으로 이용하는지를 해명해야 한다. 우리는 농담이 불러일으키는 즐거움의 기원을 연구할 때 경향성 농담을 제쳐 두어서는 안 된다는 관찰 결과에 주목할 수밖에 없다. 악의 없는 농담은 대개 밋밋한 즐거움을 줄 뿐이다. 그것을 들은 청자는 싱긋 웃으며 즐거워하는 정도가 대부분이다. 게다가 이런 효과의 일부도 우리가 앞의 예들에서 알게 되었듯이 생각의 내용 덕이 크다. 경향성 농담에서는 갑자기 폭소가 터지는 경우가 많지만, 경향성이 없는 농담에서는 그런 폭소가 터지는 일은 거의 없다. 이 두 농담에서 사용되는 기술이 동일할 수 있다는 점을 고려하면, 경향성 농담에는 바로 그 경향성 덕분에 악의 없는 농담에는 존재하지 않는 즐거움의 원천이 있다고 추정할 수 있다.

농담의 경향성은 개관하기가 쉽다. 그 자체가 자기 목적이 아니라 어떤 목적에 복무하는 농담의 경우에는 하나의 관점으로 통합될 수 있는 두 가지 경향성이 존재한다. 즉 공격과 풍자, 방어에 이용되는 적대적 농담, 아니면 노출에 이용되는 외설적 농담이 그것이다. 다시 밝히지만, 말 농담이건 생각 농담이건 농담의 기술적 방식은 이 두 경향성과 아무 관련이 없다.

농담이 이런 경향성들에 어떤 식으로 이용되는지를 설명하는 것은 꽤 까다롭다. 이 연구에서는 적대적인 농담보다 노출 농담을 먼저 논의하도록 하겠다. 노출 농담은 마치 소재에 대한 혐오가 농담 자체에 대한 혐오로 옮겨 가기라도 한 것처럼 연구 대상으로 인정받는 경우가 드물지만 우리는 흔들림 없이 착수하고자 한다. 우리는 곧 농담의 경계선에 있는 한 사례를 만나게 될 텐데, 그것이 모호했던 사실을 한 가지 이상 해명해 줄 거라 믿는다.

우리는 보통 음담패설을 성적 사실이나 상황을 의도적으로 강조하는 말로 이해한다. 물론 이 정의가 다른 정의들보다 논거가 더 뚜렷한 것은 아니다. 그래서 성 기관의 해부학이나 생식의 생리학에 대한 강의가 똑같이 성적 사실을 드러내고 있음에도 음담패설과 비슷한 점은 하나도 없다. 중요한 것은 이렇다. 음담패설은 성적 흥분을 일으키는 특정 인물, 그것도 그 이야기를 들음으로써 말하는 사람의 흥분을 인지하고 자신도 함께 성적으로 흥분되는 특정 인물에게 향한다는 것이다. 물론 그 인물이 흥분 대신 수치심이나 당혹감에 빠질 수도 있지만, 그 역시 성적 흥분에 대한 반작용이자 흥분의 우회적 표현일 뿐이다. 결국 음담패설은 원래 여성을 겨냥한 유혹의 시도와 비슷하다. 그렇기에 남자들만 있는 자리에서 음담패설을 즐기는 것은 사회적 장애물 때문에 현실화할 수 없는 원초적 상황을 함께 상상하는 것이다. 음담패설을 들으면서 웃는 사람은 성적인 공격을 보면서 웃는 구경꾼과 같다.

음담패설의 내용을 이루는 성적인 것은 성별로 특수한 점들뿐 아니라 수치심과 연결된 양성의 공통적인 것, 즉 폭넓은 의미의 배설적인 것을 포괄한다. 여기서 폭넓은 의미란 소아기 때 배설적인 것이 갖고 있던 의미를 가리키는데, 그때 아이들의 머릿속에는 성적인 것과 배설적인 것이 거의 구분이 안 되거나 아니면 아예 구분이 안 되는 총배설강[8] 같은 것이 존재했다.[9] 신경증 심리학도 배설적인 것을 성적인 것에 포함시키고, 그것을 소아기적 의미로 이해한다.

음담패설은 그것이 겨냥하는 이성을 발가벗기는 것이나 다름없다. 외설적인 말을 함으로써 공격당한 사람에게 해당 신체 부위나 그와 관련한 행위를 떠올리도록 강요하고, 공격자 자신도

---

8 배설 기관과 생식 기관을 겸하고 있는 구멍. 양서류, 파충류, 조류 등에서 볼 수 있는데, 포유동물의 경우 이 기관은 생식기와 항문으로 분리되었다.
9 같은 시기에 출간된 나의 논문 『성욕에 관한 세 편의 에세이』 참조 — 원주.

그런 상상을 하고 있음을 드러낸다. 성적인 것을 발가벗긴 채 구경하는 즐거움이 음담패설의 본래적 동기라는 사실은 의심의 여지가 없다.

이 대목에서 욕망의 뿌리를 들추어 보는 것이 우리의 해명에 도움이 될 듯하다. 각 성의 특수성, 즉 생식기를 발가벗긴 채 보려는 성향은 인간 리비도Libido의 본래적 구성 요소다. 이 성향은 그 자체로 성적 욕망의 대체재일 수 있고, 성적인 부위를 만지려는 일차적 쾌락에 뿌리가 닿아 있다. 흔히 그렇듯 여기서도 보는 것이 만지는 것을 대체한다.[10] 보려는 욕망과 만지려는 욕망은 누구에게나 두 가지 방식, 즉 능동적-수동적, 또는 남성적-여성적 방식으로 존재하고, 대체로 성적 특징이 어느 방향으로 두드러지게 나타나느냐에 따라 형성된다. 자기 몸을 노출하려는 성향은 어린 아이들에게서 쉽게 관찰된다. 만일 이러한 성향의 싹이 일상적인 규제와 억압의 운명을 거치지 않으면 〈노출증〉이라 불리는 성인 남자의 성적 도착으로 발전한다. 여자의 경우, 수동적인 노출 성향은 대개 성적 수치심의 반작용을 통해 억제되지만, 그렇다고 여자들의 옷을 보면 그런 성향이 완전히 규제되고 있는 것 같지는 않다. 그러니까 여자들도 관습과 상황에 따라 노출증의 범위가 유동적이라는 사실을 지적하고 싶다.

남자의 경우 리비도의 일부로서 이러한 충동은 상당히 많이 남아 있고, 성행위를 유도하는 데 이용된다. 여자에게 처음 접근할 때 이 충동이 효과를 발휘하려면 말을 사용해야 하는데, 거기엔 두 가지 동기가 있다. 하나는 자신의 의도를 여자에게 은근히 드러내는 것이고, 다른 하나는 말로써 상상을 자극함으로써 여자를

10 몰A. Moll의 성적 접촉 충동Kontrektationstrieb. 『성적 리비도에 대한 연구 Untersuchungen über die Libido Sexualis』(1898) — 원주.

흥분 상태에 빠뜨려 수동적 노출 충동을 일깨우는 것이다. 이러한 구애의 말은 아직 음담패설이 아니지만 곧 그리로 넘어간다. 여자로부터 준비되었다는 신호가 빠르게 오면 외설적인 말은 수명을 다하고 곧장 성적인 행동에 자리를 내준다. 하지만 여자에게 그런 빠른 반응을 기대하기 어려울 뿐 아니라 여자가 오히려 방어적인 태도를 취하는 경우는 다르다. 그럴 경우 성적 흥분을 일으키는 말은 음담패설로서 그 자체가 목적이 된다. 성적 공격은 성행위로 발전할 수 없게 되면 성적 흥분을 일으키는 것으로 제한되고, 여자에게서 그런 흥분의 조짐을 보는 데 만족한다. 그런데 이때 성적 공격은 장애물을 만난 모든 성적 흥분이 그러하듯 자신의 성격을 급속히 바꿀 수도 있다. 즉 노골적으로 적대적이고 잔인한 형태로 바뀌면서 자신의 길을 가로막고 있는 장애물을 제거하기 위해 성적 충동의 사디즘적 요소에 도움을 청하는 것이다.

음담패설의 일차적 조건은 쉽게 넘어오지 않는 여자의 완강함이다. 물론 이런 완강함은 단지 유예를 의미할 뿐 그 어떤 노력으로도 가망이 없다는 뜻은 아닐 듯하다. 어쨌든 여자가 음담패설의 자리에서 완강하게 저항할 수 있는 이상적인 경우는 제삼자, 즉 다른 남자가 있을 때다. 그럴 경우 여자가 곧바로 유혹에 넘어가는 것은 거의 불가능하기 때문이다. 이로써 제삼자는 음담패설에 굉장히 중요한 의미를 갖게 된다. 하지만 음담패설에서 여성의 존재를 배제할 수는 없다. 시골이나 허름한 술집에 가면 여자 종업원이나 여주인이 합석하고 나서야 남자들의 음담패설이 시작되는 경우를 쉽게 관찰할 수 있다. 하지만 사회적 지위가 높을수록 반대 현상이 나타난다. 여자가 자리에 끼는 순간 음담패설이 바로 끝나 버리는 것이다. 남자들은 본래 부끄럼을 타는 여자를 전제로 하는 이런 종류의 대화를 〈자기들끼리만〉 있는 순간으로 남겨 둔다. 이렇게 해서 음담패설의 대상은 여자 대신 점차 청중으로 넘어가게 되고, 이런 변화를 통해 음담패설은 농담의 성격에 접근한다.

　이 대목에서 우리는 두 가지 요소에 주목할 필요가 있다. 제삼자, 즉 청자의 역할과 음담패설 자체의 내용적 조건이 그것이다.

　경향성 농담에는 일반적으로 세 사람이 필요하다. 농담하는 사람, 적대적인 공격 또는 성적 공격의 대상이 되는 사람, 그리고 즐거움을 만들어 내는 농담의 원래 목적을 충족시키는 제삼자가 그들이다. 이러한 구도에 대한 좀 더 깊은 근거는 나중에 살펴보기로 하고, 여기서는 일단 농담을 듣고 웃는 사람, 즉 농담의 쾌락 효과를 즐기는 사람이 농담을 하는 사람이 아니라, 아무것도 하는 일이 없는 청중이라는 사실만 주목하도록 하자. 음담패설에서도 세 사람 사이의 관계는 동일한데, 그 과정은 이렇게 기술할 수 있다. 첫 번째 인물의 성적 충동은 그가 여자로 인해 욕망의 충족이 저지되었다고 느낀다는 측면에서 두 번째 인물에 대해 적대감을 드러내고, 그러면서도 애초엔 훼방꾼이었던 제삼자를 자신의 동지로 받아들인다. 첫 번째 인물의 음담패설을 통해 여자는, 힘들이지 않고 자신의 리비도를 충족함으로써 첫 번째 인물에 매수된 제삼자, 즉 청중 앞에서 발가벗겨진다.

　저속한 사람들이 음담패설을 즐기고, 심지어 분위기를 띄우는 데 없어서는 안 되는 요소로 여긴다는 사실은 퍽 특이하다. 또한 경향성 농담의 여러 특징을 담고 있는 음담패설의 복잡한 과정에서 농담 특유의 형식적 요구가 전혀 제기되지 않는다는 사실도 주목할 만하다. 노골적으로 상대를 발가벗기는 말을 하는 것은 화자에게는 만족감을, 제삼자에게는 웃음을 안긴다.

교양 있는 집단일수록 농담의 형식적 조건이 부가된다. 음담패설은 재치가 있을 때에만 농담이 되고, 참을 만한 것이 된다. 이때 음담패설에 주로 사용되는 기술적 수단은 암시, 즉 사소한 것을 통한 대체다. 별로 관련이 없어 보이는 것을 청자가 머릿속으로 완벽하고 노골적인 외설스러운 장면으로 재구성해 내는 것이다. 음담패설로 직접 표현된 것과 그것이 청자에게 필연적으로 야기한 것 사이의 불균형이 클수록 농담은 더욱 고상해지고, 더욱 수준 높은 집단으로 올라갈 수 있다. 예들에서 쉽게 드러나듯이, 재치 있는 음담패설은 조야한 암시와 세련된 암시 말고도 말 농담과 생각 농담에서 사용되는 모든 수단을 활용한다. 그런 점에서 농담이 경향성을 위해 어떤 역할을 하는지 명료해진다. 농담은 장애물에 맞서 음란하고 적대적인 충동을 충족시키고, 그로써 장애물로 인해 접근할 수 없었던 쾌락의 원천에서 쾌락을 길어 올리는 것이다. 여기서 장애물은 사실 여성의 교육 수준과 사회적 지위가 점점 더 높아짐에 따라 성적으로 노골적인 것을 견디지 못하는 여자들의 거부감이다. 여자는 출발 상황에선 그 자리에 있는 것으로 상정되지만, 그 자리에 없을 때도 계속 남자들을 위축시키는 효과를 발휘한다. 우리는 고결한 신분의 남자들이 사회적 지위가 낮은 여자 앞에서 농담적인 음담패설을 즉각 단순한 음담패설로 격하시키는 것을 종종 관찰할 수 있다.

여자들, 그리고 그보다는 정도가 덜하지만 남자들에게도 노골적인 음담패설을 즐기는 것을 어렵게 하거나 불가능하게 하는 힘을 우리는 〈억압〉이라고 부른다. 억압은 이른바 신경증이라는 질병의 주요 유발 요인으로서 심할 경우 온갖 충동과 그 아류들이 의식에 의해 금지되는 심리적 과정과 동일해 보인다. 우리는 억압의 형성에 지대한 영향을 끼친 것이 고도의 문화와 교육이라고 생각하고, 이러한 조건 아래에서 심리적 조직화에 변화가 생긴다고 가정한다. 이때 변화는 유전적 소인으로도 생길 수 있는데, 어쨌든 그 변화로 인해 그전에는 편안하게 느껴졌던 것이 지금은 불쾌한 것으로 느껴지면서 모든 정신적 힘을 통해 거부된다. 원초적인 쾌락의 가능성이었지만 지금은 내부 검열에 의해 우리 안에서 배척된 쾌락의 가능성은 그런 문화적 억압을 통해 상실되었다. 그러나 인간의 심성에서 전면적 포기란 무척 어려워서, 경향성 농담이 이 포기를 철회하고 상실한 것을 복원하는 수단으로 사용된다. 만일 우리가 고급스러운 음담패설을 듣고 웃을 수 있다면 하류층의 조야한 음담패설을 듣고도 똑같이 웃을 수 있다. 둘 다 같은 원천에서 나오기 때문이다. 하지만 우리는 조야한 음담패설을 들으면서는 웃지 못한다. 수치스럽거나 역겹게 느껴지기 때문이다. 그래서 우리는 농담의 도움을 빌려서야 비로소 웃을 수 있다.

이로써 이 장의 서두에서 짐작한 것처럼 경향성 농담은 어떤 식으로건 즐거움이 기술과 연결되어 있는 악의 없는 농담과는 즐거움의 원천이 다르다는 사실이 증명된 것처럼 보인다. 또한 경향성 농담에서는 얼마만큼의 즐거움이 기술적인 원천에서 나오고, 또 얼마만큼의 즐거움이 경향성의 원천에서 나오는지 느낌만으로는 결코 구분할 수 없다는 점을 재차 강조하고 싶다. 엄밀히 말해서 우리는 우리 자신이 무엇 때문에 웃게 되는지 잘 모른다. 외설적인 농담에서 만일 농담의 〈품질〉이 형식적인 조건에 좌우된다면 우리는 농담의 품질을 잘못 판단할 수 있다. 농담 기술은 보잘것없지만 웃음 효과는 엄청난 경우도 많기 때문이다.

3

이제는 적대적 경향성의 경우에도 농담의 역할이 같은지 살펴보려 한다.

여기서 우리는 처음부터 앞의 것과 동일한 조건을 만난다. 우리 이웃에 대한 적대적 충동은 성 충동과 마찬가지로 아주 어릴 때부터, 그리고 인류의 문화적 초창기부터 제한을 받았고, 그러한 억압은 지속적으로 발전해 왔다. 우리는 여전히 원수를 사랑하고, 오른쪽 뺨을 맞으면 왼쪽 뺨을 내미는 수준에 도달하지 못했다. 또한 세상의 모든 도덕규범 속에 증오를 행동으로 옮기는 것을 규제하는 내용이 있는 것으로 봐서는 그런 행동이 원래 작은 부족 사회에서는 오히려 지극히 일상적인 일이었음을 알 수 있다. 그런데 우리가 우리 집단만을 같은 민족이라고 느끼는 한, 이민족에 대해서는 이런 규제가 적용되지 않는다. 다른 한편 우리는 우리의 집단 내부에서도 적대적인 충동을 성공적으로 억눌러 왔다. 이에 대해 리히텐베르크는 이렇게 노골적으로 표현한다. 〈오늘날엔 죄송하다고 넘어갈 상황도 옛날이라면 따귀를 맞았다.〉 폭력을 동반한 적대성은 법으로 금지되면서 말을 통한 비방으로 대체되었다. 게다가 인간적 충동들이 서로 연결되어 있음을 알게 되면서 우리는 우리에게 방해가 되는 이웃에게 분노를 표출하는 능력을 점점 잃어 갔다. 〈이해란 용서의 시작〉이라는 격언의 논리적 귀결에 해당할 것이다. 어릴 때는 적대적 소인이 여전히 강하지만, 나중에 인격적으로 성장하면 욕을 하는 것이 품위 없는 짓임을 깨닫게 된다. 싸움이 그 자체로 여전히 허용된 경우에도 싸움의 수단으로 사용해서는 안 되는 것들의 수는 어마어마하게 늘어났다. 우리는 개인의 안전을 지키는 데만 관심이 있는 냉정한 제삼자에 의해 적대성을 행동으로 표출하는 것을 포기하면 서부터 성적 공격성과 무척 비슷하면서도 새로운 비방의 기술을 만들어 냈고, 이 기술은 제삼자까지 우리의 적에 대해 적대감을 느끼게 하는 것을 목표로 삼고 있다. 우리는 적을 하찮고 저급하고 경멸스럽고 우스꽝스러운 인간으로 만들어 버림으로써 우회적으로 적에 대한 제압을 즐기고, 그 즐거움은 옆에서 가만히 지켜만 보던 제삼자의 웃음으로 증명된다.

이로써 우리는 적대적 공격에서 농담의 역할을 살펴볼 준비가 되었다. 농담은 우리가 가로막힌 장애물 때문에 큰 소리로 떠들거나 노골적으로 드러내선 안 되는 적의 우스꽝스러움을 활용하게 한다. 다시 말해서 〈여러 제약들을 피해 지금까지 닫혀 있던 즐거움의 원천으로 들어가는 문을 활짝 열어 주는 것이다〉. 게다가 농담은 즐거움의 획득을 미끼로 청자를 우리 편으로 매수한다. 청자가 농담의 내용을 진지하게 검토해 볼 새도 없이 말이다. 사실 우리 자신도 가끔 악의 없는 농담에 매수되어 재치 있게 표현된 문장의 내용을 과대평가하곤 한다. 이와 관련해서 딱 들어맞는 표현이 있다. 〈웃음이 자기편으로 만든다.〉

예를 들어 앞 장에서 여러 번 등장했던 N 씨의 농담을 살펴보자. 그의 농담들은 모두 비방이다. 이 농담들을 통해 N 씨가 외치고 싶었던 말은 다음과 같을 것이다. 〈농무부 장관은 머저리 같은 인간이야. 제발 쓸데없는 문제로 나를 괴롭히지 말았으면 좋겠어. 그 인간은 허영심 때문에 망가질 거야!〉, 〈오스트리아에 머물고 있는 나폴레옹의 행적에 대해 그 역사가가 쓴 글만큼 지루한 글은 본 적이 없어!〉 그런데 N 씨는 사회적 지위 때문에 이런 속내를 밖으로 표출할 수 없다. 그래서 속내에 담긴 어느 정도의 진실에도 불구하고 농담이 아닌 형식으로는 결코 표출할 수 없을 내용을 청자에게 주지시키려고 농담의 형식을 빌린다.

그중에서 특히 시사하는 바가 크고, 어쩌면 가장 압도적인 농담이 〈따분한 빨강 머리〉 농담으로 보인다. 이 농담에서 우리를 웃게 하는 것은 무엇일까? 그 불쌍한 역사가가 너무 부당한 취급을 받는 것은 아닐까 하는 의문으로부터 그렇게 완벽하게 우리의 관심을 돌리게 하는 것은 무엇일까? 그것은 의심할 바 없이 농담이라는 형식 때문이다. 그렇다면 이 농담의 어떤 점 때문에 우리는 웃는가? 우리에게 〈따분한 빨강 머리〉로 소개된 그 인물 때문인 게 분명하다. 특히 그 인물의 빨강 머리 때문이다. 교양 있는 사람은 대체로 남의 신체적 결함을 비웃지 않는다. 게다가 빨강 머리가 웃음을 유발할 만큼 신체적 결함이라고 생각하지도 않는다. 그건 아마 초등학생이나 저속한 사람들, 아니면 일부 구의회 의원이나 시의회 의원의 교양 수준에서나 통할 이야기다. 그런데 N 씨의 농담은 성숙하고 섬세한 감정을 가진 우리도 마치 초등학생처럼 역사가 X 씨의 빨강 머리에 대해 웃음을 터뜨리게 한다. 아주 교묘한 방식으로 말이다. 물론 이게 N 씨의 의도는 분명 아니었을 것이다. 사실 농담을 구사하는 사람이 농담의 의도까지 정확히 알고 있는지는 의심스럽다.

이 사례들에서는 농담을 통해 우회할 수 있는 공격성에 대한 장애물이 내적인 것, 즉 비방에 대한 미적인 반발로 나타난다. 반면 그것이 순수한 외적인 장애물로 나타날 때도 있다. 일례로, 우연히 자신을 꼭 닮은 사람을 만난 왕이 그를 불러, 혹시 어머니가 궁정에서 일한 적이 없느냐고 묻자 어머니가 아니라 아버지가 궁정에서 일한 적이 있다고 순발력 있게 대답한 경우가 그렇다. 답한 사람은 그 질문에 담긴 암시로 자신의 사랑하는 어머니를 모욕하고 있는 저 뻔뻔한 자를 당장 때려눕히고 싶지만, 그자는 모든 것을 버릴 각오를 하지 않는 한 때려눕히는 것은 물론이고 감히 면전에서 모욕적인 언사도 할 수 없는 왕이었다. 따라서 그는 모욕을 꾹 참을 수밖에 없다. 그런데 다행히 농담이라는 수단이 있어서 위험 부담 없이 왕에게 복수할 길이 열렸다. 〈일원화〉라는 농담의 기술을 이용해 공격자가 사용한 암시를 고스란히 공격자에게 되돌려준 것이다. 이 농담은 우리가 그 재치 있는 말대꾸로 인해 공격자의 물음 자체도 재치 있는 암시였음을 잊을 정도로 경향성이 뚜렷하다.

비방이나 모욕적인 말대꾸가 외부 상황에 의해 저지되는 경우는 무척 많아서 이 경향성 농담은 권위를 내세우는 지체 높은 사람을 공격하거나 비판할 때 특히 선호된다. 그 경우 농담은 권위에 대한 거부와 권위적 압력으로부터의 해방을 의미한다. 거기다 여기엔 희화화의 매력도 담겨 있는데, 만일 희화화가 별로 성공적으로 이루어지지 못하더라도 우리는 권위에 대한 저항에 높은 점수를 주면서 웃음을 터뜨린다.

내적 억압이나 외적 상황 때문에 직접 비난할 수 없는, 힘 있고 지체 높고 위대한 사람들을 공격하는 데 경향성 농담이 잘 어울린다는 점을 고려하면, 우리는 다른 측면에서 주로 힘없고 저급한 사람들과 관련된 것처럼 보이는 농담 그룹에 대해 특별한 견해를 가질 수밖에 없다. 생각 농담의 다양한 기술을 연구하는 과정에서 우리가 살펴본 중매쟁이 이야기들 가운데 일부가 그렇다. 〈귀까지 먹었으니까요〉 혹은 〈저 사람들한테 저런 걸 빌려줄 사람이 어디 있다고!〉 같은 예에서 중매쟁이는 조심성 없고 생각 없는 사람으로 비웃음을 당하는데, 이때 사람들을 웃게 만드는 것은 그의 입에서 얼떨결에 튀어나온 진실 때문이다. 그렇다면 우리가 경향성 농담의 본질로서 밝혀낸 것, 그리고 우리가 중매쟁이 이야기에서 느끼는 만족감은 농담에 등장하는 사람들의 옹색함과 연결되어 있을까? 그들이 농담을 살리는 것일까? 아니면, 이 농담들은 무언가 더 의미심장한 것을 말하기 위해 중매쟁이를 앞세운 것에 불과할까? 나귀를 움직이려면 자루를 때리라는 속담처럼? 어쨌든 이 견해도 무시될 수 없는 것이 사실이다.

중매쟁이 이야기의 상기 해석은 계속 이어질 수 있다. 물론 나는 똑같은 이야기들을 다룰 필요는 없고, 그 이야기들을 그냥 〈유머〉로만 받아들이고 농담으로서의 성격을 박탈할 수도 있다. 농담에는 이런 식의 주관적 조건도 존재한다. 우리는 이제 농담의 이런 조건성에 주목하게 되었다. 하지만 이 문제는 나중에 다룰 생각이다. 주관적 조건성이란 내가 농담이라고 인정하는 것만이 농담이라는 뜻이다. 내게는 농담인 것도 남에게는 그냥 웃기는 이야기에 지나지 않을 수 있다. 이런 차이가 생기는 것은, 혹자는 농담의 표면, 즉 우리 예의 경우 웃기는 측면만 보는 데 반해 혹자는 그 이면을 탐색하려고 하기 때문이다. 여기서 이런 의심이 들기도 한다. 이야기 속에 숨겨진 것을 찾아내려는 사람의 눈을 현혹시키려고 의도적으로 표면에 그런 인상을 심어 놓은 게 아닌가 하는 의심 말이다.

어쨌든 중매쟁이 이야기들이 농담이라면, 그건 이야기의 표면 덕분에 말해야 하는 것을 숨길 수 있을 뿐 아니라 뭔가 금지된 것도 말할 수 있기에 더더욱 훌륭한 농담이라고 할 수 있다. 그런데 이렇게 숨겨진 것을 들추고, 희극적인 표면의 이야기들을 경향성 농담으로 폭로하는 이 해석을 좀 더 깊이 파고들면 거기엔 이런 심리가 깔려 있다. 무심결에라도 진실을 발설하게 되면 누구든 허위와 왜곡의 가면을 벗게 되는 것을 기뻐한다는 것이다. 이는 심층적이고 올바른 심리학적 통찰이다. 내면의 무의식적 동의가 없었다면 아무리 무심결이라도 진실이 자동으로 튀어나오는 것은 불가능하기 때문이다.[11] 이로써 같잖고 우스꽝스러운 인물이던 중매쟁이는 호감 가는 인물로 변한다. 진실을 누설할 마지막 기회를 놓치지 않고 진실을 외침으로써 허위의 짐을 벗어 던졌으니 얼마나 행복하고 홀가분하겠는가! 중매쟁이는 신붓감이 신랑감의 마음에 들지 않아 어차피 혼사가 성사되지 않을 것임을 깨닫는 순간 신랑감이 모르고 있던 신붓감의 또 다른 감추어진 결함을 흔쾌히 폭로한다. 또한 자신을 고용한 신부 측 사람들에 대한 숨겨진 경멸감을 표현하려고 자신의 속마음을 결정적인 논거로 대기도 한다. 〈저 사람들한테 저런 걸 빌려줄 사람이 어디 있다고!〉 이 농담의 전체적인 우스꽝스러움은 딸을 치우기 위해 그런 사기까지 쳐도 된다고 생각하는, 지나치듯이 언급된 신붓감의 부모, 그렇게 해서라도 결혼을 해야 하는 불쌍한 처녀, 이런 식으로 맺어지는 품위 없는 결혼에 있다. 중매쟁이는 이런 악습을 누구보다 잘 알기에 그것을 비판할 수 있는 가장 적당한 사람이다. 그러나 그는 그런 말을 크게 떠들어 댈 수가 없다. 그런 식의 악습과 거짓으로 먹고사는 가난뱅이이기 때문이다. 이와 비슷한 이야기들을 만들어 내는 세상 사람들의 심리도 비슷한 갈등에 빠져 있다. 혼인 과정을 들추어내면 이미 맺은 혼인의 신성함이 크게 훼손될 수 있다는 점을 다들 알기 때문이다.

농담 기술의 연구에서 농담의 난센스가 그 이면의 생각에 담긴 조롱과 비판을 대체할 때가 많고, 그런 점에서 농담 작업이 꿈 작업과 비슷하다고 했던 언급을 상기해 보자. 이 주장은 여기서도

11 〈말실수〉나 그 밖의 다른 자기 배신 현상에도 동일한 메커니즘이 작동한다. 『일상생활의 정신병리학』 참조 — 원주.

재차 확인되는 듯하다. 앞의 예들에서 조롱과 비판이 단순히 농담의 매품팔이 역할만 했던 중매쟁이에게 향한 것이 아니라는 사실은 중매쟁이가 정반대로 어떤 난관도 헤쳐 나갈 탁월한 변론술의 인물로 그려진 다른 일련의 농담들로 증명된다. 이것들은 표면적으로 희극성이 아닌 논리성이 두드러진 이야기, 즉 궤변적 생각 농담이다. 그중 하나가 절름발이 여자의 농담이다. 중매쟁이는 다리를 절뚝거리는 신붓감의 결함을 아예 논쟁 거리가 안 되는 것으로 만들어 버린다. 그 여자의 상태는 〈이미 다 끝난 상태〉라는 것이다. 만약에 사지가 멀쩡한 여자를 아내로 맞으면 넘어져서 다리가 부러지고, 병들어 통증으로 괴로워하고, 거기다 치료비까지 걱정해야 할 위험을 항상 안고 살아야 하지만, 이렇게 처음부터 절름발이 여자를 아내로 맞으면 그런 부담에서 완전히 해방될 수 있다는 뜻이다. 또 다른 예에서는 신붓감에 대한 구혼자의 온갖 비난을 훌륭하게 반박해 낸다. 그러다 더는 도저히 변호할 수 없는 마지막 결점에 대해서는 마치 그전에 다른 어떤 결점도 거론한 적이 없었던 것처럼 이렇게 답한다. 〈아니, 대체 뭘 바라는 겁니까? 결점 없는 사람은 없어요!〉 이 두 예에서 논리적 허점을 증명하는 것은 어렵지 않으며, 그 부분에 대해서는 이미 농담 기술의 연구에서 설명한 바 있다.

이제 우리의 관심을 끄는 것은 다른 부분이다. 중매쟁이의 말은 세심히 들여다보면 그 허구성이 여실히 드러나지만 겉으로는 상당한 논리성을 갖추고 있는데, 그렇다면 그 뒤에는 다음의 진실이 숨어 있다. 이 농담이 중매쟁이의 손을 들어 주고 있다는 것이다. 생각 자체는 진지하게 중매쟁이를 편들 용기가 없어서 이 진지함을 농담이 제시하는 표면적 허상으로 대체하고, 그와 동시에 장난기 있는 농이 흔히 그러하듯 그 진지함을 폭로해 버린다.

사실 겉으로는 논리로 치장되어 있는 모든 이야기들이 실제로 하려는 말은 일부러 잘못된 근거를 대면서 주장되는 것들이라고 봐도 틀리진 않다. 숨겨진 진실을 드러내려고 이렇게 궤변을 사용할 때에야 비로소 농담의 성격, 그러니까 주로 경향성에 의존하는 농담의 성격이 부여된다. 두 이야기가 암시하는 바는 이렇다. 남자들은 어차피 시간이 지나면 별 의미도 없는 여자들의 단점을 그렇게 열심히 찾아 대지만, 결국엔 불가피한 결함을 가진 인간을 아내로 맞아들일 수밖에 없다는 사실을 잊고 있고, 그 점이 가소롭고 우스꽝스럽다는 것이다. 게다가 많건 적건 어쨌든 결함 있는 여자와의 결혼을 견디게 해주는 유일한 조건이 서로 간의 애정과 서로 따스하게 적응할 마음의 준비라는 사실이 전체 흥정 과정에서는 전혀 언급되지 않고 있다.

이 예들에 담긴 구혼자들에 대한 조롱에서는 중매쟁이가 우월한 자의 역할을 적절히 수행하고 있는데, 이러한 조롱이 다른 이야기들에서는 훨씬 더 명확하게 표현되기도 한다. 그것이 명료할수록 농담 기술은 덜 사용된다. 그래서 그런 이야기들은 오직 표면적으로만 농담의 기술을 공유한 경계 사례로 비치기도 한다. 하지만 동일한 경향성과 그것을 표면 뒤에 숨기고 있다는 점 때문에 그 이야기들은 농담의 효과를 온전히 발휘한다. 게다가 기술적 수단의 그런 빈곤함에서 우리는 이런 형태의 많은 농담들에 농담 기술과 비슷한 효과를 내는 은어의 희극적 요소가 큰 손상 없이 반드시 존재해야 한다는 사실을 이해할 수 있다.

경향성 농담의 성격을 다 갖고 있음에도 농담 기술은 전혀 찾아볼 수 없는 다음 이야기를 살펴보자.

중매쟁이가 묻는다. 「어떤 여자를 원해요?」

구혼자가 답한다. 「예쁘고 돈 많고 교양 있는 여자요.」

중매쟁이가 말한다. 「좋아요. 그럼 배필을 세 명 준비해야겠군요.」

여기서 말하려는 바는 농담의 옷을 걸치지 않고 직접 표현되고 있다.

지금까지 소개한 중매쟁이 농담들에서, 숨겨진 공격성은 혼사에 참여하는 모든 당사자들, 그러니까 신부와 신랑, 부모를 모두 겨냥했다. 그런데 제도 역시 농담의 공격 대상이 될 수 있다. 도덕 규범이나 종교 교리, 인생관, 그리고 이런 것들을 대변하는 사람들까지 말이다. 이것들은 농담의 가면, 그것도 표면적으로 사람을 교묘히 속이는 농담의 가면을 쓰지 않고는 반박하기 어려운, 권위 있고 명성이 높은 것들이다. 이런 경향성 농담이 목표로 하는 주제는 몇 안 되지만 그 형식과 표현 방식은 매우 다양하다. 나는 이러한 부류의 경향성 농담에 특별한 이름을 붙이는 것이 타당하다고 생각하는데, 어떤 이름이 적당한지는 몇 가지 사례를 해석하고 나면 밝혀질 것이다.

앞서 궤변적 전이 농담의 예로 제시되었던 두 이야기, 즉 값비싼 〈연어 요리〉를 먹는 몰락한 미식가와 알코올 중독에 빠진 강사 이야기를 다시 불러내어 해석을 이어가 보자. 그사이 우리는 이야기 표면에 허구적 논리성이 달라붙어 있으면 이면의 생각이 말하는 바는 다음과 같다는 것을 알게 되었다. 〈이 남자의 말이 옳다. 다만 상대의 반발 때문에 한 가지 포인트, 그러니까 그 부당성이 쉽게 증명되는 한 가지 포인트 외에는 남자의 정당성을 더는 주장할 엄두를 내지 못할 뿐이다.〉 선택된 이 포인트는 남자의 정당성과 부당성 사이의 올바른 타협이다. 물론 이는 결정이 아니다. 다만 우리의 내적 갈등을 반영하고 있는 듯하다. 단순히 말해서 두 일화는 쾌락주의적이다. 그것이 말하는 바는 이렇다. 〈그래, 그 남자 말이 맞아. 즐기는 것보다 더 중요한 건 없을 뿐 아니라 즐거움을 어떤 식으로 조달하느냐도 크게 중요하지 않아!〉 이는 지극히 비도덕적으로 들리고 좋아 보이지도 않는다. 다만 근본적으로 보면, 삶의 불안과 도덕적 절제의 허무함에 뿌리를 둔 그 시인의 경구 〈현재를 즐겨라Carpe diem〉와 다를 게 없다. 〈연어 요리〉 농담에서 남자의 말이 옳다고 하는 생각이 거북하게 느껴진다면 그건 우리가 누리지 않아도 전혀 상관없을 것 같은 정말 저급한 향락을 예로 들면서 진실을 설명하고 있기 때문일 것이다. 사실 우리는 누구랄 것 없이 삶의 그런 철학이 옳다는 것을 인정하고, 도덕적 가르침이 아무 보상 없이 요구만 하고 있다고 비난한 경험이 있을 것이다. 세속에서의 절제가 내세에서 다른 큰 즐거움으로 보상받게 되리라는 피안에 대한 약속을 사람들이 더는 믿지 않게 되면서부터(욕망의 절제를 믿음의 징표로 본다면 아마 독실한 신앙인은 정말 몇 안 될 것이다) 〈현재를 즐겨라〉는 사람들에게 지극히 중요한 깨달음이 되었다. 나는 욕구 충족을 나중으로 미루고 싶지만, 내일 내가 살아 있을지 누가 안단 말인가?

〈확실한 내일은 없을지니.〉[12]

나는 사회적으로 금지된 모든 욕구 충족의 방법을 포기할 마음이 있지만, 사회가 얼마간의 유예를 두더라도 허용된 길들 중 하나를 열어 줌으로써 그 포기를 보상해 줄 것인지 확신할 수 있을까? 이 농담들이 귓엣말로 전하는 것을 크게 소리 내어 말하자면, 인간의 욕구와 소망은 까다롭고 가차 없는 도덕적 목소리만큼 귀를 기울일 권리가 있다는 것이다. 오늘날에는 여러 간명한 문장

12　로렌초 데 메디치Lorenzo de' Medici(1449~1492)의 시에 나오는 구절 — 원주.

들로, 이 도덕이 언제든 지체 없이 욕구를 충족시킬 수 있는 돈 많고 힘 있는 사람들만의 이기적 규범으로 변했다는 주장이 펼쳐진다. 의술이 우리의 생명을 보장하지 못하고, 사회 제도가 우리의 삶을 즐겁게 해주지 못한다면 도덕적 요구에 반발하는 우리 안의 목소리를 억누를 수 없다. 이는 솔직한 인간이라면 누구나 인정할 것이다. 이러한 갈등 상황에서 결정은 새로운 깨달음을 우회하는 방법으로나 가능하다. 우리는 짧은 삶의 한계를 극복하려면 자신의 삶을 타인의 삶과 연결해야 하고, 자신을 타인들과 동일시할 수 있어야 한다. 또한 욕구를 부당하게 충족해서는 안 되고 충족되지 않은 채 내버려두어야 한다. 충족되지 않은 많은 욕구들이 지속될 때 사회 시스템을 변화시키는 힘이 발전할 수 있기 때문이다. 물론 개인들의 모든 욕구가 그런 식으로 유예되거나 다른 것으로 이전되는 것은 아니다. 갈등에 대한 보편적이고 최종적인 해결책은 없다.

이제 우리는 방금 위에서 해석한 것과 같은 농담들을 어떻게 불러야 하는지 안다. 그것은 〈냉소적〉 농담이고, 그것들이 숨기고 있는 것은 〈냉소〉다.

냉소적 농담이 곧잘 공격하는 제도 중에 결혼 제도만큼 중요하고 도덕규범의 철저한 보호를 받으면서도 공격 욕구를 자극하는 제도는 없다. 그래서 냉소적 농담은 대부분 결혼 제도를 겨냥하고 있다. 성적 자유에 대한 요구만큼 개인적인 요구는 없다. 게다가 어느 지역을 막론하고 문화가 성욕만큼 강하게 억압을 행사한 영역도 없다. 이와 관련해서는 앞서 언급한 예 하나로 충분할 듯하다. 유머 모음집 『카니발 왕자의 방명록*Eintragung in das Stammbuch des Prinzen Karneval*』에 나오는 예다. 〈여자는 우산과 같아서 사람들은 조만간 마차를 타게 된다.〉

이 농담의 복잡한 기술에 대해선 이미 논구한 바 있다. 이것은 말도 안 되는 당혹스러운 비유처럼 보였고, 지금 봐도 그 자체로 재치 있는 농담 같지는 않다. 오히려 이것은 하나의 암시(마차 = 공공 교통수단)이고, 두드러진 기술적 수단으로 사용된 생략은 이해를 더욱 어렵게 한다. 이 비유를 풀어 보면 다음과 같다. 사람은 육욕의 유혹에서 벗어나고자 결혼하지만, 얼마 안 가 결혼이 강력한 욕구를 충족시켜 주지는 못한다는 사실을 알게 된다. 마치 비를 막으려고 우산을 갖고 가지만 비가 오면 어쩔 수 없이 젖게 되는 것처럼. 결국 두 경우 모두에서 사람들은 더 강력한 보호물을 찾게 되는데, 후자의 경우엔 공공 교통수단이, 전자의 경우에는 돈으로 사는 여자가 그렇다. 이로써 이 농담은 거의 냉소주의로 넘어간다. 사람은 진리에 대한 사랑이나 크리스티안 폰 에렌펠스Christian von Ehrenfels[13]처럼 개혁에 대한 열정에 사로잡힌 경우가 아니라면 결혼이 남자의 성욕을 충족시켜 주는 제도가 아니라는 사실을 감히 큰 소리로 공공연히 떠들지 못한다.

이 농담의 미덕은 에두르고 에둘러서 그 사실을 말하는 데 있다.

경향성 농담에 특히 잘 어울리는 상황이 있다. 비판의 칼날이 자기 자신에게 향할 때, 그리고 더 나아가 자신이 속해 있는 집합적 인격체, 예를 들어 자신의 민족에게 향할 때가 그렇다. 자기비판의 이런 조건을 고려하면 왜 하필 유대 민족에게서 그렇게 탁월한 농담들이 많이 나왔는지 이해될 듯하다. 이 책에서 사례로 든 많은 농담이 유대인에 의해 만들어졌고, 유대인의 속성을 공

13 『정치적 인간학적 평론Politisch-anthropologischen Revue』(1903) 제2권에 실린 에렌펠스의 논문 「성적 의식과 잠재의식Sexuales Ober- und Unterbewußtsein」 참조(프로이트는 이 저자의 후기 작업에 자극받아 「문명적인 성 도덕과 현대인의 신경병」을 썼는데, 여기서는 결혼 제도를 비판하는 내용이 펼쳐진다).

격하는 것들이다. 타민족에 의해 만들어진 유대인에 관한 농담은 대부분 가차 없는 유머들인데, 타민족이 실제로 유대인을 이상한 족속으로 여겼다는 점을 감안하면 농담의 성격은 사라진다. 유대인 스스로가 만들어 낸 유대인 농담도 자신들이 이상한 족속이라는 사실을 인정한다. 하지만 유대인 자신의 실제 결점뿐 아니라 그것과 자신들의 장점 사이의 관련성도 잘 알고 있다. 비난의 대상에 자신도 포함되어 있다는 사실로 인해 보통은 만들어지기 어려운 농담 작업의 주관적 조건이 생성된다. 나는 자신들의 민족에 대해 그렇게까지 희화화한 경우가 그 밖에 또 있는지 알지 못한다.

이에 대한 예로서 나는 앞서 언급한 이야기, 즉 기차 여행을 하는 유대인이 객실에 새로 들어온 승객이 같은 유대인이라는 것을 알게 되자마자 그전의 예의 바른 태도를 버리는 이야기를 들고 싶다. 우리는 이 농담을 디테일을 통한 설명, 사소한 것을 통한 묘사의 예로 거론했다. 이 농담이 묘사하는 것은 민족 구성원 간에 주종 관계를 인정하지 않고, 그래서 안타깝게도 규율과 협력에 방해가 될 때가 많은 유대 민족의 민주적 사고방식이다. 가난한 유대인과 부유한 유대인 사이의 관계를 묘사한 일련의 흥미로운 농담들이 있다. 주인공은 부자에게 스스럼없이 손을 잘 벌리는 남자와 너그러운 집주인 또는 남작이다. 일요일마다 남작의 집을 찾아와 식사를 하던 남자가 하루는 낯선 청년과 함께 와서는 식탁에 앉으려고 하자 집주인이 누구냐고 묻는다. 그러자 남자가 답한다. 「지난주부터 내 사위가 된 사람인데, 앞으로 1년 동안 내가 음식을 제공하기로 약속했습니다.」 이런 이야기들의 의도는 늘 똑같은데, 다음 예에서 아주 뚜렷이 드러난다. 어떤 남자가 남작에게 오스텐트로 요양을 떠나는 데 필요한 돈을 구걸한다. 의사가 그의 병 치료를 위해 온천 요양을 권했다는 것이다. 남작은 좀 더 값싼 요양지도 있을 텐데 왜 하필 오스텐트처럼 비싼 곳으로 가려 하느냐고 묻는다. 그러자 남자는 자신의 건강을 위해서라면 비싼 건 없다는 말로 남작의 제안을 거절한다. 이것은 전이 농담의 표본으로 삼아도 될 정도로 뛰어난 농담이다. 남작은 돈을 아끼려는 의사를 분명히 드러낸다. 하지만 남자는 남작의 돈이 마치 자기 돈인 양 대답하고, 그 돈이라는 것도 자신의 건강에 비하면 하찮기 그지없다는 생각을 드러낸다. 여기서 우리는 남자의 뻔뻔스러움에 웃음을 터뜨리지만, 이 농담에는 예외적으로 우리를 헷갈리게 하는 표면은 장착되어 있지 않다. 이 농담 뒤에 숨은 진실은 이렇다. 부자의 돈을 자기 돈처럼 생각하는 남자는 유대교 교리에 따르면 실제로 그런 착각을 할 만하다는 것이다. 여기에는 당연히 독실한 사람조차 심한 압박을 느끼는 율법에 대한 반발심도 작용하고 있다.

다른 이야기도 있다.

남에게 손을 잘 벌리는 사람이 부잣집 계단을 올라가다가 자신과 비슷한 처지의 남자를 만났는데, 그 남자는 괜히 헛수고하지 말고 돌아가는 게 좋겠다고 권한다.

「오늘은 올라가지 말게. 남작님 기분이 영 안 좋네. 누구한테도 1굴덴 이상을 안 줘.」

그러자 첫 번째 남자가 말한다. 「그래도 난 올라가겠네. 그렇다고 내가 남작한테 1굴덴을 줄 수는 없지 않나? 나한테 해준 게 뭐 있다고?」

이 농담이 사용하는 기술은 난센스다. 남작에게 손을 벌리려

가는 주제에 남작이 그에게 아무것도 준 게 없다고 주장하고 있기 때문이다. 하지만 이건 표면적인 난센스일 뿐이다. 부자가 그에게 아무것도 해주지 않았다는 건 옳은 말에 가깝다. 율법에 따르면, 부자는 그에게 적선을 베풀 의무가 있기 때문이다. 그래서 엄밀히 말하자면, 부자는 자선 행위의 기회를 준 남자에게 오히려 감사해야 한다는 것이다. 여기서는 적선에 관한 세속적 견해와 종교적 견해가 충돌하고 있다. 이 갈등이 노골적으로 드러나는 다른 이야기가 있다. 걸인이 찾아와 자신의 비참한 처지를 애절하게 털어놓자 큰 충격을 받은 남작은 즉각 하인을 불러, 저놈이 내 가슴을 찢어지게 했다면서 당장 집 밖으로 내치라고 지시한다. 이것은 특정 의도를 너무 뚜렷이 드러내기 때문에 농담의 경계 사례에 포함될 수 있다. 여기서 비(非)농담의 영역으로 한 걸음 더 들어가면 이런 한탄이 나온다. 〈유대 민족 사이에서 부자로 사는 것은 결코 장점이라고 할 수 없다. 남의 불행으로 자신의 행복을 누릴 수 없기 때문이다.〉 더 이상 농담이 아닌 이 한탄이 위의 마지막 이야기들과 다른 점은, 구체적인 개별 상황 속에서 의도를 드러내고 있다는 것 하나뿐이다.

기술적으로 농담의 경계 사례에 해당하는 다른 이야기들도 무척 비관적인 냉소주의를 증언한다. 다음 이야기를 보자.

청각 장애가 있는 사람이 의사를 찾아간다. 의사는 환자가 브랜디를 너무 많이 마셔서 청각 장애가 생긴 것 같으니 술을 끊으라고 한다. 환자는 충고를 명심하겠다고 약속한다. 며칠 뒤 의사가 길에서 우연히 그 환자를 만나자 큰 소리로 귀 상태가 어떠냐고 묻는다.

환자가 대꾸한다. 「감사합니다, 선생님. 그런데 이제는 그렇게 소리 지르실 필요 없습니다. 술을 끊었더니 아주 잘 들리거든요.」

두 사람은 얼마 뒤 다시 길에서 마주친다. 보통 크기의 목소리로 안부를 물은 의사는 환자가 자기 말을 알아듣지 못한다는 걸 알아챈다.

「뭐요? 뭐라고요?」

의사가 그의 귀에다 대고 소리를 지른다. 「다시 귀가 안 들리는 걸 보니 또 술을 마시는 것 같군요.」

환자가 대답한다. 「맞아요, 다시 술을 마시기 시작했습니다. 하지만 왜 그랬는지 말씀드리죠. 술을 마시지 않을 때는 다 들렸어요. 그렇지만 내 귀에 들리는 어떤 말도 술만큼 좋지는 않았어요.」

이 농담의 기술은 구체적인 묘사다. 이야기 기술이 웃음을 유발하는 게 분명하지만 그 뒤에는 슬픈 물음이 숨어 있다. 그 남자의 선택은 옳은 것일까?

이 비관적인 이야기들이 암시하는 것은 유대인들이 처한 다양한 절망적인 상황이다. 나는 이런 관련성 때문에 이 이야기들을 경향성 농담에 넣고 싶다.

이 유대인 이야기들뿐 아니라 비슷한 의미에서 냉소적인 다른 농담들도 종교적 교리와 신에 대한 믿음 자체를 공격한다. 현실과 판타지의 동일시라는 사고의 오류가 기술로 사용된(전이를 농담 기술로 간주하는 것도 충분히 가능하다) 〈랍비 이야기〉는 기적을 행하는 사람과 기적 자체에 대한 믿음을 공격하는 냉소적이고 비판적인 농담이다. 하이네는 죽음을 앞둔 자리에서 노골적으로 신을 모독하는 농담을 했다고 한다. 친절한 성직자가 신의 은총을 언급하며 하이네의 죄를 사해 줄 것을 간구하자 그는 이렇게 대답한다. 「내가 용서를 받을 수 있다니 좋은 일이긴 한데, 사실 그게 신의 일*métier*이죠.」 이는 기술적으로 암시적 가치만 있는 폄하 비유다. 왜냐하면 여기서는 신의 〈일*métier*〉이 수공업자나 의사의 직업적 활동이나 생업 정도로 격하되고 있기 때문이다. 그것도 그 일 하나만 하는 존재로서 말이다. 하지만 이 농담의 강점은 그런 경향성에 있지 않다. 이 농담이 말하는 바는 분명하다. 〈신은 분명 나를 용서해 줄 것이다. 그러라고 존재하는 거니까. 나는 다른 목적으로 신을 만든 게 아니다(마치 사람들이 의사나 변호사라는 직업을 만든 것처럼).〉 힘없이 누워 죽음을 기다리는 사람의 내면에서는 자신이 신을 만들어 냈고, 필요 시 자신을 도와줄 수 있도록 신에게 힘을 부여했다는 생각이 일고 있다. 이른바 피조물이라고 하는 존재가 죽기 직전에 창조주를 자처하고 나선 것이다.

4

지금까지 우리는 경향성 농담의 세 부류를 알아보았다. 발가벗기거나 외설적인 농담, 공격적(적대적) 농담, 냉소적(비판적, 신성 모독적) 농담이 그것이다. 나는 이것들 외에 아주 드물지만 네 번째 농담을 보태고 싶다. 그 성격은 다음의 훌륭한 예로 쉽게 알 수 있다.

두 유대인이 갈리치아 역의 기차 객실에서 만난다.
한 사람이 묻는다. 「어디로 가나?」
다른 사람이 대답한다. 「크라쿠프.」
첫 번째 사람이 벌컥 화를 낸다. 「이런 거짓말쟁이를 봤나! 자네가 크라쿠프로 간다고 하면, 내가 자네가 렘베르크로 가는 걸로 믿을 줄 알았나? 나는 자네가 진짜로 크라쿠프에 간다는 걸 알고 있어. 그런데 왜 거짓말을 해?」

터무니없는 궤변처럼 들리는 이 값진 농담은 분명 난센스 기술을 사용하고 있다. 두 번째 사람은 자신의 실제 여행 목적지인 크라쿠프로 간다고 말했다는 이유로 거짓말쟁이라는 비난을 받으니까 말이다. 그런데 여기서 〈난센스〉라는 강력한 기술적 수단은 다른 기술, 즉 〈반대를 통한 표현〉이라는 기술과 결합되어 있다. 왜냐하면 첫 번째 남자의 단호한 주장에 따르면 상대는 거짓을 진실처럼 말하고, 진실을 거짓처럼 말하는 사람이기 때문이다. 그런데 이 농담에서 더 진지하게 짚어 보아야 할 것은 진실의 조건에 대한 물음이다. 이 농담은 우리가 일상적으로 정말 자주 사용하는 〈진실〉이라는 개념에 의문을 던진다. 듣는 사람이 우리의 말을 어떻게 이해하든 구애받지 않고 사물을 있는 그대로만 설명하는 것이 진실일까? 아니면 그건 감언이설로 남을 속이는 교활한 진실에 지나지 않을까? 참된 진실이란 오히려 듣는 사람을 배려해서 자신이 아는 것을 충실히 모사하는 것이 아닐까? 나는 이런 종류의 농담이 특별한 지위를 부여해도 될 만큼 다른 농담들과 충분히 구분된다고 생각한다. 이것들이 공격하는 것은 특정 사람이나 제도가 아니라 우리의 인식 자체, 또는 우리의 사변적 자산에 대한 확실성이다. 따라서 이것들에는 〈회의적〉 농담이라는 명칭이 어울릴 듯하다.

5

지금껏 우리는 농담의 경향성을 논구하는 과정에서 여러 정보와 앞으로의 연구에 도움이 될 풍부한 자극을 얻었다. 그런데 이 장에서 얻은 결과물을 앞 장의 결과물과 조합해 보면 한 가지 난제를 만나게 된다. 농담의 즐거움이 한편으로는 기술에, 다른 한편으로는 경향성에 있다는 것이 옳다면 이 상이한 두 가지 즐거움의 원천은 어떤 공통적인 관점 아래 통합될 수 있을까?

제2부 종합적 부분

4. 농담의 즐거움 메커니즘과 심리적 기원

1

일단은 농담이 우리에게 제공하는 특유의 즐거움이 어떤 원천에서 나오는지 우리가 확실히 알고 있다고 상정해 두자. 우리는 농담의 사고 내용에서 오는 만족감을 농담 본연의 즐거움과 혼동할 위험에 빠질 수 있지만, 농담 본연의 즐거움에도 본질적으로 두 가지 원천, 즉 농담 기술과 경향성이 있다는 사실을 안다. 이제 우리가 알고 싶은 것은 그러한 즐거움 효과의 메커니즘, 즉 이 원천들에서 즐거움이 어떤 방식으로 나오느냐 하는 것이다.

경향성 농담을 통해 이 문제에 접근하는 것이 악의 없는 농담보다 훨씬 쉬워 보이기에 일단 경향성 농담부터 살펴보기로 하자.

경향성 농담의 즐거움은 다른 식으로는 충족될 수 없었던 경향성을 충족하는 데서 나온다. 이런 충족이 즐거움의 원천이라는 사실에 대해선 더 이상의 해명이 필요 없어 보인다. 다만 농담이 어떤 식으로 그런 충족을 불러일으키는지는 특수한 조건과 연결되어 있고, 우리는 이 조건들로부터 더 많은 해명 자료를 얻을 수 있을 것이다. 여기서는 두 경우가 구분된다. 그중 좀 더 단순한 것은 외적 장애물이 경향성의 충족을 방해하고, 농담을 통해 이 장애물을 우회하는 경우다. 예를 들어 어머니가 궁정에서 일한 적이 있느냐는 왕의 질문에 돌아온 대답이 그렇고, 돈 많은 사업가 둘이 잔뜩 기대하며 자신들의 초상화를 보여 주었을 때 미술 평론가가 〈그런데 구세주는 어디 있습니까?〉 하고 되묻는 능청스러운 대답이 그렇다. 첫 번째 농담의 의도는 자신이 받은 모욕을 똑같은 방식으로 갚아 주는 것이고, 두 번째 농담은 기대한 평가 대신 상대에게 경멸감을 안겨 주는 것이다. 이런 의도에 방해가 되는 것은 전적으로 외적인 요소, 즉 모욕당한 당사자들의 현실적인 권력이다. 어쨌든 이런 경향성 농담이 아무리 우리의 욕구를 충족시켜 준다고 하더라도 강력한 웃음을 유발하지 못한다는 점은 눈에 띄는 대목이다.

외적 요소가 아닌 내적 장애물이 경향성의 직접적인 목표 달성을 방해하는 경우, 즉 내면의 동요가 경향성을 가로막는 경우는 상황이 다르다. 이 조건은 우리가 앞서 살펴본 N 씨의 공격적인 농담에서 잘 드러나는 듯하다. N이라는 인물의 내면에서는 비방에 대한 강력한 충동이 고도의 미적 문화에 의해 억제되고 있으니 말이다. 그런데 이런 내적 장애물, 즉 내적 저항은 농담을 통해 극복되고 제거된다. 이로써 외적 장애물의 경우와 마찬가지로 경향성의 충족이 가능해지고, 억압과 그와 연결된 〈정신적 막힘〉 상태는 해소된다. 그런 점에서 두 경우의 즐거움 메커니즘은 동일하다.

이 대목에서 우리는 내적 장애와 외적 장애의 심리적 상태에서 나타나는 차이를 좀 더 깊이 파고들고 싶은 충동이 인다. 내적 장애를 제거하는 과정에서는 비할 바 없이 큰 즐거움이 생겨날 것 같은 추측이 우리 머릿속에 어른거리기 때문이다. 그러나 지금은 이쯤에서 자제하고, 우리에게 본질적인 것으로 비치는 한 가지 사실만 확인하는 것으로 만족했으면 좋겠다. 그러니까 외적 장애의 사례와 내적 장애의 사례는 다음으로 구분된다는 것이다. 내적 장애는 이미 존재하는 억압을 극복하는 데 반해, 외적 장애는 새로운 억압의 생성을 저지한다. 정신적 억압을 생산하고 유지하려면 〈정신적 비용〉이 들 거라는 사실은 누구나 쉽게 추측할 수 있다. 그래서 경향성 농담의 두 예에서 우리가 즐거움을 느꼈다면 〈그건 정신적 비용을 절약한 결과〉일 것이다.

이로써 우리는 말 농담의 기술에서 처음 알게 된 〈절약〉의 원칙을 다시 만나게 된다. 말 농담의 기술에서는 되도록 단어를 사용하지 않거나 가능한 한 동일한 단어를 사용하는 것에서 절약의 원칙을 발견했다면, 여기서는 정신적 비용의 절약이라는 훨씬 더 포괄적인 의미의 절약을 발견한다. 〈정신적 비용〉이라는 아직은 불확실한 이 개념의 더 상세한 규정을 통해 농담의 본질에 한층 더 가까이 다가갈 수 있을 거라는 생각이 든다.

경향성 농담의 즐거움 메커니즘을 다루면서 우리가 해결하지 못했던 얼마간의 불확실성은 단순한 것에 앞서 더 복잡한 것을, 악의 없는 농담에 앞서 경향성 농담을 먼저 다룬 것에 대한 지당한 징벌이라고 생각한다. 〈억제 비용 또는 억압 비용의 절약〉이 경향성 농담에서 쾌락 효과의 비밀로 보인다는 점을 명심하면서 이번에는 악의 없는 농담의 쾌락 메커니즘으로 관심을 돌려 보자.

우리는 농담의 내용이나 경향성 때문에 우리의 판단에 지장을 줄 염려가 없는 악의 없는 농담의 적절한 예를 통해 농담 기술 자체가 즐거움의 원천이라는 결론을 끌어낸 바 있는데, 이제는 그 즐거움이 정신적 비용의 절약에서 기인한 것인지 검증해 보려 한다. 이 농담의 한 그룹, 즉 언어유희의 그룹에서 기술의 본질은 단어의 의미보다 단어의 소리에 정신적 주의력을 기울이게 하는 것, 즉 사물 표상과의 관계로 주어진 의미 대신 청각적인 단어 표상에 관심을 기울이게 하는 데 있었다.[1] 이로써 정신적 작업은 짐을 덜게 되었지만, 그에 따른 수고 때문에 우리가 말의 진지한 사용에서 그런 편안한 방법을 쓰지 못하게 된 것도 충분히 짐작할 수 있다. 또한 우리는 정신적 비용을 어느 한 곳에 집중시킬 가능성이 제한된 사고 활동의 병적인 상태가 실제로 단어 의미 대신 그런 종류의 단어 소리 표상을 전면에 부각시키고, 그런 환자는 단어 표상의 〈내적〉 연상 대신 〈외적〉 연상에 따라 마치 정형화된 관용구처럼 말을 해나가는 것을 관찰할 수 있다. 단어를 아직 사물로 취급하는 데 익숙한 어린아이의 경우에도 단어 소리가 같거나 비슷하면 동일한 의미를 찾으려는 경향을 엿볼 수 있는데, 이 경향은 어른들의 경우 웃음을 터뜨리게 하는 많은 실수의 원천이 된다. 똑같거나 비슷한 단어를 사용함으로써 하나의 표상 영역에서 그와 동떨어진 다른 표상 영역으로 이르는 것이 농담에서 뚜렷한 만족감을 제공한다면(가령 〈홈 룰라드〉 농담의 경우, 음식의 표상 영역에서 정치 영역으로 옮겨 간다) 그 만족감은 정신적 비용의 절약에서 기인하는 것으로 보는 편이 타당할 듯하다. 동일한 단어로 연결된 두 표상 영역이 서로 낯설고 떨어져 있을수록, 그리고 농담의 기술적 수단을 통해 사고 과정이 더 많이 절약될수록 그런 〈합선(合線)〉에서 오는 농담의 즐거움은 더욱 커지는 것처럼 보인다. 게다가 농담이 진지한 사고에 의해 배척되거나 조심스럽게 꺼려지는 연결 수단을 사용하고 있다는 점도 기억해 두자.[2]

1 프로이트는 대상의 의식적 표상이라 불리던 것을 〈단어 표상Wortvorstellung〉과 〈사물 표상Sachvorstellung〉으로 나누었는데, 이 구분은 정신병리학적 관점에서 볼 때 중요하다. 「무의식에 관하여」 참조.
2 현재의 텍스트 서술보다 더 앞서 나가도 된다면 나는 이 대목에서 〈좋은〉 농담

일원화, 동일한 소리, 반복 사용, 관용구의 변형, 인용문에 대한 빗댐 같은 농담 기술의 두 번째 그룹에서 공통적 성격으로 추출할 수 있는 것은, 우리가 이미 알고 있는 것 대신 뭔가 새로운 것을 기대하는 상황에서 항상 이미 알고 있는 것을 다시 발견하게 된다는 사실이다. 이미 알고 있는 것의 재발견은 무척 재미있다. 그런 즐거움을 절약으로 인한 즐거움으로 인식하고, 정신적 비용의 절약과 연결시키는 것은 별로 어려워 보이지 않는다.

이미 알고 있는 것의 재발견, 즉 〈재인식〉이 무척 재미있다는 것은 보편적으로 인정된 사실로 보인다. 그로스C. Groos는 이렇게 말한다.[3]

옷을 입는 행위처럼 지나치게 습관화되어 있는 경우가 아니라면 어디서건 재인식은 쾌락의 감정과 연결되어 있다. 친숙함이라는 성질에 이미 부드러운 만족감이 수반되어 있다. 그 옛날 파우

또는 〈나쁜〉 농담이라고 부르는 일반적인 언어 사용에서 표준이 될 만한 조건을 하나 밝히고 싶다. 만일 내가 중의적인 단어나 별로 변형되지 않은 단어를 사용해서 하나의 표상 영역에서 다른 표상 영역으로 단숨에 옮겨 가는 데 성공하기는 했지만 두 영역 사이에 뭔가 의미 있는 연관이 나타나지 않는다면 그건 〈나쁜〉 농담이다. 나쁜 농담에서는 그 한 단어만이 동떨어진 두 표상을 잇는 유일한 연결점이자 포인트다. 앞서 언급한 〈홈 룰라르〉가 한 예다. 반면에 〈좋은〉 농담의 경우는 위에서 말한 어린아이들의 기대가 그대로 유지되고, 단어들의 유사성과 함께 실제로 의미의 본질적인 유사성이 동시에 나타난다. 다음 농담이 그렇다. 〈번역자는 반역자다.〉 이 농담에서는 외적 연상으로 연결된 두 개의 동떨어진 표상이 둘 사이의 본질적 유사성을 말해 주는 굉장히 재치 있는 관련성을 만들어 낸다. 외적 연상은 내적 연관성을 대체할 뿐이고, 내적 연관성을 드러내거나 해명하는 데 이용된다. 〈번역자〉는 〈반역자〉와 말만 비슷한 것이 아니라 창작자의 입장에서 보면 번역 자체가 일종의 반역이기 때문이다.

여기서 논의된 구분은 나중에 언급될 〈익살〉과 〈농담〉의 구분과 일치한다. 그렇다고 〈홈 룰라르〉 같은 예들을 농담의 본질에 관한 논의에서 배제하는 것은 옳지 않을 듯하다. 농담 특유의 즐거움을 고려하면, 〈나쁜〉 농담도 결코 농담으로서 나쁘지 않다. 즉 즐거움의 생성에 부적합하지는 않다는 것이다 — 원주.

3 『인간의 유희들 Die Spiele der Menschen』(1899), 153면 — 원주.

스트가 섬뜩한 만남을 뒤로하고 다시 연구실로 들어서면서 느꼈던 그런 부드러운 만족감이……

재인식 행위가 이렇게 쾌락을 불러온다면 사람들이 그런 쾌락 때문에 그 능력을 연습하고 유희적으로 실험하려는 생각에 빠지게 된다는 것도 충분히 상상할 수 있다. 실제로 아리스토텔레스는 예술 향유의 토대를 재인식의 기쁨에서 찾았다. 이 원칙이 아리스토텔레스가 생각한 것만큼 광범한 의미를 갖지는 못하더라도 결코 간과할 수 없다는 것은 자명해 보인다.

그로스는 이어 유희에 관해 논구한다. 유희의 특성은 장애물을 설치한 다음, 그러니까 〈정신적 막힘〉 상태를 만들어 낸 다음 그것을 인식 행위로 제거함으로써 재인식의 즐거움을 높이는 데 있다. 그런데 그는 이러한 유희들을 토대로 인식에서 오는 즐거움을 권력과 어려움의 극복에서 오는 쾌락으로 환원함으로써 인식 자체가 즐거운 것이라는 생각에서 벗어나 버린다. 나는 인식의 즐거움이 권력과 어려움 극복의 즐거움에서 기인한다는 사실을 부차적인 것으로 여긴다. 그래서 좀 더 단순한 견해, 즉 인식은 정신적 비용의 경감을 통해 그 자체로 즐거운 것이고, 이 즐거움에 뿌리를 둔 유희는 쾌락을 극대화하기 위해 〈정신적 막힘〉의 메커니즘을 사용한다는 견해를 회피할 이유가 없다고 본다.

시문학에서 각운과 두운, 후렴, 그리고 비슷한 단어들이 반복되는 다른 형식들도 동일한 즐거움의 원천, 즉 〈이미 알고 있는 것의 재발견〉을 활용하고 있다는 점 역시 일반적으로 알려진 사실이다. 농담의 〈반복적 사용〉과 많은 점에서 비슷한 이러한 기술들에서 〈권력 감정〉은 주목할 만한 역할을 하지 않는다.

인식과 기억의 밀접한 관계를 고려하면 〈기억 쾌락〉이 있을 거라는 가정도 결코 무모해 보이지 않는다. 즉 기억하는 행위 자체에도 비슷한 원천의 쾌락 감정이 수반된다는 것이다. 그로스도 이런 가정을 배척하지는 않는 듯하지만, 기억 쾌락을 또다시 〈권력 감정〉에서 도출해 낸다. 그는 거의 모든 유희에서 즐거움의 주요 원천을 이 〈권력 감정〉에서 찾는데, 나는 그런 생각에 동의하지 않는다.

지금껏 언급하지 않았던 농담의 또 다른 기술적 보조 수단도 〈이미 알고 있는 것의 재발견〉을 토대로 하고 있다. 〈시사성〉의 요소가 그것인데, 이것은 무척 많은 농담에서 즐거움의 풍부한 원천으로서 농담의 역사에서 몇 가지 특성을 설명해 준다. 물론 이런 시사성의 조건에서 완벽하게 자유로운 농담들도 있고, 우리 자신도 농담을 연구하면서 대부분 그런 것만 다루어야 한다는 강박감을 느끼기도 한다. 하지만 잊어선 안 되는 것은, 우리가 그런 영구적인 농담보다는 다른 농담, 즉 긴 설명이 필요할 뿐 아니라 그런 설명으로도 시간이 지나면 이전과 똑같은 웃음 효과를 내지 못해서 지금은 써먹기 곤란한 시사적 농담들을 들으면서 훨씬 더 크게 웃는다는 사실이다. 이 농담들 속에는 당시에 일반적인 관심을 끌었던 〈시사적〉 인물과 사건들을 빗대는 암시가 담겨 있는데, 그 관심이 사라지고 문제시되던 사안이 해소되면 이 농담들도 즐거움 효과의 일부를, 경우에 따라서는 상당한 몫을 상실하게 된다. 예를 들어 나를 초대한 친절한 집주인이 손님들에게 내놓은 음식을 〈홈 룰라르Home Roulard〉라고 불렀던 농담이 그렇다. 이 농담은 〈홈 룰Home Rule〉이라는 말이 신문 정치면에 지속적으로 표제어로 장식되던 옛날만큼 오늘날엔 웃음을 유발하지 못한다. 지금이라면 나는 이 농담의 미덕을 이렇게 표현할 것이다. 〈홈 룰라르〉라는 말이 사고의 머나먼 우회로를 절약하면서 우리를 음식의 표상 영역에서 그와 동떨어진 정치의 표상 영역으로 이끌고 있다고 말이다. 하지만 당시라면 나는 이 설명을 다음과 같이 수정해야 했을 것이다. 이 단어는 우리를 음식의 표상 영역에서, 그와 동떨어져 있지만 끊임없이 우리가 부딪혀야 하는 문제이기에 지대한 관심을 가질 수밖에 없는 정치의 표상 영역으로 이끌고 있다고 말이다.

다른 농담도 살펴보자. 〈이 아가씨를 보니 드레퓌스가 생각나는군. 군(軍)은 그 여자의 《결백Unschuld》을 믿지 않아.〉 여기서도 기술적 수단은 전혀 변하지 않았음에도 오늘날 이 농담의 효과는 빛이 바랜다. 낯선 비유를 통한 당혹감과 〈결백〉이라는 말의 중의성이 당시에는 떠들썩한 드레퓌스 사건으로 신선한 재미를 안겨 주었지만, 오늘날엔 그 사건의 시효성이 다함으로써 농담의 암시 효과까지 덩달아 사라져 버렸다.

이번에는 시사성이 있는 현재의 농담을 보자. 왕세자빈 루이제가 고타 화장장에 화장 비용을 문의하자 관리소 직원은 이렇게 답한다. 「보통은 5천 마르크이지만, 마마께서는 이미 한 번 전소되신durchgebrannt 적이 있는 관계로 3천 마르크만 받겠습니다.」 이 농담은 현재로선 지극히 매력적이지만, 아마 얼마 지나지 않아 농담으로서의 가치는 상당 부분 상실될 것이다. 게다가 또 얼마 더 있으면, 왕세자빈 루이제가 누구였고, 그녀가 〈전소했다는 것Durchgebranntsein〉이 무슨 의미인지 주석을 달지 않고는 이 농담을 이야기할 수 없을 것이고,[4] 그와 함께 이 농담은 훌륭한 언어 유희적 성격을 충분히 갖추고 있음에도 농담으로서의 기능은 사

---

4 독일어 〈durchbrenen〉에는 〈전소하다〉라는 뜻 외에 〈몰래 도망치다〉라는 뜻도 있다. 1903년 작센 공국에서 세자비 루이제가 치정 관계에 얽혀 남편에게서 달아나는 사건이 있었다. 이 스캔들은 그녀의 자서전 『내 삶의 이야기My Own Story』(1911)에 상세히 기록되어 있다.

라질 것이다.

이처럼 세간에 회자되는 농담의 상당수는 융성기, 몰락기, 망각기로 이루어지는 일정한 유효 기간이 있다. 사고 과정에서 즐거움을 얻으려는 인간의 욕구는 당대의 새로운 관심사에 기대어 항상 새로운 농담을 만들어 낸다. 그런데 시사적 농담의 생명력은 농담 자체의 생명력이 아니라 암시 과정 속에서 다른 관심사들에서 빌려 온 것이고, 그 다른 관심사의 진전 상황에 따라 농담의 운명도 결정된다. 시간이 지나면 고갈되지만 당대에는 정말 풍성한 즐거움의 원천으로서 농담 고유의 즐거움의 원천 속으로 합류하는 시사성의 요소는 〈이미 알고 있는 것의 재발견〉과 동일시될 수는 없다. 여기서 중요한 것은 〈이미 알고 있는 것〉의 특별한 성격이다. 즉 참신하고 현재적이고 망각되지 않은 속성이 〈이미 알고 있는 것〉에 담겨 있어야 한다는 것이다. 꿈의 형성에서도 우리는 현재적인 것이 특별히 선호되는 현상을 볼 수 있고,[5] 현재적인 것의 연상에 즐거움의 보너스가 따로 특별히 주어지고, 그로써 연상이 한결 쉬워진다는 추측을 뿌리칠 수 없다.

페히너는 소재가 아닌 사고 관련성의 반복에 지나지 않는 일원화를 농담에서 특별한 즐거움의 원천으로 인정하면서 다음과 같이 말한다.[6]

내가 볼 때 우리가 여기서 주목하는 영역에서 중심적인 역할을 하는 것은 다양성의 통일적인 연관성 원칙이지만, 여기에 속하는 사례들이 제공할 수 있는, 독특한 성격의 만족감을 증폭시키려면

---

5 『꿈의 해석』 다섯 번째 장 「꿈에서 최근의 것과 사소한 것」 및 일곱 번째 장 참조.
6 『미학 입문Vorschule der Ästhetik』(1897) 제1권 17장 참조 — 원주.

이를 지원하는 부대조건들이 추가로 더 필요해 보인다.7

만일 이러한 관점이 세부적인 내용의 해명과 새로운 보편적 사실을 얻는 데 생산적이라는 사실이 입증된다면 우리는 동일한 사고 연관이나 동일한 언어 소재가 반복되는 사례, 또 이미 잘 알고 있는 것과 현재적인 것이 반복되는 모든 사례에서 느끼는 즐거움을 정신적 비용의 절약에서 유추할 수밖에 없다. 그렇다면 우리는 이 절약이 이루어지는 방식과 〈정신적 비용〉의 의미를 명확히 밝힐 필요가 있다.

사고 오류, 전이, 난센스, 반대를 통한 표현 등을 아우르는 농담(대부분 생각 농담) 기술의 세 번째 그룹은 언뜻 보면 특별한 특징이 있는 듯하고, 이미 알고 있는 것의 재발견이나 단어 연상으로 대상 연상을 대체하는 기술과는 아무런 유사성이 없는 것처럼 보인다. 그럼에도 정신적 비용의 절약이나 경감의 관점을 입증하는 것은 이 세 번째 그룹에서 훨씬 쉽게 이루어진다.

이미 들어선 사고의 경로를 고집하는 것보다 거기서 이탈하는 것, 차이점들을 대립시키는 것보다 통합하는 것이 한결 쉽고 편하다는 사실, 특히 논리학이 배척한 추론 방식을 밀고 나가는 것, 그리고 단어나 생각의 조합에서 그것들도 하나의 의미를 만든다는 조건을 도외시하는 것이 특히 더 편하다는 사실은 의심할 나위가 없고, 앞서 언급한 농담 기술들이 바로 그것을 보여 준다. 그런데 농담 작업의 그런 활동이 즐거움의 원천을 열어 준다는 주장은 의아함을 야기할 것이다. 왜냐하면 농담 밖에서 사고 활동의 그런 저급한 효과에 대해서는 불쾌한 방어적 감정만 일어날

7 페히너의 같은 책 17장의 제목은 이렇다. 〈영민하고 재치 있는 비유, 언어유희, 그리고 특히 유쾌함, 즐거움, 재미의 성격을 띠는 사례들〉— 원주.

수 있기 때문이다.

하지만 우리가 짧게 줄여서 〈난센스의 즐거움〉으로 부를 수 있는 것은 진지한 삶에서는 전혀 눈에 띄지 않을 정도로 은폐되어 있다. 난센스의 즐거움을 증명하기 위해 우리는 그것이 뚜렷이 드러나는 두 가지 사례, 즉 어린아이들의 학습 양태와 독성적(毒性的), 즉 〈술〉이라는 독성 물질에 취한 상태에서 나타나는 성인의 행동을 들여다볼 생각이다. 모국어의 어휘를 습득할 무렵에 아이들은 이 어휘라는 소재를 〈실험적으로 갖고 노는 것〉(그로스의 표현)을 무척 즐기고, 리듬이나 운율에서 즐거움을 얻기 위해 의미 조건에 구애받지 않고 단어들을 자유롭게 조합한다. 그러나 이 즐거움은 차츰 금지의 장벽에 막혀 봉쇄되다가 결국 의미 있는 단어 연결들만 허용된 것으로 아이들에게 남게 된다. 물론 이후에도 단어 사용과 관련해서 습득된 그런 제약을 벗어나려는 시도는 계속된다. 예를 들면 특정한 부가어로 단어들을 일그러뜨리거나, 단어들의 형태를 모종의 왜곡으로 변형시키거나(첩어, 아이들의 속어), 또는 놀이 친구들끼리만 사용하는 은어를 만들어 내는 방식이 그러한데, 이는 특정 범주의 정신병 환자들이 하는 노력들과 비슷하다. 이런 놀이를 시작하게 된 동기야 무엇이건 간에 아이들은 이후의 발달 과정에서 그것이 이성에서 벗어난 난센스라는 의식과 함께 그 놀이에 빠지게 되고, 이성적으로 금지된 것의 매력에서 즐거움을 느끼고, 그러다 비판적 이성의 압력에서 벗어나는 데 그 놀이를 이용한다. 그러나 올바른 사고로 이끌고, 현실에서 참된 것과 거짓된 것을 구분하는 데 쓰이는 교육적 제약은 훨씬 더 폭력적이다. 때문에 사고와 현실의 강요에 대한 반발도 그만큼 더 깊고 더 오래 지속된다. 상상력이라는 현상도 이러한 차원에서 볼 수 있다. 그런데 아동기 말기와 사춘기에 이르는 학습기에는 비판적 힘이 상당히 성숙해져서 〈해방된 난센스〉의 즐거움을 직접적으로 표출하는 경우는 몹시 드물다. 그때부터 우리는 난센스를 입 밖에 쉽게 내지 못한다. 하지만 주로 남자아이들에게서 나타나는, 이런 말도 안 되는 허튼 행동을 하는 특징적 성향은 난센스 즐거움의 직접적인 후예로 보인다. 병적인 경우 이런 성향은 아이들의 일상적인 말과 대답을 지배할 정도로 쉽게 고조된다. 나는 신경증 증상을 보이는 몇몇 중고등학생들을 보면서, 그 아이들이 저지르는 실수에는 실제로 모르고 저지르는 것 못지않게 아이들 스스로 난센스의 즐거움을 무의식적으로 즐기려는 동기가 작용하고 있음을 확신할 수 있었다.

대학생들도 점점 참을 수 없는 것으로 변해 가고 무한정 자신들을 속박하려고 하는 사고와 현실의 강제에 반기를 드는 것을 포기하지 않는다. 대학생들의 우스갯소리 중 상당수가 이런 반발에 해당한다. 이 멋진 표현을 어느 작가가 했는지는 기억나지 않지만, 인간은 〈쉼 없이 즐거움을 찾는 존재〉이기에 한 번 맛본 즐거움을 포기하기란 무척 어렵다. 대학생들은 대학의 학습화 과정으로 인해 점점 사라져 가는 사고의 자유가 주는 즐거움을 동아리 촌극의 유쾌한 난센스로 지켜 내고자 한다. 나중에 시간이 훌쩍 지나 옛날 친구들을 한 학술회의에서 만나 대학생 시절로 돌아간 듯한 느낌이 들 때도 회의가 끝난 뒤 새로 얻은 지식들을 터무니없는 헛소리로 일그러뜨리는 동아리 소식지가 그들에게 그 사이 엄청나게 커져 버린 사고의 억제에 대한 보상이 되어 줄 게 틀림없다.

〈동아리 촌극〉과 〈동아리 소식지〉[8]는 난센스의 즐거움을 몰아

---

8 동아리 촌극은 독일어 원어 그대로 옮기면 〈맥주 유황 Bierschwefel〉이고, 동아리 소식지는 〈술집 신문 Kneipzeitung〉이다. 술집에서 맥주를 마시며 촌극을 공연하고 소식

낸 이성적 비판이 이미 너무 강력해진 나머지 〈술〉이라는 독성 물질의 도움 없이는 잠시도 그 비판에서 자유로울 수 없음을 이름에서부터 증명하고 있다. 알코올이 인간에게 제공하는 가장 소중한 것은 바로 분위기 전환이다. 이 〈독성 물질〉이 인간에게 없어서는 안 되는 이유도 거기에 있다. 사람의 내면에서 생겨났건 아니면 술이라는 외부 물질에 의해 형성되었건 그러한 명랑한 분위기는 그전까지 인간을 억제하던 힘과 이성적 비판을 내려놓게 하고, 그로써 즐거움의 원천으로 가는 길을 다시 열어 준다. 분위기가 고양되면 농담에 대한 욕구가 줄어드는 것은 시사하는 바가 무척 크다. 그러니까 그전에는 농담이 난센스의 즐거움 같은 억제된 쾌락을 살리는 분위기를 만들려고 노력했다면 이제는 분위기가 농담을 대체하는 것이다.

농담은 줄고 즐거움은 커지고.[9]

어른들은 알코올의 영향으로 다시 어린아이로 돌아간다. 논리적 강요를 지킬 필요 없이 사고 과정을 자유자재로 처리함으로써 즐거움을 느끼는 아이로 말이다.

이로써 우리는 농담의 난센스 기술들이 즐거움의 한 원천이라는 사실을 명백히 밝혔다고 생각한다. 그와 함께 다시 한 번 강조하자면 이 즐거움은 정신적 비용의 절약과 논리적 강제의 경감에서 나온다.

세 그룹으로 나눈 농담 기술을 다시 돌아보면, 첫 번째 그룹은 사물 연상을 단어 연상으로 대체한 것이고, 세 번째 그룹은 과거

지를 만들었다고 해서 그런 이름이 붙었다고 한다.
9 아우어바흐의 창고에서 메피스토펠레스가 한 말. 『파우스트』 1막 5장.

의 자유를 복원하고 지적 교육의 강제에서 벗어나는 것으로 요약할 수 있다. 이는 두 번째 그룹의 기술을 이루는 절약에 어느 정도 대립시킬 수 있는 정신적 경감이다. 그러니까 모든 농담 기술과 거기서 나오는 모든 즐거움은 이미 존재하는 정신적 비용의 경감과 앞으로 쏟아 부어야 할 정신적 비용의 절약이라는 두 가지 원칙에 뿌리를 두고 있다. 기술과 즐거움 획득이라는 이 두 종류는 적어도 전체적으로 보면 말 농담과 생각 농담의 구분과 일치한다.

2

앞의 논의 과정에서 우리는 뜻하지 않게 농담의 발전사 또는 심리적 기원에 관한 부분을 슬쩍 들여다보게 되었는데, 이제 이 문제를 좀 더 자세히 다루어 보고자 한다. 우리는 농담의 전(前) 단계들을 알고 있다. 그 단계들이 경향성 농담으로까지 발전하는 과정을 살펴보면 농담의 상이한 성격들 사이에 새로운 관련성이 드러날 가능성이 무척 크다. 농담 중에는 〈놀이〉니 〈익살〉이니 하고 부를 만한 것들이 있다. 〈놀이〉라는 이름을 일단 그대로 사용한다면, 이것은 단어를 사용하고 생각들을 연결하는 법을 배우는 아이들에게서 나타난다. 이 놀이의 뿌리는 아이들에게 자신의 능력을 스스로 배양하게 하는 충동으로 보인다(그로스의 『인간의 유희들』). 이때 아이들은 비슷한 것의 반복, 이미 알고 있는 것의 재발견, 동음 등에서 비롯되고, 정신적 비용의 예기치 않은 절약으로 표현될 수 있는 즐거움의 효과를 만난다. 아이들이 이 즐거움의 효과에 이끌려 그 놀이를 계속하고, 단어의 의미나 문장의 연관에는 구애받지 않고 그 놀이에 빠지는 것은 이상한 일이 아니다. 그렇다면 절약의 즐거움 효과에 고무되어 말과 생각을 갖고 노는 것은 농담의 첫 번째 전 단계일 것이다.

이 놀이는 비판이나 합리성이라 불릴 만한 요소가 강화되면서 급격히 종말을 고하고, 그와 함께 이제는 무의미하거나 말도 안 되는 것으로 배척당한다. 비판 때문에 놀이의 속행이 불가능해진 것이다. 만일 청소년기에 어린아이들의 명랑함과 비슷한 형태로 비판적 압박을 이겨 낼 만큼 유쾌한 분위기에 빠지지 않는 한, 이미 알고 있는 것의 재발견과 같은 원천에서 우연치 않은 방식으로 즐거움을 길어 올릴 가능성은 배제된다. 오직 앞서와 같은 유쾌한 분위기에 빠지는 경우에만 즐거움을 주는 예전의 놀이가 가능하다. 하지만 인간은 그런 분위기가 생기길 마냥 기다리지 않고, 거기서 유발되는 익숙한 즐거움을 포기하려 하지도 않는다. 결국 인간은 유쾌한 분위기의 생성과 무관한 다른 수단을 찾는다. 비판을 피하고 분위기를 바꾸려는 두 가지 노력이 농담으로의 발전에 결정적인 영향을 미친다.

이로써 농담의 두 번째 전 단계인 〈익살〉이 나온다. 여기서 중요한 것은 놀이로부터 계속 즐거움을 얻으면서 즐거운 감정의 생성을 막는 비판의 항변을 묵살하는 것이다. 이 목표에 도달하는 길은 하나뿐이다. 단어의 무의미한 조합이나 생각의 터무니없는 배치에도 의미가 담겨 있어야 한다는 것이다. 그런 조건을 충족시키는 단어와 생각들의 배치를 찾기 위해 농담 작업의 모든 기교가 총동원된다. 농담의 모든 기술적 수단은 익살에서도 이미 사용되고 있고, 일상적인 언어 사용에서도 익살과 농담이라는 말은 철저하게 구별되지는 않는다. 익살이 농담과 구분되는 점은 비판에서 벗어난 문장의 의미가 가치 있거나 새롭거나 훌륭한 것일 필요가 없다는 데 있다. 굳이 그렇게 말할 필요도 없고 말할 이유가 없는데도 그냥 그렇게 말하는 것뿐이다. 결국 익살에서 제일 중요한 것은 비판에 의해 금지된 것을 가능하게 했다는 사실이다.

예를 들어 슐라이어마허가 〈질투Eifersucht는 열심히mit Eifer 고통을 만들어 내는Leiden schafft 열정Leidenschaft〉이라고 정의한 것은 단순한 익살이다. 또한 18세기에 괴팅겐에서 물리학을 가르쳤던 케스트너 교수가 수강 신청하러 온 크리크Kriegk라는 학생에게 나이를 묻고 서른 살이라는 대답이 돌아오자 〈오우, 30년 전쟁 Krieg을 직접 보게 되다니 영광입니다!〉 하고 말한 것도 익살이다.[10] 게다가 로키탄스키 박사[11]는 네 아들의 직업을 묻는 질문에 이렇게 답한다. 〈둘은 치료하고heilen, 둘은 울부짖습니다heulen〉(둘은 의사고 둘은 가수다)라고 익살스럽게 대답한다. 이 정보는 올바른 것이기에 공격받을 수 없다. 그런데 괄호 안의 표현 속에 담겨 있지 않은 것은 그 어떤 것도 첨가되지 않았다. 이 대답은 그저 일원화와 두 단어의 동음에서 파생되는 즐거움을 위해 다른 형식으로 말해졌을 뿐이다.

이제야 분명해지는 듯하다. 농담 기술을 평가할 때면 그 기술이 농담에만 국한된 것이 아니라는 점이 항상 마음에 걸렸다. 그러면서도 농담의 본질은 결국 그 기술에 달려 있는 것처럼 보였다. 환원으로 기술을 제거하면 농담의 성격과 즐거움도 사라졌기 때문이다. 그런데 이제 우리는 농담 기술로서 설명했던 것들(어떤 의미에서는 앞으로도 계속 〈농담 기술〉이라고 부를 수밖에 없을 것이다)이 오히려 농담에 즐거움을 안겨 주는 원천이라는 점을 깨닫는다. 그리고 다른 방식들이 그와 똑같은 목적을 위해 동

10 클라인파울의 『언어의 수수께끼』(학생의 이름 크리크Kriegk는 전쟁Krieg이라는 말과 발음이 같다. 이것을 서른 살 나이와 조합해서 그 유명한 30년 전쟁과 연결시켰다).

11 Carl Rokitansky(1804~1878). 오스트리아의 병리학자.

일한 원천을 사용하는 것도 결코 이상하지 않다. 하지만 농담에만 고유하고 오직 농담에만 부여된 기술의 본질은 즐거움을 몰아낼 비판의 항변에 대항해서 즐거움을 제공하는 수단의 사용을 보장하는 방식에 있다. 우리는 이 방식의 보편적인 성격에 대해 말할 수 있는 것이 별로 없다. 다만 앞서 언급했듯이 농담 작업은 단어와 사고를 갖고 놀던 어릴 적의 그 놀이가 비판의 시험을 통과할 수 있도록 적절한 단어와 사고 상황을 선택하는 데 본질이 있고, 이 목적을 위해서는 어휘들의 모든 특성과 사고 연관의 모든 상황이 능숙하게 활용되어야 한다는 것이다. 나중에 어쩌면 우리는 농담 작업의 성격을 특정한 속성으로 규정할 수 있을지 모른다. 하지만 당분간은 농담에 필요한 그러한 선택이 이루어지는 과정을 미제로 남겨 두기로 하자. 그런데 즐거움을 야기하는 단어 연결과 사고 연관을 비판으로부터 지켜 내는 농담의 능력과 경향성은 이미 익살에서도 본질적인 특징으로 드러난다. 익살의 능력도 처음부터 내적 억제를 제거하고 내적 억제 때문에 접근할 수 없었던 즐거움의 원천을 풍성하게 하는 데 그 본질이 있다. 우리는 익살이 발전 과정 내내 그 성격을 일관되게 유지하는 것을 보게 될 것이다.

또한 이제 우리는 다른 연구자들이 농담의 성격을 규정하고 즐거움의 효과를 해명하는 데 그렇게 중요한 의미를 부여한 〈무의미 속의 의미〉(서문 참조)에 올바른 자리를 찾아 줄 수 있다. 농담의 조건에서 확고한 두 가지 포인트, 즉 재미있는 놀이를 끝까지 관철하려는 경향과, 그 놀이를 이성적 비판으로부터 지키려는 노력이 우리에게 설명해 주는 것이 있다. 그러니까 개별 농담이 왜 어떤 관점에서는 무의미한 것으로 비치면서도 다른 관점에서는 굉장히 재치 있거나 최소한 받아 줄 만한 것으로 여겨지는지 그 이유가 즉각 설명되는 것이다. 농담이 이렇게 다르게 비치는 건 농담 작업의 문제다. 농담 작업이 제대로 성공하지 못하면 그것은 말도 안 되는 〈무의미한 것〉으로 배척된다. 그렇다고 농담의 즐거움 효과를 직접적이건, 아니면 〈당혹스러움과 깨달음〉의 과정을 통해서건 농담의 의미와 동시적인 무의미로부터 생겨나는 감정들의 충돌에서 끌어낼 필요는 없다. 마찬가지로 무의미하게 여겨지던 농담이 갑자기 재치 있는 것으로 바뀌는 과정에서 즐거움이 생겨나는 이유를 좀 더 깊이 다룰 필요도 없다. 농담의 심리적 기원이 우리에게 가르쳐 준 것은 이렇다. 농담의 즐거움은 언어유희나 무의미의 방출에서 생겨나고, 농담의 의미는 오직 그 즐거움을 비판의 제거 작업으로부터 지켜 내는 데 있다는 것이다.

농담의 이러한 본질적 성격의 문제는 이미 익살에서 해명되었다고 할 수 있다. 이제 우리는 익살이 경향성 농담의 수준으로까지 발전하는 과정에 주목할 것이다. 익살은 우리에게 만족감을 주려는 경향을 전면에 내세우고, 표현이 무의미하거나 완전히 알맹이가 없는 것으로 보이지 않는 정도로 만족한다. 표현 자체가 알맹이가 있거나 가치가 있을 때 익살은 〈농담〉으로 바뀐다. 지극히 단순하게 말해서, 우리의 관심을 끌 만한 가치가 있는 생각이 이제 그 자체로 우리의 만족감을 자극하는 형식으로 옷을 갈아입은 것이다.[12] 이런 식의 편입은 분명 의도 없이 이루어지지 않는다. 그렇다면 우리는 농담 생성의 토대가 되는 의도를 찾을 수 있

12 익살과 본래적인 농담의 차이를 보여 주는 좋은 예가 있다. 오스트리아 〈시민 내각〉의 한 일원은 내각의 연대에 대한 물음에 다음과 같은 탁월한 농담으로 응수한다. 〈우리가 서로를 좋아하지*ausstehen* 않으면 어떻게 서로를 책임질*einstehen* 수 있겠습니까?〉 여기서는 동일한 소재를 살짝만 바꾸어 대립적으로 사용한 기술이 드러나 있고, 사고 내용도 올바르고 적절하다. 개인적인 화합 없이는 연대도 있을 수 없기 때문이다. 변형된 표현(*einstehen*과 *ausstehen*)의 대립적 성격은 사고 내용에 의해 주장된 양립 불가능성과 일치하고, 그것의 묘사에 사용되고 있다 — 원주.

도록 애써야 한다. 예전에 우리가 잠시 스쳐 지나가듯이 했던 관찰이 그 단서를 제공해 줄 것이다. 앞서 우리는 즐거움의 얼마만큼이 농담 형식에서 유발되고, 얼마만큼이 탁월한 사고 내용에서 나오는지 명쾌하게 가를 수는 없지만, 훌륭한 농담은 전체적으로 유쾌하고 만족스러운 느낌을 준다고 언급한 바 있다. 우리는 늘 즐거움의 그런 몫에 속아서, 어떤 때는 농담 속에 담긴 생각에 감탄하느라 농담의 질을 과대평가하고, 어떤 때는 정반대로 재치 있는 외적 포장이 주는 만족감에 취해 생각의 가치를 과대평가한다. 우리는 우리에게 즐거움을 주는 것이 무엇이고, 우리가 무엇 때문에 웃는지 알지 못한다. 어쩌면 사실로 받아들여야 할, 우리 판단의 이런 불확실성이 농담 형성의 본래 동기일지 모른다. 사고가 농담의 형식을 찾는 것은 그 형식을 통해 우리의 관심을 유도할 수 있을 뿐 아니라 우리에게 더 의미심장하고 가치 있는 것으로 보일 수 있기 때문이다. 하지만 그보다 더 중요한 이유는 이 형식이 우리의 비판을 매수하고 혼란에 빠뜨리기 때문이다. 우리는 농담 형식에서 마음에 들었던 것을 사고 덕분으로 돌리는 경향이 있고, 그러면서도 우리에게 즐거움을 안겨 주었던 것을 틀렸다고 생각하면서 즐거움의 원천을 파묻어 버리지는 않는다. 농담이 우리를 웃게 했다면 우리 안에서는 비판에 지극히 불리한 조건이 생성된다. 왜냐하면 어느 지점부터 이미 놀이 자체에 만족하고, 농담이 온갖 수단을 동원해서 대체하고자 했던 그 분위기가 저절로 만들어지기 때문이다. 앞서 우리는 그런 농담이 아직 경향성 농담까지는 아닌, 악의 없는 농담으로 이름 붙여야 한다고 지적했음에도, 엄격히 말해서 익살만 경향성이 없다는 사실, 즉 즐거움을 생산하려는 의도만 있다는 사실을 잊어서는 안 된다. 사실 농담은 거기에 담긴 생각이 경향적이지 않고, 단순히 이론적 사고 관심에만 이용될지라도 경향성이 없는 경우는 결코 없다. 최소한 사고의 확장을 장려하고, 비판으로부터 사고를 지키려는 부차적인 의도라도 존재하니까 말이다. 여기서 농담은 자신을 억제하고 제한하는 힘, 즉 비판적 판단에 맞섬으로써 다시 본래적 성격을 드러내고 있다.

즐거움의 생성을 넘어서는 농담의 이러한 일차적 사용은 다른 사용들에 방향을 제시해 준다. 이제 농담은 저울의 접시가 팽팽하게 수평을 이룰 때 한쪽으로 기우는 데 결정적인 역할을 하는 정신적인 권력 요소로 인식된다. 정신적인 삶의 중요한 경향과 충동들은 자신의 목적을 위해 농담을 사용한다. 놀이로 시작했던 원래 비경향적 농담은 〈부차적으로〉 경향성과 관계를 맺는다. 경향성이란 정신적 삶에서 형성되는 어떤 것도 장기적으로는 결코 벗어날 수 없기 때문이다. 우리는 농담이 노출적, 적대적, 냉소적, 회의적 경향성에 사용될 수 있음을 이미 알고 있다. 음담패설에서 유래한 외설적 농담은 본래 성적인 분위기에 방해가 되는 제삼자를 즐거움이라는 수단으로 매수해서 우군으로 만들고, 여자로 하여금 그 우군 앞에서 발가벗긴 채 수치심을 느끼게 한다. 공격적인 경향성의 농담도 동일한 수단을 사용해서 처음에는 중립적이었던 청자를 자기편으로 끌어들여 함께 적을 증오하거나 경멸하게 만들고, 그로써 처음에는 한 명뿐이던 적의 적을 여럿으로 증폭시킨다. 외설적 경향성의 경우엔 농담이 보너스로 제공되는 즐거움을 통해 수치심과 예의범절에서 비롯된 심리적 제약을 극복하게 한다면, 적대적 경향성의 경우엔 평소라면 쟁점을 꼼꼼히 검토할 비판적 판단 자체를 무력화한다. 세 번째와 네 번째의 경우, 즉 냉소적 농담과 회의적 농담의 경우는 한편으론 논거를 강화함으로써, 다른 한편으론 새로운 형태의 공격을 촉진함으로써 청자가 믿어 왔던 진리와 제도에 대한 존경심을 뒤흔든다. 논증이 비판적 청자를 자기편으로 끌어들이려 한다면, 농담은 비판을 아예 옆으로 밀쳐 버리려 한다. 농담이 심리적으로 더 효과적인 방법을 선택했다는 데에는 의심의 여지가 없다.

경향성 농담의 성과를 개괄하는 과정에서 우리는 청자에 대한 농담의 작용이 전면에 부각되는 것을 어렵지 않게 확인할 수 있었다. 그것을 이해하는 데는 농담하는 사람, 아니 좀 더 정확히 말해서 농담을 떠올린 사람의 정신적 삶에서 차지하는 농담의 역할이 중요해 보인다. 우리는 앞서 농담의 정신적 과정을 두 인물로 나누어 연구하려는 의도를 내비친 바 있는데, 이제야 그럴 계기가 생겼다고 생각한다. 일단은 농담을 통해 고무된 청자의 정신적 과정이 대부분 농담하는 사람의 정신적 과정을 모방하고 있다고 추측하고 싶다. 청자가 극복해야 할 외적 장애물은 농담하는 사람의 내적 억제와 일치한다. 최소한 농담하는 사람의 경우엔 억제하는 내적 표상으로서 외적 장애물에 대한 예상이 존재한다. 경향성 농담을 통해 극복되는 내적 장애는 몇몇 사례에서 명백하게 나타난다. 예를 들어 N씨의 농담들에서 우리는 그것이 비방을 통해 청자에게 공격의 즐거움을 줄 뿐 아니라 무엇보다 그에게 공격성까지 불러일으킨다고 가정할 수 있다. 내적 억제나 압박의 유형 가운데 가장 광범한 형태로 나타난다는 면에서 특히 우리의 관심을 끄는 것이 있다. 〈억압Verdrängung〉이라 불리는 것인데, 이것은 우리의 억제된 충동과 그 부산물을 명료한 의식으로 끌어올리는 것을 방해한다. 이렇게 억압의 영향력 아래 있는 충동들의 원천에서 즐거움을 해방시키는 것이 바로 경향성 농담이다. 위에서 암시했듯이, 이런 식으로 외적 장애의 극복이 내적 억제와 억압에 뿌리가 닿아 있다면 경향성 농담은 농담의 모든 발전 단계 중에서 농담 작업의 핵심 성격, 즉 억압적인 요소의 제거를 통해 즐거움을 자유롭게 방출시키는 성격을 가장 뚜렷이 보여 준다고 할 수 있다. 경향성 농담은 억압된 충동의 도움으로 경향성을 강화한다. 아니, 달리 말해서 억제된 경향성에 전반적으로 복무한다.

우리는 이것이 경향성 농담의 성과라는 사실을 흔쾌히 인정할 수 있지만, 경향성 농담이 어떤 식으로 그런 성과를 거두는지에 대해선 아직 모른다. 경향성 농담의 힘은 언어유희와 방출된 무의미의 원천에서 끄집어낸 즐거움의 획득에 있다. 그런데 경향성 없는 익살에서 받은 인상에 따라 판단해 볼 때, 뿌리 깊은 억제와 억압을 해소할 수 있을 만큼 거기에 즐거움의 양이 많다고 보기는 어렵다. 사실 여기엔 단순한 힘의 작용이 아니라 좀 더 복잡한 작동 관계가 존재한다. 나는 내가 이 관계의 인식에 이르렀던 머나먼 우회로 대신 종합적인 지름길로 이 관계를 설명하고자 한다.

페히너는 『미학 입문』에서 〈미적 도움, 또는 상승의 원칙〉을 정립하면서 다음과 같이 상술했다.

자체로는 별 효과가 없어 보이는 즐거움의 조건들이 순조롭게 합쳐지면 개별 조건들의 본래 즐거움의 가치보다 더 큰 즐거움, 그것도 경우에 따라서는 훨씬 더 큰 즐거움이 나온다. 다시 말해 개별 작용들의 총합을 뛰어넘는 즐거움이다. 개별적 요소들이 너무 미약할 때조차 이런 식의 결합으로 쾌락의 총량을 늘리고, 쾌락의 한계를 넘어설 수 있다. 단 그것들이 다른 것들과 비교해서 편안함이라는 장점을 뚜렷이 갖고 있는 한.

나는 농담이라는 주제가 다른 많은 예술적 형상물에서 입증되는 이 원칙의 적절성을 확증할 기회를 많이 제공하지는 않는다고 생각한다. 농담을 통해 우리는 어쨌든 이 원칙에 근접하는 다른 사실을 알게 되었다. 그러니까 여러 요소들이 어울려 즐거움을 만들어 내는 상황에서는 각각의 요소들이 실제 결과에 얼마만큼 기여했는지 판가름할 수 없다는 것이다. 하지만 우리는 미적 상승의 원칙에서 전제된 상황을 변주함으로써 이 새로운 조건들에 대답할 가치가 있는 일련의 문제들을 추출할 수 있다. 예를 들면 이런 것들이다. 한 상황에서 즐거움의 조건이 불쾌감의 조건과 만날 경우 일반적으로 어떤 일이 일어날까? 그 결과와 그것의 전조를 좌우하는 것은 무엇일까? 경향성 농담은 이 가능성들 가운데 특수한 사례다. 어떤 특정한 원천에서 즐거움을 방출하려 했고, 방해받지 않는 상태에서도 그것을 방출하고자 하는 충동이나 흐름은 존재한다. 게다가 이러한 즐거움의 발현에 맞서는, 그러니까 그것을 저지하고 억제하려는 다른 흐름도 존재한다. 억제하는 흐름은 결과가 보여 주듯 억제되는 흐름보다 어느 정도는 더 강한 게 분명하지만, 그렇다고 억제되는 흐름이 제거되는 것은 아니다.

이제 동일한 과정으로 즐거움을 방출하는 두 번째 충동이 추가된다. 억제된 원천과는 다르지만 비슷한 방식으로 작용하는 원천에서 나오는 즐거움이다. 이런 경우 결과는 어떻게 나타날까? 도식적인 분석보다는 하나의 사례를 들어 설명하는 것이 우리에게 더 나은 방향을 가르쳐 줄 듯하다. 어떤 사람을 욕하고 싶은 충동이 있다고 치자. 그런데 미적인 문화에 기반을 둔 체면이나 예의 같은 것들 때문에 충동은 가로막히고, 욕은 표출되지 못한다. 혹시 감정이나 분위기 변화로 인해 그 충동이 폭발하게 되면 나중에 그것은 불쾌감으로 느껴질 것이다. 그래서 욕은 의식 밑에서 잠복한다. 그런데 욕설에 사용되는 말과 생각의 재료에서 좋은 농담을 끄집어낼 가능성, 다시 말해 앞서 말한 억압이 방해하지 않는 다른 원천에서 즐거움을 방출할 가능성은 여전히 있다. 하지만 그럴 경우에도 욕하는 것이 허용되지 않으면 이 두 번째 즐거움의 방출은 이루어지지 않을 것이다. 욕이 허용되는 상황에서야 즐거움의 이 새로운 방출은 이루어진다. 우리가 경향성 농담에서 알게 된 것은 억제된 경향성이 그런 상황에서 농담의 즐거움으로 인해 평소엔 월등했던 억압을 이길 힘을 얻게 된다는 것이다. 그로써 농담이 가능해지기에 모욕도 가능해진다. 그런데 획득된 만족감은 농담이 야기한 만족감과는 비교도 안 될 정도로 더 크다. 그전에 억제되었던 경향성이 한 치의 감소도 없이 온전히 표현되는 데 성공했다고 생각될 정도로 농담의 즐거움보다 훨씬 더 크다는 말이다. 경향성 농담의 경우 이런 상황에서 가장 큰 웃음을 불러일으킨다.

어쩌면 우리는 웃음 조건의 연구를 통해 농담이 억압을 이겨 내는 데 도움을 주는 과정을 좀 더 일목요연하게 이해하게 될지 모른다. 그런데 경향성 농담이 미적 도움의 원칙에서 특수 사례라는 것도 우리는 이제 알고 있다. 다른 즐거움의 가능성이 차단되어 그 자체만으로는 어떤 즐거움도 만들어 낼 수 없는 상황에서는 즐거움을 증폭시킬 가능성이 추가된다. 그 결과가 첨가된 가능성의 즐거움보다 훨씬 더 큰 즐거움이고, 이는 마치 〈유혹의 보너스〉처럼 작용한다. 제공된 적은 양의 즐거움으로 평소엔 얻기 어려운 많은 양의 즐거움을 얻게 되는 것이다. 나는 이 원칙이 농담과는 동떨어진 정신적 삶의 다른 많은 영역에서 입증된 장치에 해당한다고 추측할 만한 충분한 근거를 갖고 있고, 큰 즐거움의 방출을 유발하는 데 기여하는 이 즐거움을 〈전희〉라고 부르고, 그 원칙을 〈전희 원칙〉이라고 부르는 것이 합당하다고 생각한다.[13]

우리는 이제 경향성 농담의 작동 방식을 다음과 같이 간단히 정리해 볼 수 있다. 경향성 농담은 전희에 해당하는 농담의 즐거움으로 억제와 억압을 제거함으로써 새로운 즐거움을 만들어 내기 위해 경향성을 장려한다. 농담의 발전 과정을 전체적으로 살펴보면 우리는 농담이 처음부터 완성에 이를 때까지 그 본질에 충실했다고 말할 수 있다. 농담은 말과 생각의 자유로운 사용에서 즐거움을 불러일으키는 놀이로 시작된다. 그러다 이성이 강화되어 언어유희는 무의미한 것으로, 생각 놀이는 터무니없는 것으로 저지되면 농담은 이 즐거움의 원천을 고수하면서 말도 안 되는 것의 방출에서 새로운 즐거움을 얻을 수 있도록 익살로 전환된다. 그러고 나면 아직 경향성을 띠지 않은 본래의 농담으로서 익살은 사고를 돕고, 비판적 판단의 반발에 맞서 사고를 강화한다. 이때 즐거움의 원천들을 뒤바꾸는 원칙이 도움이 된다. 그러다 마침내 농담은 전희의 원칙에 따라 심리적 장애를 제거하기 위해 억제와 맞서 싸우는 뚜렷한 경향성을 띠게 된다. 이성, 비판적 판단, 억제, 이것이 농담이 차례대로 싸워야 할 힘들이다. 농담은 본래적인 언어적 즐거움의 원천을 고수하고, 익살 단계에서부터 심리적 장애의 제거를 통해 새로운 즐거움의 원천을 열어 준다. 농담이 만들어 내는 즐거움은 놀이의 즐거움이건 제거의 즐거움이건 항상 정신적 비용의 절약에서 나오는 것이라고 판단할 수 있다. 이런 견해가 즐거움의 본질에 어긋나지 않고 거기다 생산적인 것으로 입증된다면 말이다.[14]

13 프로이트는 『성욕에 관한 세 편의 에세이』에서 성행위의 전희를 상세히 논구한다.

14 그 중요성에 비해 충분히 논의되지 않았던 난센스 농담을 짧게나마 여기서 다시 살펴볼 필요가 있을 듯하다.

우리는 〈무의미 속의 의미〉에 부여된 중요성을 고려할 때 모든 농담이 무의미한 난센스 농담이라고 주장하고픈 유혹에 빠지는 것이 사실이다. 하지만 그게 꼭 그렇지만은 않다. 사고 유희만 어쩔 수 없이 난센스로 넘어갈 뿐, 농담 즐거움의 또 다른 원천인 언어유희는 가끔 그런 인상을 줄 뿐 전체적으로는 그와 연결된 비판을 유발하지 않는다. 농담 즐거움의 두 뿌리(언어유희와 사고 유희에 기반을 둔 이것은 말 농담과 생각 농담의 구분과도 일치한다)는 농담의 보편적 원리를 간결하게 공식화하는 것을 어렵게 만든다. 언어유희는 앞서 열거한 인식적 요소 같은 것들로 명백한 즐거움을 만들어 내고, 그로 인해 아주 경미한 정도로만 억제의 영향을 받는다. 반면에 사고 유희는 그런 즐거움에서 유발되는 것이 아니고, 무척 강력한 억제를 받으며, 또한 그것의 즐거움은 심리적 장애의 극복에서 오는 즐거움일 뿐이다. 따라서 우리는 이렇게 말할 수 있다. 농담의 즐거움은 근원적인 놀이의 즐거움을 알맹이로, 심리적 장애의 제거에서 오는 즐거움을 외피로 삼고 있다고. 물론 우리는 난센스 농담의 즐거움이 억제에도 불구하고 하나의 무의미를 성공적으로 방출한 데서 비롯된다는 것을 바로 인지하지는 못한다. 다만 언어유희가 우리에게 즐거움을 선사했다는 것만큼은 즉각 알아챈다. 생각 농담에 남아 있는 무의미에는 당혹스러움을 통해 우리의 관심을 불러일으키는 부차적인 기능이 있다. 무의미는 농담의 작용을 강화하는 수단으로 사용되는데, 이는 당황스러움이 얼마간이라도 이해를 압도할 만큼 강력할 때만 가능하다. 그 밖에 농담의 무의미가 생각 속에 담긴 판단의 묘사에 사용될 수 있다는 사실은 앞서의 예들에서 밝힌 바 있다. 그러나 이 역시 농담에서 차지하는 무의미의 일차적 의미는 아니다.

(1912년에 추가된 각주) 우리는 무의미해 보이는 일련의 다른 농담도 난센스 농담에 포함시킬 수 있다. 아직 이름은 없지만 〈재미있어 보이는 헛소리〉 정도로 묶어도 무방한 농담들이다. 무수한 예들이 있지만 그중 두 가지만 소개하겠다.

식탁에 앉아 있던 남자는 주문한 생선 요리가 나오자 생선 위의 마요네즈를 양손으로 두 번 찍더니 머리카락을 쓸어 넘긴다. 옆 사람이 놀란 눈으로 바라보자 남자는 그제야 자신의 실수를 깨달은 양 이렇게 사과한다. 「죄송합니다. 저는 시금치인 줄 알았습니다.」

다른 사례.

한 사람이 인생은 쇠사슬 다리라고 말하자 다른 사람이 묻는다.
「어째서?」
이 말에 첫 번째 사람이 대답한다. 「내가 그걸 어떻게 알아?」

이 극단적인 예들의 효과는 분명하다. 농담이라는 인상을 불러일으켜 사람들로 하여금 무의미 뒤에 숨은 의미를 찾게 하는 것이다. 그러나 여기서는 어떤 의미도 발견되지 않는다. 그냥 무의미한 농담들이다. 다만 이런 기만적 수법으로 일순간 무의미한 것에서 오는 즐거움이 생겨난다. 이런 농담들은 의도가 전혀 없지는 않다. 그것은 일종의 속임수로서 청자를 헷갈리게 하고 화나게 함으로써 말하는 사람에게는 어느 정도의 즐거움을 안겨 준다. 그러면 청자도 스스로 그런 농담을 하는 화자가 되겠다고 마음먹으며 분을 삭인다 — 원주.

5. 농담의 동기: 사회적 과정으로서의 농담

사실 그전까지 농담의 동기에 대해 말하는 것은 쓸데없는 짓으로 보였다. 즐거움을 얻으려는 의도 하나만으로 이미 농담 작업의 동기로 충분하다고 여겼기 때문이다. 그러나 한편으론 농담 생산에 다른 동기들도 동참할 가능성을 배제할 수 없고, 다른 한편으론 우리가 알고 있는 특정 경험들과 관련해서 농담의 주관적 조건에 대한 문제도 제기되어야 한다. 무엇보다 이 두 가지 사실 때문에 농담의 동기들을 살펴볼 이유가 생긴다. 농담 작업이 인간의 정신적 과정에서 즐거움을 얻을 수 있는 탁월한 방법임엔 틀림없지만, 그렇다고 모든 사람이 이 수단을 사용할 능력을 동일하게 가지고 있는 것은 아니다. 농담은 누구나 마음먹는다고 할 수 있는 것이 아니고, 정말 재치와 기치가 넘친다고 말할 수 있는 사람은 소수에 불과하다. 〈농담〉은 인간의 〈정신 능력〉에서 특별한 위치에 있는 능력처럼 보이고, 지능이나 상상력, 기억력 같은 다른 정신 능력과는 상당히 무관한 것으로 나타난다. 그래서 재치 있는 사람들에게는 농담 작업을 허용하거나 촉진하는 특별한 소인이나 정신적 조건이 있다고 전제할 수 있다.

이 주제를 탐구하면서 나는 우리가 너무 멀리 나가지 않을까 염려된다. 하지만 어쨌든 개별 농담들을 이해함으로써 농담하는

사람의 주관적 조건을 알게 되는 경우는 왕왕 있을 것이다. 우리
가 농담 기술의 연구를 시작할 때 처음 집어 들었던 그 예가 농담
의 주관적 조건성에 대한 인식을 가능하게 하는 것은 순전히 우
연의 산물이다. 그 농담은 하이만스와 립스도 관심을 보인 하이
네의 농담이다.

내가 잘로몬 로트실트 남작 옆에 앉았는데, 그분이 나를 완전
히 자신과 같은 부류로, 그러니까 진실로 가족백만장자처럼 대해
주지 않겠습니까? (「루카의 온천」 중에서)

하이네는 히르슈-히야킨트라는 희극적인 인물의 입을 빌려
그렇게 말한다. 히야킨트는 함부르크 출신의 복권 판매상이자 티
눈 제거 기술자이자, 크리스토포로 굼펠리노(이전에는 굼펠이었
다) 남작의 하인인데, 작가는 자신이 만들어 낸 이 인물이 썩 마음
에 들었던 모양이다. 그로 하여금 좌중을 주도하면서 재미나고
솔직한 말들을 마구 쏟아 내게 했으니 말이다. 게다가 『돈키호테』
에 나오는 산초 판사의 실용적 지혜까지 그 인물에게 부여한다.
하지만 안타깝게도 극적인 형상화에는 별 관심이 없어 보이는 하
이네는 그 값진 인물을 얼마 뒤 바로 퇴장시켜 버린다. 그래도 어
쨌든 작가가 히르슈-히야킨트라는 인물의 얇은 가면을 쓰고 말
하는 것 같은 인상을 주는 대목이 드물지 않아서, 우리는 히야킨
트가 작가의 패러디라고 확신하게 된다. 우선 히야킨트는 자신이
왜 과거의 이름을 버리고 하필 히야킨트로 개명했는지 그 이유를
설명한다. 「좋은 점은 그것만이 아니었어요. 내 도장에는 〈H〉라
는 글자 하나만 새겨져 있어서 도장을 새로 팔 필요가 없었죠.」
하이네 자신도 스물일곱 살에 세례를 받을 때 〈해리〉라는 이름을

〈하인리히〉로 바꿈으로써 똑같은 절약을 했다. 작가의 생애를 아는 사람이라면 하이네에게 히르슈-히야킨트라는 인물의 출신지인 함부르크에 똑같은 이름의 숙부가 살고 있었다는 사실을 기억할 것이다. 가족 중에서 돈이 제일 많고 하이네의 삶에서 굉장히 중요한 역할을 한 사람이었다. 게다가 〈잘로몬〉이라는 이름까지 가난한 히야킨트를 가족백만장자처럼 대해 준 로트실트 남작과 똑같다. 히르슈-히야킨트의 입에서 단순한 익살처럼 나온 말이 실은 조카 해리-하인리히에게서 나온 것이나 다름없다고 한다면 이제 그 말은 씁쓸한 뒷맛을 남긴다. 하이네는 히야킨트의 친척이다. 이 숙부의 딸과 결혼하기를 간절히 바랐지만 사촌에게 퇴짜를 맞았고, 숙부는 그런 가난뱅이 조카를 〈가족백만장자처럼〉만 대해 주었다. 함부르크의 부유한 사촌들은 한 번도 그를 제대로 된 인격체로 여기지 않았다. 나는 하이네 가문으로 시집온 어떤 늙은 아주머니가 했던 이야기가 기억난다. 젊은 시절 그녀는 가족끼리 식사하는 자리에서 옆자리에 앉은 후줄근한 청년을 보게 된다. 자기가 보기에는 별로 깔볼 이유가 없는데도 다른 사람들은 그 청년을 무시하는 티가 역력했다. 몇 년이 지나서야 그녀는 그때 푸대접을 받던 그 후줄근한 청년이 작가 하인리히 하이네였음을 알게 되었다고 한다. 하이네가 어린 시절뿐 아니라 그 이후에도 부자 친척들의 그런 업신여김으로 얼마나 괴로워했는지는 여러 자료에 나타난다. 그렇다면 〈가족백만장자처럼〉이라는 농담은 그런 주관적인 경험의 토대에서 나왔다고 볼 수 있다. 이 위대한 풍자가의 다른 많은 농담에서도 이와 유사한 주관적인 조건들이 있을 것으로 추측되지만, 이렇게 분명한 방식으로 그런 조건을 보여 주는 예는 더 이상 알지 못한다. 따라서 이런 개인적인 조건의 본질에 대해 좀 더 자세히 말하는 것은 어려울 수밖에 없다. 물론 모든 농담에 그와 비슷하고 복잡한 생성 조건들이 있을 거라고 주장하고 싶은 생각은 애초에 없다. 다른 유명한 인물들의 농담 생산 과정에서는 우리가 찾는 것에 접근하기가 더 어렵다. 예를 들어 리히텐베르크가 우울증을 심하게 앓았고 온갖 괴벽을 가진 사람이라는 말을 듣게 되면 우리는 그의 농담 작업 과정에 신경증적 조건들이 작용하고 있는 게 아닌가 하는 느낌을 받는다. 농담, 그중에서도 특히 시사적인 사건들을 소재로 항상 새롭게 만들어지는 농담의 대부분은 보통 익명으로 떠돌아다닌다. 그런 농담을 만든 사람이 어떤 사람인지는 당연히 호기심이 들 수밖에 없다. 다른 면에서는 특별히 뛰어나지 않지만, 자기 주변에서는 재치 있고 기발한 농담을 많이 만들어 낸 한 인물을 의사로서 알게 될 기회가 생겼을 때 나는 이 재치 있는 인물이 분열증과 신경증적 소인을 가진 사람이라는 사실을 알고 깜짝 놀란 적이 있다. 그러나 자료가 충분하지 않아 그런 정신신경증적 소인이 농담 생산의 일반적인, 또는 필수적인 주관적 조건이라고 단정하기는 어렵다.

앞서 언급했듯이 이민족이 만든 유대인 이야기들은 우스갯소리나 심한 모욕의 수준을 거의 벗어나지 못하는 반면에, 유대인 자신들이 만든 유대인 농담들에서는 주관적 조건이 좀 더 뚜렷이 나타난다. 그러니까 유대인 농담도 하이네의 〈가족백만장자〉 농담과 마찬가지로 자기 참여의 조건이 밝혀지는 듯한데, 자기 참여의 조건은 상대에게 직접 하기 어려운 비판이나 공격을 우회로를 통해서만 가능하게 한다는 데 그 의미가 있다.

농담 작업의 다른 주관적 조건이나 촉진 요소는 상대적으로 좀 더 명확하다. 자신을 내세우고 과시하려는 공명심 어린 충동, 그러니까 성적 영역에서는 자기 노출 욕구에 비견될 만한 이 충동이 악의 없는 농담을 생산하는 추동력이 될 때가 드물지 않다. 억압 과정이 어느 정도 불안정성을 띠는, 수많은 억제된 충동들은 경향성 농담의 생산에 최적의 조건으로 작용하는 듯하다. 그래서 성적 성향의 개별 요소들이 특히 농담 형성의 동기로 나타날 수 있다. 많은 외설적 농담들 속에는 농담 생산자의 노출 욕구가 잠재되어 있다는 추론이 가능하다. 반면에 공격적인 경향성 농담은 현실에선 웬만큼 억제될 수밖에 없는 강력한 사디즘적 성욕이 나타나는 사람들에게서 가장 성공적으로 만들어진다.

농담의 주관적 조건성 연구에 필요한 두 번째 사실은 어떤 사람도 농담만을 위한 농담을 하지는 않는다는 일반적인 경험이다. 농담 작업은 농담을 남에게 전달하려는 욕구와 떼려야 뗄 수 없는 관계로 엮여 있다. 이 욕구는 어찌나 강렬한지 꼭 짚고 넘어가야 할 부분까지 무시하고 실현될 때가 많다. 물론 우스갯소리도 남에게 전달될 때 즐거움을 누릴 수 있지만, 그 전달 과정은 강압적이지 않고, 우리는 그 속에 담긴 희극적 요소를 그 자체로 즐길 수도 있다. 반면에 농담에 대한 전달 욕구는 강제성을 띤다. 농담 형성의 정신적 과정은 농담이 떠올랐다고 해서 끝나지 않고 그 착상을 전달함으로써 농담 형성의 알려지지 않은 과정을 완결하려는 과제가 남아 있다.

우리는 농담을 전달하려는 욕구가 무엇에 기인하는지 명확히 짐작할 수 없다. 하지만 여기서 농담을 희극적인 것과 구분해 주는 또 다른 특성을 알게 된다. 나는 희극적인 것을 만나면 혼자 깔깔거리며 웃을 수 있다. 또한 그걸 타인에게 얘기해서 웃게 하는 것도 마찬가지로 즐거운 일이다. 그런데 농담은 조금 다르다. 내 머릿속에 떠오른 농담, 내가 하는 농담을 두고, 나는 거기서 느끼는 명백한 만족감에도 불구하고 나 자신이 웃을 수는 없다. 농담을 남에게 전달하려는 욕구는 이처럼 나 자신에게서는 거부되었지만 남들에게서는 확실히 드러나는 웃음 효과와 관련이 있을 수 있다.

내가 만든 농담에 대해 왜 나 자신은 웃지 못하는 것일까? 여기서 타인은 어떤 역할을 할까?

두 번째 물음부터 살펴보자. 일반적으로 희극적인 상황은 두 사람을 필요로 한다. 나 자신 말고 내 눈에 희극적인 면이 있는 것처럼 보이는 다른 한 사람이다. 사물이 내게 희극적으로 보인다면 그것은 우리의 관념 세계에서 드물지 않게 일어나는 사물의 인격화에 따른 것이다. 희극적 과정은 나와 상대 인물, 이 두 사람만으로 충분하다. 제삼자가 추가될 수도 있지만 필수적인 건 아니다. 반면에 언어유희나 사고 유희로서의 농담은 처음엔 대상 인물이 없어도 되지만, 그 전 단계인 익살의 경우만 해도 이성의 반발을 무릅쓰고 놀이와 무의미의 성격을 확보하는 데 성공하게 되면 그 성공적인 결과를 전달할 타인을 필요로 한다. 그런데 농담에서 이 두 번째 사람은 대상 인물이 아니라, 희극적인 상황에서 타인의 역할을 하는 제삼자다. 익살에서는 농담 작업이 성공적으로 임무를 수행했는지 내가 확실히 알 수 없기에 그에 대한 평가가 타인에게 맡겨지는 것처럼 보인다. 사고를 강화하는 악의 없는 농담도 목표를 달성했는지 검증하기 위해 타인을 필요로 한다. 농담이 노출적 또는 적대적 경향성을 띨 때는 희극적 상황과 동일한 세 사람 사이의 정신적 과정으로 설명될 수 있지만, 이때 제삼자가 하는 역할은 다르게 나타난다. 농담의 정신적 과정은 첫 번째 인물인 나 자신과 타인인 제삼자 사이에서 이루어진다. 나와 대상 인물 사이에서 이루어지는 희극적 상황과는 다르다는 말이다.

농담에서는 제삼자도 즐거움의 유발이라는 목표를 실패로 돌아가게 할 수 있는 주관적 조건을 제공한다. 셰익스피어는 이렇게 경고한다(『사랑의 헛수고』 제5막 2장).

농담의 성공은 농담을 듣는 이의 귀에 달린 것이지
농담하는 이의 혀에 달린 것이 아니라는……

성격이 진중한 사람이라면 언어적 즐거움을 만들어 내는 데 성공한 익살스러운 이야기에 웃음으로 맞장구를 쳐주기에 적합하지 않다. 익살스러운 이야기에서 제삼자의 역할을 제대로 하려면 성격이 명랑한 사람이거나, 아니면 최소한 중립적인 태도를 가진 사람이어야 한다. 악의 없는 농담이나 경향성 농담에도 이와 똑같은 장애물이 존재하지만, 특히 경향성 농담의 경우에는 새로운 장애물이 등장한다. 농담의 의도에 반기를 들 수밖에 없는 처지의 사람들이다. 아무리 기발한 외설적 농담이라도 그것이 제삼자와 특별한 관계에 있는 사람을 향한 것이라면 웃을 마음이 생기지 않는다. 같은 이치로, 가톨릭 신부를 대기업 직원에, 개신교 목사를 영세 자영업자에 비유한 하이네의 농담을 신부나 목사들의 모임에서 꺼낼 수는 없다. 청중 속에 내 적의 공손한 친구들이 섞여 있을 때에도 적에 대한 비방이 아무리 재치 넘치는 농담의 형태를 띠고 있을지라도 즐거움이 아닌 분노를 유발할 것이다. 제삼자를 농담 과정의 완성으로 동참시키는 불가결한 조건은 어느 정도의 우호적인 감정이나 중립적 태도다. 즉 농담의 경향성에 적대적인 감정을 유발할 만한 요소가 없어야 한다는 것이다.

농담 효과에 그런 장애물이 없을 때 우리가 연구하려는 현상, 즉 농담이 야기하는 즐거움이 농담 생산자 본인보다 제삼자에게서 더 뚜렷이 입증되는 현상이 나타난다. 농담에서 청자의 즐거움이 화자의 즐거움보다 더 크지 않을까 하는 물음에 우리는 〈더 뚜렷이〉라고 다소 추상적으로 말할 수밖에 없다. 짐작하겠지만 즐거움의 양을 계량화하고 비교할 수단이 없기 때문이다. 그럼에도 우리는 화자가 대개 진지한 표정으로 농담을 하면 청자가 폭발적인 웃음으로 즐거움을 표시하는 것을 자주 보게 된다. 전해 들은 농담을 남에게 들려줄 때는 농담의 효과를 제대로 살리기 위해 처음 농담했던 사람과 비슷한 태도로 이야기해야 한다. 이제 문제는 웃음의 이런 조건성에서부터 농담 생산의 정신적 과정을 역추론할 수 있느냐 하는 것이다.

웃음의 본질에 대해 기존에 발표된 모든 주장들을 고찰하는 것은 우리의 의도가 아니다. 리보Ribot의 제자인 뒤가L. Dugas가 『웃음의 심리학Psychologie du rire』(1902) 서두에서 밝힌 다음 말도 그런 시도의 무의미함을 드러낸다.

웃음만큼 진부하면서도 광범하게 연구된 것은 없고, 그만큼 보통 사람이든 철학자든 호기심을 자극한 것도 없다. 또한 웃음만큼이나 많은 사실들이 수집되고 많은 이론들이 정립된 것도 없다. 하지만 동시에 그것만큼 우리가 잘 모르는 것도 없을 듯하다. 우리가 왜 웃는지 꼬치꼬치 따지는 것은 웃음을 죽이는 것이고, 그렇게 꼬치꼬치 따지는 것으로 웃음의 원인을 찾아낼 수 있을 거라고 믿는 것은 자기모순이기에 우리는 그저 웃는 것으로 만족하고, 왜 웃는지 알 필요는 없다고 말하고 싶다.

하지만 웃음의 메커니즘에 대한 견해 중에서 우리의 사고 틀에 딱 맞는 한 견해를 우리 목적에 맞게 활용할 기회를 놓치고 싶지 않다. 스펜서H. Spencer가 「웃음의 생리학The Physiology of the Laughter」(1901)에서 내놓은 견해가 바로 그것이다.

스펜서에 따르면 웃음은 정신적 흥분의 배출 현상이자, 그 흥분을 정신적으로 사용할 때 갑자기 장애물이 나타났다는 증거다. 그는 웃음이 나오게 하는 정신적 상황을 다음과 같이 설명한다.

웃음은 우리의 의식이 자기도 모르게 큰 것에서 작은 것으로 옮겨 갈 때만, 즉 우리가 불일치의 감소라고 부를 만한 것이 있을 때만 자연스럽게 나온다.[1]

뒤가와 같은 프랑스 연구자들은 이와 비슷한 차원에서 웃음을 〈이완 현상〉, 즉 긴장 완화의 현상으로 표현한다. 〈웃음은 억압으로부터의 해방〉이라는 베인A. Bain의 규정 역시 여러 연구자들의 다른 주장만큼이나 스펜서의 견해와 그리 멀리 떨어져 있지 않은 듯하다.

하지만 우리는 스펜서의 생각을 변주하고픈 욕구를 느낀다. 그 속에 담긴 표상들을 일부는 좀 더 명확히 규정하고, 일부는 수정

1 이 규정의 여러 측면은 희극적 즐거움에 대한 연구에서 상세히 검증되어야 하지만, 다른 저자들에 의해 벌써 여러 번 시도된 이런 연구는 우리의 연구 방향과는 맞지 않는다. 어쨌든 내가 보기에, 스펜서는 정신적 흥분이 왜 하필 웃음이라는 육체적인 형태로 배출되어야 하는지 그 이유를 제대로 설명하지 못한 듯하다. 다윈 이전과 이후에 상세히 다루어졌음에도 여전히 최종적으로 해결되지 않은 웃음의 생리학적 해명이라는 문제, 그러니까 웃음 특유의 근육 움직임에 대한 설명 또는 해석의 문제에 대해 나는 한 가지만 덧붙이고자 한다. 내가 알기로, 입가의 근육을 살짝 찡그리는 미소 특유의 근육 움직임은 배불리 젖을 빤 아이가 졸려 하며 엄마의 가슴에 얼굴을 묻을 때 최초로 나타나는 현상이다. 이것은 올바른 감정 표현이다. 왜냐하면 그것은 아이가 더는 젖을 빨지 않겠다는 결심에 일치하고, 이것으로 〈충분하다〉는, 또는 〈넘치도록 충분하다〉는 감정을 표현하기 때문이다. 기쁨이 넘치는 포만감의 이런 본래적 의미에 비추어볼 때, 웃음의 기본 현상에 해당하는 이 미소가 나중에 유쾌한 웃음의 배출 과정과 관계가 있을 것으로 보인다 ─ 원주.

하고픈 욕구다. 우리는 일단 이렇게 말하고 싶다. 그전에 어떤 정신적 통로들에 집중하던 정신적 에너지가 더는 사용되지 않아 자유롭게 배출될 수 있을 때 웃음이 발생한다고. 이렇게 말하면 우리가 어떤 〈나쁜 인상〉을 받게 될지 분명히 알고 있지만, 우리 입장을 방어하기 위해서라도 희극과 유머라는 주제 외에 다른 많은 문제들까지 해명해 주는 립스의 『희극과 유머』에서 한 탁월한 문장을 인용하고자 한다. 〈결국 인간의 정신 문제 하나하나는 항상 인간 심리와 깊이 연결되어 있기 때문에 근본적으로 어떤 심리적 문제도 고립적으로 다룰 수 없다.〉 〈정신적 에너지〉와 〈배출〉의 개념, 그리고 정신적 에너지의 양적인 취급은 내가 정신병리학적 사실들을 철학적으로 다루기 시작하면서부터 사고 습관이 되었다. 나는 『꿈의 해석』에서 이미 〈정신에서 실질적인 영향력을 가진 요소〉는 의식의 내용이 아니라 무의식의 정신적 과정이라고 주장했다.[2] 이는 립스와 비슷한 맥락이기는 하지만, 내가 〈정신적 통로들의 집중〉[3]에 대해 말하는 부분만 립스의 일상적인 비유에서 멀어지는 듯하다. 나는 정신적 에너지가 특정한 연상 경로를 따라 다른 것으로 옮겨 갈 수 있고, 정신적 과정의 흔적들이 거의 파괴되지 않고 보존된다는 점을 알게 되면서 우리가 지금껏 몰랐던 것을 그런 식으로 쉽게 해석하려는 마음이 굴뚝같았다. 다만

2 인용된 립스의 책에서 여덟 번째 장 「정신적 힘」 참조 — 원주.
〈따라서 일반적인 명제는 다음과 같다. 정신적 삶의 요소들은 의식의 내용이 아니라 그 자체로 무의식적인 정신 과정이다. 심리학이 단순히 의식적 내용만을 서술하려 하지 않는 한, 심리학의 과제는 의식 내용의 속성과 그 시간적 관련성에서 이 무의식적 과정들의 본질을 끄집어내는 데 있다. 심리학은 이 과정들에 관한 이론이어야 한다. 다만 이들 과정에는 해당하는 의식적 내용 속에는 표현되어 있지 않은 여러 속성이 있다는 것을 곧 알게 될 것이다〉 — 원주.
3 프로이트의 중요한 개념 중 하나인 〈집중〉(독일어 Besetzung, 영어 cathexis)은 의식적 또는 무의식적으로 어떤 관념이나 대상에 정신적, 감정적 에너지를 집중하는 것을 가리킨다. 이 책에서는 〈투입된 에너지〉로 옮긴 경우도 있다.

오해를 피하기 위해 덧붙이자면 나는 세포나 힘줄, 신경 조직을 그러한 정신적 과정으로 주장하려는 것이 아니다. 물론 그 과정들은 우리가 아직 모르는 어떤 방식으로건 신경 조직의 유기적 요소들을 통해 표현될 수 있어야 하더라도 말이다.

우리가 가정한 바에 따르면, 웃음에서는 지금껏 모종의 정신적 집중에 사용된 정신적 에너지의 총량이 자유로운 배출 조건으로 주어졌다. 물론 모든 웃음이 그런 건 아니지만 농담으로 인한 웃음은 분명 즐거움의 신호이기에 우리는 이 즐거움을 지금까지 집중했던 에너지의 제거와 연결시키고 싶다. 농담을 들은 사람은 웃지만 농담을 만든 사람은 웃지 않는 것을 보면, 청자의 경우는 집중된 에너지가 제거되거나 배출되는 데 반해 화자의 경우는 제거나 배출 가능성에 장애가 있는 것처럼 보인다. 농담의 청자, 그러니까 제삼자의 정신적 과정은 아주 적은 비용으로 농담의 즐거움을 사는 것이라고 말하는 것보다 더 적절한 표현은 없을 듯하다. 이를테면 농담의 즐거움은 제삼자에게 선물로 주어지는 것이다. 제삼자가 들은 농담을 본인이 하려고 하면 그의 내면에서도 상당한 내적 장애물과 부딪혀야 했을 표상이나 사고 연관이 필요하다. 게다가 그것들을 화자처럼 자발적으로 하려면 많은 수고를 들여야 한다. 최소한 억제와 억압의 강도만큼이나 정신적 비용을 투입해야 한다는 말이다. 청자는 그런 정신적 비용을 절약한 셈이다. 우리가 앞서 살펴본 것과 연결시키면 청자의 즐거움은 그런 비용의 절약에서 비롯되었다고 할 수 있다. 웃음 메커니즘에 대한 우리의 인식에 따르면, 우리는 억제에 사용된 에너지가 이제 청각적 지각의 과정에서 기피된 상상의 생성을 통해 갑자기 쓸모없어졌고, 그로써 웃음으로 배출될 수 있었다고 말할 수 있다. 이 두 가지 설명은 원칙적으로 동일한 것으로 귀결된다. 절약된 비용은 쓸모없어진 억압에 정확히 일치하기 때문이다. 그러나 후자의 설명이 더 명료하다. 왜냐하면 농담의 청자는 억제를 제거함으로써 자유로워진 정신적 에너지의 양만큼이나 웃는다고 할 수 있기 때문이다. 결국 그는 웃음으로 그 에너지를 털어 낸다.

우리는 방금 말했다. 농담을 만드는 사람이 웃을 수 없는 것은 억제에 집중된 에너지의 제거나 그 에너지의 방출 가능성이 주어지는 제삼자의 정신적 과정과는 다르다는 것을 의미한다고. 그런데 두 경우 중 전자는 옳지 않다. 억제에 투입된 에너지의 제거는 농담 생산자에게도 해당하니까 말이다. 그렇지 않다면 농담은 생겨날 수 없을 것이다. 농담이 되려면 그런 저항을 이겨 내야 하기 때문이다. 또한 우리가 억제의 제거에서 끌어내야만 했던 농담의 즐거움을 화자가 느끼는 것도 불가능할 것이다. 그렇다면 남는 것은 다른 경우뿐이다. 즉 화자는 즐거움을 느끼더라도 배출 가능성이 방해받고 있기에 웃을 수 없다는 것이다. 웃음의 조건에 해당하는 배출 가능성의 그런 방해는 자유로워진 에너지가 즉각 다른 정신적인 것으로 사용된 결과다. 이 가능성에 주목하게 된 것은 좋은 일이고, 앞으로도 이 가능성에 지속적인 관심을 기울일 것이다. 그런데 농담하는 사람의 경우, 동일한 결과를 낳는 다른 조건이 있을 수도 있다. 억제에 투입된 에너지의 성공적인 제거에도 불구하고 표출에 충분한 양만큼의 에너지가 자유로워지는 건 아니라는 것이다. 농담을 만드는 사람의 경우 새로 소모된 정신적 비용에 해당하는 것만큼 농담 작업이 진행된다. 그러니까 농담하는 사람은 억압을 제거하는 힘을 스스로 조달하고, 거기서 즐거움이 생겨난다. 심지어 경향성 농담의 경우는 그 즐거움이 엄청나다. 농담 작업으로 얻어진 전희 자체가 또 다른 억압을 제거하는 역할을 떠맡기 때문이다. 하지만 어떤 경우건 농담 작업의 비용, 즉 청자에게는 존재하지 않는 이 비용은 억압의 제거로 얻어진 이익에서 공제해야 한다. 이상의 논의를 뒷받침하기 위해 우리는 제삼자에게서도 농담이 생각 노동의 비용을 요구하자마자 농담의 웃음 효과가 사라지는 점을 지적하고 싶다. 농담의 암시는 명쾌해야 하고, 생략은 누구나 쉽게 보충할 수 있어야 한다. 일반적으로 사고의 관심을 의식적으로 일깨우는 것으로는 농담의 효과를 만들어 내지 못한다. 바로 여기에 농담과 수수께끼의 중요한 차이가 있다. 농담 작업 과정의 정신적 상황은 획득된 것의 자유로운 배출에 유리하지 않다는 것이다. 이 자리에서는 아마 이보다 더 깊은 인식은 얻을 수 없을 듯하다. 우리는 우리의 문제 중에서, 왜 농담 생산자는 웃지 못하는가 하는 문제보다 왜 제삼자는 웃는가 하는 문제를 더 잘 해명할 수 있었다.

웃음 조건 및 제삼자의 정신적 과정에 대한 이러한 견해들을 받아들이게 되면 우리는 농담에서 알려져 있긴 하지만 이해가 되지 않았던 일련의 특성들을 해명할 기회를 얻게 된다. 제삼자에게서 배출 가능한 에너지가 자유로워지면 여러 조건이 충족되거나 우호적인 환경이 조성되어야 한다. (1) 제삼자의 경우, 억제에 투입된 에너지 비용을 현실화하는 것이 보장되어야 한다. (2) 자유로워진 에너지 비용이 자동으로 배출되는 대신 정신적으로 다른 곳에 사용되는 것을 막아야 한다. (3) 해방되어야 할 에너지가 제삼자에게서 사전에 강화되고 고조되면 유리할 수 있다. 부차적 기술 또는 보조 기술로 총괄될 수 있는 농담 작업의 특정한 수단들이 위의 목적들에 사용된다.

자, 그럼 이제 이 조건들을 차례대로 하나씩 살펴보자.

(1) 첫 번째 조건은 제삼자가 농담의 청자로서 가져야 할 자질

을 확정 짓는다. 제삼자는 농담하는 사람이 농담 작업 중에 극복했던 것과 똑같은 내적 장애가 존재할 만큼 농담 생산자와 심리적인 면에서 상당 부분 일치해야 한다는 것이다. 예를 들어 재치 있는 외설적 농담도 평소 음담패설에 익숙한 사람에게는 큰 즐거움을 유발할 수 없으며, 늘 욕을 달고 사는 교양 없는 사람에게서는 N 씨의 공격적 농담도 공감을 얻기 어렵다. 모든 농담은 자기만의 관객을 필요로 한다. 같은 농담을 듣고 웃을 수 있다는 것은 정신적인 면에서 서로 상당히 폭넓게 일치한다는 것을 보여 주는 증거다. 이로써 우리는 제삼자에게서 일어나는 과정을 더 세세하게 들여다볼 수 있는 지점에 이르렀다. 제삼자는 농담하는 사람이 극복했던 것과 똑같은 억제를 자기 안에서 반사적으로 만들어낼 수 있어야 하고, 그와 함께 농담을 듣자마자 속에서 자동으로건 강압적으로건 억제할 준비 태세가 되어야 한다는 것이다. 그런데 군대의 준비 태세에 비견될 만큼 현실적인 비용으로 간주되는 이러한 억제 준비 태세는 곧장 쓸모없거나 뒤늦은 것으로 드러나고, 그로써 〈발생 상태에서in statu nascendi〉[4] 이미 웃음에 자리를 내준다.

(2) 자유로워진 에너지가 다른 용도로 사용되는 것을 막아야 한다는, 자유로운 배출의 두 번째 조건은 첫 번째 조건보다 훨씬 중요해 보인다. 이 조건은 농담 속에 표현된 사고를 통해 강한 자극적 표상이 청자에게 일깨워지면 농담 효과가 불확실해지는 것에 대한 이론적 해명을 제공한다. 강한 자극적 표상이 일깨워질 경우, 청자가 농담 과정에 관심을 보이느냐 보이지 않느냐는 농담의 경향성과 청자의 사고가 일치하느냐 배치되느냐에 달려 있

---

4 하이만스(1896)는 〈발생 상태〉의 관점을 약간 다른 맥락에서 사용했다 — 원주.

다. 그런데 이론적으로 더욱 흥미를 끄는 것은 청자의 주의력을 딴 곳으로 돌림으로써 농담 과정이 자동으로 진행되게 하는 농담의 보조 수단들이다. 여기서 나는 〈무의식적〉이라는 말 대신 〈자동으로〉라는 말을 의도적으로 사용했는데, 그건 〈무의식적〉이라는 말이 불러올 오해를 피하기 위해서다. 어쨌든 여기서 관건은 농담을 들을 때의 정신적 과정에 주의력을 더 많이 투입하지 않게 하는 것이다. 우리는 이 보조 기술들의 유용성을 통해 주의력의 집중이야말로 자유로워진 에너지의 감시와 새로운 사용에서 큰 몫을 차지한다고 타당하게 추측할 수 있다.

사실 없어도 되는 에너지가 다른 정신적인 영역에 사용되는 것을 막는 것은 쉽지 않아 보인다. 왜냐하면 우리는 사고 과정에서 늘 그런 에너지를 하나의 통로에서 다른 통로로 옮기는 연습을 하기 때문이다. 그것도 에너지의 일부를 잃지 않으면서 말이다. 농담이 거기에 사용하는 수단은 다음과 같다. 첫째, 농담은 주의력에 공격 지점을 덜 노출시키려고 가능한 한 짧은 표현을 쓰려고 한다. 둘째, 농담은 쉽게 이해되어야 한다는 조건을 준수한다. 만일 농담이 생각의 노동을 필요로 하고, 여러 생각의 통로 중에서 하나를 선택하도록 요구할 경우 불가피한 생각 비용뿐 아니라 주의력의 소모로 인해 농담 효과는 위태로워진다. 게다가 농담은 억제에 투입된 에너지의 해방과 배출이 방해 없이 이루어질 수 있도록 우리의 주의력을 사로잡는 무언가를 농담 표현 속에 제공함으로써 주의를 딴 데로 돌리는 수법을 사용한다. 이미 농담 속의 생략이 이런 목적에 이용된다. 생략은 농담 속의 빈틈을 채우도록 자극함으로써 농담 과정이 주목받지 않도록 한다. 이런 측면에서 우리의 관심을 끄는 수수께끼 기술도 농담 작업에 도움이 된다. 특히 경향성 농담의 몇몇 그룹에서 발견되었던 농담의 표면적인 현혹은 훨씬 더 효과적이다. 가령 삼단논법으로 이루어진 표면은 과제를 제기함으로써 청자의 주의력을 사로잡는 목적을 탁월하게 달성한다. 우리는 대답의 어느 부분이 틀렸는지를 생각하기 시작하면서부터 이미 웃는다. 우리의 주의력은 기습당하고, 자유로워진 억제 에너지는 배출된다. 그것은 웃기는 요소가 농담 기술의 보조 역할을 하는, 희극적 표면을 가진 농담도 마찬가지다. 희극적 표면은 농담 효과를 여러모로 촉진한다. 그것은 주의력을 사로잡음으로써 농담 과정의 자동적인 진행을 가능하게 할 뿐 아니라 희극적 요소를 통해 억제 에너지를 먼저 배출시킴으로써 농담에서의 배출도 더 쉽게 한다. 이때 희극적인 요소는 청자를 매수하는 전희와 똑같은 작용을 한다. 그래서 일부 농담은 다른 농담 수단들로 생성된 전희를 완전히 포기하고, 희극적인 것만을 전희로 이용하기도 한다. 농담의 본래적인 기술 중에서, 자체의 다른 자질 외에 농담 과정의 자동적인 진행에 바람직한 주의력 전환을 사용하는 기술은 특히 전이와 난센스를 통한 묘사를 꼽을 수 있다.[5]

5 나는 전이 농담의 한 예를 통해 농담 기술의 또 다른 흥미로운 성격을 논의해보고자 한다.
천재적인 여배우 갈마이어Josefine Gallmeyer(1838~1884)는 〈나이가 몇이냐?〉라는 달갑지 않은 질문에 난처한 어조로 부끄럽다는 듯이 눈을 내리깔면서 〈브륀에서in Brünn〉라고 대답한다. 이것은 전이 농담의 표본이다. 나이를 묻는 질문에 출생지를 대고 있으니 말이다. 그러니까 다음에 나올 질문을 미리 예상하고 그에 대한 답부터 함으로써 이 질문은 그냥 넘어갔으면 좋겠다는 뜻을 피력한 것이다. 그런데 우리는 여기서 농담의 성격이 순수하게 표현되지 않았다는 느낌을 받는다. 질문을 건너뛴 것은 너무 명백하고, 전이도 너무 뚜렷하기 때문이다. 우리의 주의력은 이 농담의 핵심이 의도적인 전이라는 사실을 즉각 알아챈다. 다른 전이 농담들에서는 전이 기술이 숨겨져 있어서 우리는 그것을 확인하는 데 주의를 기울인다. 승마용 말을 추천하는 상인의 말에 〈여섯 시 반에 프레스부르크에 도착해서 뭘 하게요?〉라고 대답한 농담도 마찬가지로 전이 기술을 전면에 내세우고 있지만, 여배우의 대답은 듣자마자 바로 전이로 분류할 수 있는 반면에 여기서의 전이는 난센스로서 우리의 주의력을 혼란시키는 역할을 한다.

우리는 주의력을 딴 곳으로 돌리는 조건이 농담 청자의 정신적 과정에서 결코 사소한 특징이 아님을 이미 알고 있고, 그 부분에 대해서는 나중에 더 상세히 살펴볼 것이다. 이와 관련해서 알 수 있는 다른 사실도 있다. 첫째, 분석적 조사로는 분명히 알 수 있음에도 그전에는 어째서 우리가 농담의 어떤 점 때문에 웃는지를 거의 알지 못했는지 이제야 이해하게 된 것이다. 이 웃음은 우리에게서 의식적인 주의력을 떼어 냄으로써 가능해진 자동화 과정의 결과다. 둘째, 우리는 농담이 청자에게 새롭고 기습적일 때만 온전한 효과가 있다는 특성을 이해할 수 있다. 짧은 수명과 늘 새로운 농담의 생산을 요구할 수밖에 없는 이러한 특성은 신선함이나 기습의 본성상 그게 두 번 성공할 수는 없다는 사실에서 나오는 것이 분명하다. 농담이 반복될 때 우리의 주의력은 처음의 것에 대한 강렬한 기억으로 쏠린다. 바로 이 점에서 이미 한 번 들었던 농담을 아직 들은 적이 없는 타인에게 이야기하려는 충동을 이해할 수 있다. 그러니까 새로움의 결핍으로 인해 줄어든 즐거움을, 농담이 타인에게 주는 인상에서 일부라도 다시 길어 올리려고 하는 것이다. 농담 생산자가 남에게 농담을 전달하려는 욕구에도 비슷한 동기가 작용하는 듯하다.

(3) 이제 마지막으로 나는 농담 과정의 조건이 아닌 촉진 요소로서, 배출될 에너지의 양을 높이는 데 사용되고, 그런 식으로 농담 효과를 고조시키는 농담 작업의 기술적 보조 수단에 대해 언

(1912년에 추가된 각주) 아주 훌륭한 기술을 사용하기도 하는 익살은 다른 방향에서 농담과 구분된다. 전이 기술을 사용한 익살스러운 질문을 예로 들어 보자. 자기 아버지와 어머니를 잡아먹은 식인종은 누구? 정답은 고아. 그 식인종이 친척들까지 모두 잡아먹었다면? 정답은 단독 상속인. 그런 괴물을 아직 호의적으로 생각하는 곳이 있다면? 정답은 백과사전. 익살은 완벽한 농담이라고 할 수 없다. 농담의 암시나 생략처럼 재치 있는 대답을 알아맞힐 수 없기 때문이다 — 원주.

급하려 한다. 이 기술들도 대개 농담으로 향해진 주의력을 높이기는 하지만, 그와 동시에 주의력을 구속해 움직임을 저지함으로써 주의력의 영향력을 다시 무해한 수준으로 만든다. 관심과 당혹감을 불러일으키는 모든 것은 이 두 방향으로 작용한다. 특히 여러 이론가들이 농담의 본질적 성격으로 간주했지만 나로서는 농담 효과를 강화하는 것으로밖에 볼 수 없었던 난센스와 〈표상의 대조〉 또는 대립이 그렇다. 당혹감을 주는 모든 것은 청자에게, 립스가 〈정신적 막힘〉 상태라고 불렀던 에너지 분할 상태를 불러일으킨다. 립스 역시 이전의 막힘 상태가 심할수록 〈방출〉이 더 강하게 나타난다고 옳게 가정했다. 물론 그의 주장은 명시적으로 농담에 국한된 것이 아니라 희극 일반에 해당한다. 그럼에도 농담에서 억제 에너지의 배출이 비슷한 방식으로 막힘을 통해 고조될 개연성은 무척 높다.

이제 우리는 농담 기술에 전반적으로 두 가지 목적, 즉 농담하는 사람에게 농담 생산을 가능하게 하는 목적과, 농담이 제삼자에게 가능한 한 큰 즐거움을 주려는 목적이 있음을 알게 되었다. 이성의 비판적 반발에 맞서 농담 본연의 즐거움을 보장해 주는 야누스 같은 농담의 이중 얼굴과 전회 메커니즘은 첫 번째 목적에 속한다. 이 장(章)에서 논의한 조건들을 통해 기술이 한층 복잡해진 것은 농담의 제삼자를 논의에 포함시켰기 때문이다. 이렇듯 농담은 동시에 두 주인을 섬기는, 한입으로 두말하는 장난꾸러기다. 즐거움을 겨냥하는 모든 것들은 마치 농담하는 사람의 극복할 수 없는 내적 장애물이 제삼자의 즐거움에 방해되는 것인 양 제삼자를 항상 염두에 둔다. 그래서 우리는 농담 과정의 완성을 위해서는 제삼자가 없어서는 안 된다는 인상을 강하게 받는다. 그런데 제삼자에게서 일어나는 이 과정은 상당히 훌륭하게 파악

되는 데 반해 농담 생산자의 과정은 여전히 베일에 싸여 있다는 느낌을 받는다. 우리는 왜 자신이 만든 농담에는 웃지 못할까? 우리는 왜 자신이 만든 농담을 남에게 이야기하고픈 충동을 느낄까? 이 중 첫 번째 질문에 대해서는 아직 답을 찾지 못했다. 다만 이런 추측이 가능하다. 해명되어야 할 이 두 가지 사실 사이에는 긴밀한 관련성이 존재하는데, 우리는 스스로 웃을 수 없기 때문에 타인에게 농담을 전달하게 된다는 것이다. 그렇다면 우리가 제삼자의 즐거움 획득과 배출 조건들을 살펴보면서 얻은 인식으로 역추론해 볼 수 있는 것이 있다. 농담 생산자에게는 그런 배출 조건이 결여되어 있고, 설령 있더라도 즐거움 획득에는 불충분하다는 것이다. 그래서 우리에겐 불가능한 웃음을, 우리가 웃게 만든 사람을 보면서 우회적으로 즐거움을 보완하려 한다는 느낌을 지울 수 없다. 뒤가의 표현을 빌리자면, 우리는 〈간접적으로*par ricochet*〉 웃는 것이다. 웃음은 전염성이 높은 정신적 상태의 표출이다. 만일 내가 농담을 던져 남을 웃겼다면 그건 사실 나 자신에게 웃음을 일깨우려고 남을 이용한 것뿐이다. 실제로 처음엔 진지한 표정으로 농담하던 사람이 남들이 폭소를 터뜨리면 자신도 그 분위기에 휩쓸려 싱긋 웃는 모습을 쉽게 관찰할 수 있다. 그렇다면 내가 만든 농담을 남에게 전달하는 행위에는 몇 가지 의도가 존재한다. 첫째, 농담 작업이 성공했다는 객관적인 확신을 얻고 싶어 하고, 둘째, 타인의 반작용을 통해 나 자신의 즐거움을 보충하고 싶어 하고, 셋째, 자신이 만들지 않은 농담을 반복하는 경우에는 신선함의 결여로 상실된 즐거움을 메우고 싶어 하는 것이다.

농담의 정신적 과정에 대한 이 논의의 말미에서 이제 우리는 그게 두 사람 사이에서 진행될 경우, 농담 기술을 처음 해명할 때부터 농담의 심리학적 이해에 중요한 것으로 여겨져 온 절약의 요소를 되돌아볼 필요가 있다. 절약에 대해 가장 먼저 떠오르는 단순한 견해는 다음과 같다. 단어의 사용이나 사고 연관성의 생성에서 최대한의 제한을 통해 정신적 비용을 아껴야 한다는 것이다. 그러나 우리는 이미 오래전에 이러한 단순한 생각에서 벗어났다. 그때 벌써 우리는 간결하다고 해서 모두 농담이 되는 것은 아니라고 했다. 농담의 간결성은 특별한 간결성, 즉 〈재치 있는〉 간결성이어야 한다. 물론 언어유희나 사고 유희가 만들어 내는 본래의 즐거움이 그런 비용의 단순한 절약에서 오는 것이기는 하지만, 유희가 농담으로 발전하려면 절약의 목표 역시 바뀌어야 한다. 왜냐하면 동일한 단어나 새로운 사고 연관의 회피로 절약되는 것은 우리 사고 활동의 막대한 비용에 비하면 미미하기 그지없기 때문이다. 정신의 경제학은 기업체의 운영과 비교할 수 있다. 기업에서 매출이 너무 떨어지면 전체적으로 지출을 줄이고, 운영비를 최대한 축소하는 것이 중요하다. 지출의 절대 수준을 절약해야 한다는 뜻이다. 나중에 기업의 매출이 늘면 운영비의 중요성은 줄어든다. 매출액과 순익이 충분히 증가하면 지출 규모가 어느 수준까지 늘어나는 것은 더 이상 문제가 되지 않기 때문이다. 기업을 운영하면서 비용을 억제하는 것은 자잘한 일일 뿐아니라 오히려 영업에 지장을 초래하는 일이기도 하다. 그렇다고 지출이 절대적으로 많은 경우조차 더는 절약할 여지가 없다고 생각하는 것은 옳지 않다. 절약을 중시하는 기업체 사장은 이제 세부적인 항목을 절약하려고 할 것이고, 그전에 더 큰 비용을 들여서 처리하던 일을 더 적은 비용으로 처리할 수 있다면 만족할 것이다. 비록 그렇게 해서 절약하는 비용이 전체 비용에 비하면 미미하기 그지없더라도. 우리의 일상적인 일들이 보여 주듯, 인간 정신의 복잡한 운영도 아주 비슷한 방식으로 돌아가는데, 여기서도 세부적 절약이 바로 즐거움의 원천으로 작용한다. 예를 들어 그전까지 방을 가스등으로 밝히다가 새로 전기등으로 바꾼 사람은 한동안 전기 스위치를 켜는 순간 예전에 가스등을 밝히는 데들였던 온갖 수고스러움을 떠올리며 큰 즐거움을 느낄 것이다. 농담이 만들어 내는 절약, 즉 정신의 전체 비용에 견주면 억압 비용의 절약이 아주 적더라도 그것은 우리에게 여전히 즐거움의 원천으로 작용한다. 왜냐하면 그를 통해 우리는 지금까지 습관적으로 해왔고, 이번에도 또 그럴 준비가 되어 있던 개별적인 지출을 아낄 수 있기 때문이다. 여기서 또렷이 드러나는 것은 이 지출이 예견되고 준비된 지출이라는 사실이다.

방금 살펴보았듯이, 국부적 절약도 우리에게 일시적인 즐거움을 안겨 주지만, 절약된 것이 다른 곳에 사용되는 한 지속적인 경감은 이루어지지 않는다. 다른 데로 사용되는 것을 막을 수 있을 때만 특수한 절약은 다시 정신적 비용의 일반적 경감으로 전환된다. 이제 농담의 정신적 과정에 대한 좀 더 분명한 인식과 함께 절약의 요소 대신 경감의 요소가 등장한다. 경감의 요소는 분명 더 큰 즐거움을 제공한다. 농담하는 사람의 과정은 억제의 제거, 즉 국부적 비용의 경감으로 즐거움을 생성한다. 또한 제삼자의 중개로 배출을 통한 일반적인 경감에 도달할 때까지 멈추지 않는 것처럼 보인다.

제3부 이론적 부분

6. 꿈과 농담의 관계, 무의식과 농담의 관계

우리는 농담 기술을 다룬 두 번째 장의 말미에서 이렇게 언급했다. 농담 생산에 관여하는 것으로 보이는 기술들, 예를 들어 대체물이 있는 압축, 대체물이 없는 압축, 전이, 난센스를 통한 표현, 반대를 통한 표현, 간접 묘사 같은 기술들의 과정이 〈꿈의 작업〉 과정과 광범하게 일치한다고 말이다. 하지만 그러면서도 우리는 그런 식으로 암시된 꿈과 농담의 유사점을 세심하게 살펴보고 공통점을 조사하는 것을 유보했다. 사실 두 비교 대상 가운데 〈꿈 작업〉을 공인된 것으로 받아들이면 이 비교 작업은 한결 수월할 것이다. 하지만 그렇게 전제하지 않는 편이 더 나을 듯하다. 왜냐하면 나는 1900년에 출간된 『꿈의 해석』이 동료 연구자들에게 〈깨달음〉보다는 〈당혹감〉을 불러일으킨 것 같은 인상을 받았고, 다른 폭넓은 독자층도 그 책의 내용을 쉽게 머릿속에 넣고 편리하게 써먹을 수 있도록 〈소원 성취〉라는 주제로만 환원시키고 있음을 알기 때문이다.

그런데 정신 치료사의 자격으로 그 책에서 다룬 문제들을 계속 연구할 계기가 많았던 나로서는 그 이후 내 사유 과정을 수정하거나 개선할 필요가 있다고 생각할 만한 어떤 것에도 부딪히지 않았다. 때문에 독자들이 뒤늦게라도 나를 이해해 주거나, 아니면 통찰력 있는 날카로운 비판이 내 사유의 근본적 오류를 증명해 주기를 조용히 기다릴 수밖에 없다. 다만 여기선 농담과의 비교를 위해 꿈과 꿈 작업에 대해 필수적인 내용만 짧게 요약해 보겠다.

우리는 꿈에서 깨어나면서부터 시작되는 단편적인 기억을 통해 꿈을 안다. 꿈은 대개 우리의 체험을 기만하고, 사고 과정(꿈 내부의 ⟨앎⟩)과 감정적 표현이 섞일 수 있는 시각적인 형태(물론 다른 종류도 있다)의 감각적 인상들이 조합된 것이다. 이처럼 우리가 보통 꿈으로 기억하는 것을 나는 ⟨외현적(外現的) 꿈 내용⟩이라고 부른다. 그것은 정말 터무니없고 혼란스러운 경우가 많은데, 어떤 때는 터무니없음과 혼란스러움 중 하나만 나타날 수도 있다. 그런데 일부 무서운 꿈처럼 전체적으로 통일성을 유지하고 있더라도 꿈은 그 기원을 설명할 수 없는 낯선 무언가로 우리의 정신적 삶에 대립된다. 지금까지 사람들은 꿈을 신경증적 요소들의 무질서하고 분열된 ⟨몽롱한⟩ 활동의 징후로만 간주함으로써 꿈의 성격을 오직 꿈 자체에서만 설명하려고 했다.

반면에 내 생각은 달랐다. 그처럼 기이한 ⟨외현적⟩ 꿈 내용이란 실은 ⟨잠재적 꿈 사고⟩라고 불릴 만한 어느 정도 맥락을 갖춘 정신적 형성물을 동강 내고 수정해서 다시 고쳐 쓴 것으로 이해할 수 있다는 것이다. 여기서 잠재적 꿈 사고는 외현적 꿈 내용을 표면적인 의미를 고려하지 않고 각 부분들로 해체한 다음 각각의 개별적 요소들에서 출발하는 연상의 실마리를 추적하는 방식으로 알아낼 수 있다. 이때 내부적으로 서로 엮여 있는 각각의 개별 요소들은 매우 정확한 나름의 맥락을 갖추고 있을 뿐 아니라 우리가 잘 아는 정신적 과정들 속에 쉽게 편입되는 사고 구조물로 이어진다. 이러한 ⟨분석⟩을 통해 우리는 꿈 내용에서 낯설게 느껴진 그 기이한 측면들을 떨쳐 버릴 수 있었다. 그런데 분석이 성공하려면 서로를 매개하는 개별 연상들의 재생산에 끊임없이 제기될 수밖에 없는 비판적 반발을 분석 내내 굳건히 이겨 내야 했다.

이렇게 찾아낸 잠재적 꿈 사고와 기억으로 남아 있는 외현적 꿈 내용의 비교에서 〈꿈 작업〉의 개념이 나온다. 꿈 작업은 잠재적 꿈 사고를 외현적 꿈으로 옮기는 변형 과정 전체를 지칭한다. 그런데 꿈 작업에는 꿈이 그전에 우리 안에 일으켰던 기이함이 담겨 있다.

꿈 작업의 과정은 다음과 같이 설명할 수 있다. 낮에 구축되었지만 처리되지 못한 무척 복잡한 사고 구조물들, 즉 낮의 잔재는 밤에도 그에 합당한 에너지, 즉 관심을 쏟아 줄 것을 요구하면서 수면을 방해하겠다고 위협한다. 그런 낮의 잔재가 꿈 작업을 통해 꿈으로 전환되면 수면에 해를 끼치지 않는다. 꿈 작업에 자극점이 되려면 낮의 잔재는 소원의 형태로 유지되는 것이 좋다. 별로 어렵지 않게 충족될 수 있는 조건이다. 꿈 사고에서 생성된 소원은 꿈의 전(前) 단계를 이루고, 나중에는 꿈의 핵심을 차지한다. 우리는 꿈의 이론이 아닌 꿈의 분석적 경험을 통해 다음의 사실을 안다. 어린아이의 경우 깨어 있을 때의 아무 소원 하나만으로도 충분히 꿈이 만들어지는데, 이 꿈은 연관성이 있고 의미심장하지만 대개 〈소원 성취〉의 형태로 빨리 끝난다. 성인의 경우 꿈을 만들어 내는 소원의 보편적 조건은 소원이 의식적 사고에 낯선 것, 즉 억압된 소망이거나, 아니면 의식에 미지의 보강이 될 수 있는 것이어야 한다. 나는 앞서 설명한 바 있는 무의식을 전제하지 않고는 꿈 이론을 더 이상 전개해 나갈 수 없고, 꿈 분석의 경험적 소재를 해석할 수도 없다. 이러한 무의식적 소망이 꿈 사고의 논리적 소재에 영향을 미침으로써 꿈이 생겨난다. 이때 꿈 사고는 무의식 속으로 끌어내려진다. 좀 더 정확히 말하자면, 꿈 사고는 무의식적 사고 단계에서 일어나고 이 단계의 특징인 것처럼 취급된다는 것이다. 우리는 무의식적 사고의 특징을 비롯해서 무의식적 사고와 의식 가능한 〈전의식(前意識)적〉 사고의 차이점을 〈꿈 작업〉의 결과를 통해 알 수 있다.

우리의 사고 습관에 어긋나고 쉽지도 않은 새로운 형태의 이론은 시간에 쫓겨 간략하게 설명하는 것만으론 명확하게 이해하기란 거의 불가능하다. 그렇다면 내가 이 논의에서 의도하는 바는 분명하다. 『꿈의 해석』에 실린 무의식에 대한 부분과, 내가 무척 중요한 성과로 평가하는 립스의 논문들을 참조하라는 것이다. 철학 교육을 충실히 받은 사람이나 그런 철학적 시스템의 영향이 깊숙이 뿌리박힌 사람이라면 립스와 내가 말하는 〈의식되지 않은 정신적인 것〉의 전제에 반기를 들고, 그런 전제의 불가능성을 정신적인 것의 개념 규정으로 증명하려고 할 것이다. 그러나 개념 규정이란 관습적인 것으로서 얼마든지 변할 수 있다. 나는 무의식을 터무니없거나 불가능한 개념이라며 부인한 사람들이 자신들의 그런 인상을, 최소한 나로서는 무의식을 인정할 수밖에 없었던 원천에서 끄집어낸 것이 아님을 자주 경험했다. 이러한 무의식의 반대자들은 〈최면 후 암시〉의 효과를 결코 본 적이 없었고, 그래서 내가 최면에 빠지지 않는 신경증 환자들의 분석 자료를 견본으로 제시하자 엄청난 충격에 휩싸였다. 그들은 무의식이란 우리가 실제로 알지는 못하지만 필수 불가결한 추론을 통해 보충할 수밖에 없는 어떤 것이라는 사실을 결코 깨닫지 못하고, 원래는 의식할 수 있는 것이지만 지금 당장은 생각하지 못한 것, 잠시 〈우리의 주의력 바깥〉에 있었던 것으로 이해했다. 또한 그들은 자신의 정신적 삶에 존재하는 그러한 무의식적 사고를 자신의 꿈에 대한 분석으로 알아보려고 시도한 적이 없었다. 다만 내가 그들을 대상으로 그런 시도를 하면 그때 떠오른 착상들을 의아하고 당혹스럽게 받아들일 뿐이었다. 그런 모습을 보면서 나 역시 느낀 점이 있었다. 〈무의식〉을 상정하는 데 본질적으로 방해가 되는 것은 감정적 저항이고, 그것은 누구도 자신의 무의식을 알고 싶어 하지 않기에 무의식의 존재 가능성을 아예 부정하는 것이 가장 편한 길이라고 생각하는 데에 그 뿌리가 있다는 것이다.

이제 잠깐의 일탈을 끝내고 본래 주제인 꿈 작업으로 돌아가 보자. 꿈 작업은 소망형으로 표현된 사고 재료를 아주 독특하게 가공 처리한다. 우선 소망형을 현재형으로 바꾼다. 즉 〈아, 하고 싶다〉를 〈아, 하고 있다〉로 대체하는 것이다. 여기서 〈하고 있는〉 현재 상태는 환각적인 묘사인데, 나는 이것을 꿈 작업의 〈퇴행〉이라고 부른다. 그러니까 사고에서 지각의 표상 단계로 돌아가거나, 아니면 아직 우리가 알지 못하는, 혹은 해부학적으로 설명할 수 없는 정신적 기관들의 위치론과 관련해서 말하자면 사고 형성의 영역에서 감각 지각의 영역으로 거꾸로 돌아가는 것이다. 복잡한 정신적 발전 방향과는 정반대로 움직이는 이 과정을 통해 꿈 사고는 감각적으로 명확하게 인식할 수 있는 그림을 얻게 되고, 그러다 마침내 조형적인 상황이 외현적 〈꿈 그림〉의 핵심으로 나타난다. 꿈 사고가 이런 감각적 표현에 이르려면 개입을 통해 그 표현이 변형되어야 한다. 그런데 사고가 감각적 그림으로 변하는 동안에는 그 사고에 또 다른 변화가 나타난다. 그중에는 필연적인 것으로 이해되는 것도 있고, 의외의 것으로 여겨지는 것도 있다. 외현적 꿈에서 사고 내의 거의 모든 관련들이 사라지는 것은 퇴행의 필연적인 부차적 작용으로 이해된다. 다시 말해 꿈 작업은 표현을 위해 표상들의 원재료만 넘겨받을 뿐 표상들 상호 간의 사고 관계까지 넘겨받지는 않고, 최소한 그것을 도외시할 자유를 누린다. 그런데 꿈 작업에는 감각적 그림으로의 퇴행적 변화에서 도출해 낼 수 없는 부분도 있는데, 그것이 바로 농담 형성과의 유사성에서 중요한 의미를 차지한다. 꿈 사고의 재료는 꿈 작업 동안 아주 특별한 농축 또는 〈압축〉을 경험한다. 압축의 출발점은 꿈 사고 안에서 우연히, 또는 내용에 맞게 생긴 공통점이다. 그런데 이것만으로는 풍부한 압축을 만들기엔 충분치 않기에 꿈 작업에서는 인위적이고 순간적인 공통점들이 새로 만들어지고, 이 목적을 위해 소리에서 여러 의미가 겹치는 단어들이 선호된다. 새로 만들어진 압축의 공통점은 마치 꿈 사고의 대표자처럼 외현적 꿈 내용으로 스며든다. 그래서 꿈의 한 요소는 꿈 사고와의 연결점이자 교차점에 해당하고, 꿈 사고와 관련해서 일반적으로 〈중층 결정〉[1]이라고 부를 수 있다. 압축은 꿈 작업에서 아주 쉽게 확인되는 부분이고, 꿈 압축의 풍성함을 확인하기 위해선 분석을 통해 얻어진 꿈 사고의 표현과 꿈속에 나오는 말을 비교하는 것으로 충분하다.

꿈 작업을 통해 꿈 사고에 가해지는 두 번째 큰 변화, 즉 내가 〈꿈 전이〉라고 불렀던 것을 납득하기란 쉽지 않다. 꿈 전이의 표출 방식은 이렇다. 꿈 사고에서는 주변부에 머물고 부차적이었던 것이 외현적 꿈에서는 중심에 서고 상당히 감각적으로 등장한다는 것이다. 물론 거꾸로도 나타날 수 있다. 어쨌든 이를 통해 꿈은 꿈 사고와 반대 방향으로 움직이는 듯하고, 바로 이러한 전이를 통해 꿈은 깨어 있을 때의 정신생활에 낯설고 이해할 수 없는 것으로 나타난다. 이러한 전이가 가능하려면 투입 에너지가 아무 방해 없이 중요한 표상들에서 중요하지 않은 표상들로 넘어가야

---

1 무의식의 형성물이 하나의 원인이 아닌 다수의 요인과 원인으로 중첩 결정되어 있다는 것을 의미한다.

하는데, 이런 이행은 의식 가능한 일반적인 사고에서는 〈사고 오류〉의 인상을 불러일으킬 수 있다.

표현 가능한 것으로의 전환, 압축, 전이는 꿈 작업의 세 가지 중요한 기능이다. 『꿈의 해석』에서는 어쩌면 너무 등한시했던 네 번째 기능은 여기선 우리의 목적에 맞지 않는다. 꿈 작업의 이러한 가설에는 〈정신적 기관의 위치론〉과 〈퇴행〉이라는 개념이 중요할 텐데, 이 개념의 일관적인 상술을 통해 우리는 꿈 사고의 다양한 전환이 퇴행의 어떤 단계들에서 이루어지고 있는지 규명해야 한다. 이런 노력은 아직 진지하게 시도된 적이 없지만, 최소한 전이에 대해서는 분명하게 말할 수 있는 것이 있다. 전이는 무의식 과정들의 단계에서 진행되지만, 사고의 재료로 이루어지는 것이 분명하다는 것이다. 우리는 압축을 지각 영역에까지 이르는 전체 진행 상태에 걸친 과정으로 이해해야 하지만, 일반적으로 꿈 형성에 참여하는 모든 힘들의 동시적인 작용을 전제하는 것으로 만족해야 할 것이다. 나는 이런 문제들을 다룰 때 마땅히 지켜야 할 신중함과 이런 문제 제기에 대한, 여기선 논의되기 어려운 원칙적인 의구심을 고려하더라도 다음의 견해를 과감하게 피력하고 싶다. 꿈을 준비하는 꿈 작업의 과정은 무의식의 영역으로 옮겨져야 한다고. 그렇다면 꿈 형성은 거칠게 분류해서 전체적으로 세 단계로 구분된다. 첫째, 전의식적 낮의 잔재가 무의식으로 옮겨 가는 단계. 이 단계에서는 수면 상태의 조건들이 함께 작용한다. 둘째, 무의식 안에서 진행되는 본래적인 꿈 작업. 셋째, 이렇게 가공된 꿈 재료가 지각으로 퇴행하는 단계. 꿈은 이런 지각으로 의식된다.

꿈 형성에 관여하는 힘으로는 다음의 것들이 있다. 잠들려는 소망, 수면 상태에 따라 그 양이 떨어지기는 하지만 이후에도 여전히 낮의 잔재 속에 남아 있는 집중 에너지, 꿈을 형성하는 무의식적 소망의 정신적 에너지, 깨어 있을 때의 삶에 만연하지만 수면 중에도 완전히 없어지지 않는 〈검열〉의 반발력이 그것이다. 꿈 형성은 무엇보다 검열의 억압을 극복하는 것이 주요 과제인데, 이 과제는 꿈 사고를 이루는 재료 내부의 정신적 에너지를 전이함으로써 해결된다.

이제 농담 연구에서 꿈을 떠올리게 된 계기가 무엇이었는지 상기해 보자. 우리는 농담의 성격과 효과가 특정한 표현 형식, 즉 기술적 수단과 결부되어 있으며, 그중에서 다양한 종류의 압축과 전이, 간접 묘사가 가장 두드러진 기술임을 알아냈다. 그런데 압축과 전이, 간접 묘사라는 동일한 결과에 이르는 과정들이 꿈 작업의 특성이라는 점도 우리는 이미 알고 있다. 이러한 일치를 고려하면, 농담 작업과 꿈 작업이 최소한 본질적인 한 가지 점에서는 동일한 게 틀림없다는 추론이 가능하지 않을까? 꿈 작업에서는 가장 중요한 특징이 우리 눈앞에 베일을 벗은 채 나타나지만, 농담의 정신적 과정에서는 꿈 작업과 비교될 수 있는 바로 그 부분, 즉 농담하는 사람의 농담 만드는 과정이 은폐되어 있다. 그렇다면 꿈 형성과의 유사성에 기대어 이 과정을 유추해서는 안 되는 것일까? 물론 꿈의 몇 가지 특징은 농담에 아주 생소해서 그에 해당하는 꿈 작업을 농담 형성에 적용해서는 안 된다. 예를 들어 사고 과정이 지각으로 퇴행하는 일은 농담에서는 분명 일어나지 않는다. 다만 꿈 형성의 다른 두 단계, 즉 전의식적 사고가 무의식으로 가라앉는 단계와 무의식 속에서의 가공 단계는, 우리가 그것을 농담 형성의 전제로 본다면, 농담에서 관찰할 수 있는 동일한 결과를 제공할 것이다. 그렇다면 이것이 농담하는 사람의 농담 만드는 과정이라는 가정을 받아들이도록 하자. 즉 〈전의식적 사고는 일순간 무의식적 가공에 맡겨지고, 그 결과는 곧 의식적 지각에 포착된다는 것이다).

그런데 이 주장을 세부적으로 검토하기 전에 우리의 전제에 위협이 될 수 있는 반론을 떠올려 보자. 우선 우리는 농담 기술이 꿈 작업의 특성으로 알려진 것과 동일한 과정이라는 데서 출발했다. 이 지점에서 쉽게 반박이 떠오른다. 꿈 작업에 대한 이전의 지식이 농담 기술에 대한 우리의 이해에 영향을 주지 않았다면, 그래서 우리가 기본적으로 꿈에서부터 농담으로 접근했던 기대만 농담에서 확인하는 데 그쳤다면 농담 기술을 압축이나 전이와 같은 것들로 설명하지는 못했을 것이고, 농담과 꿈의 표현 방식에서 그런 광범한 일치점에 이르지는 못했을 거라고 말이다. 물론 일치점에 대한 이런 식의 기원이 우리의 선입견 외부에 있다는 것에 대한 확실한 보증이 되지는 못한다. 거기다 실제로 다른 어떤 연구자들도 압축과 전이, 간접 묘사의 관점을 농담의 표현 형식으로 인정하지도 않았다. 따라서 이것은 가능한 반박이다. 하지만 그렇다고 아직 근거가 있는 것은 아니다. 꿈 작업과 농담 작업의 실질적인 일치점을 확인하려면 꿈 작업에 대한 지식으로 우리 견해를 더욱 가다듬는 것이 필요하다는 것도 마찬가지일 수 있다. 결정은 다음에 달려 있다. 즉 비판적 검증이 농담 기술의 그런 견해를 개별 사례들을 통해 억지로 짜맞춰진 것으로 증명할 수 있느냐, 그러니까 그 견해 때문에 좀 더 설득력 있고 심층적인 다른 견해들이 억압된 것은 아닌지 증명할 수 있느냐, 아니면 꿈에서 기대했던 것이 실제로 농담에서도 확증될 수 있다는 것을 비판적 검증이 인정하느냐에 달려 있는 것이다. 나는 그러한 비판을 두려워할 필요가 없고, 앞서 살펴본 환원 절차를 통해 농담 기술이 어떤 표현 형식에서 발견되어야 하는지 충분히 설득력 있게 보여 주었다고 생각한다. 또한 그 기술들에 농담 기술과 꿈 작업 간의 일치점을 미리 보여 주는 딱 맞는 이름이 붙여졌다고 생각한다. 그러니까 그것은 쉽게 정당화할 수 있는 단순화에 다름 아니다.

또 다른 반론은 우리의 작업에 심각한 타격을 주지는 않지만, 그렇다고 철저하게 반박하기는 어려워 보인다. 즉 우리의 목적에 부합하는 이 농담 기술들은 충분히 인정할 만한 것이기는 하지만, 실제로 사용되거나 가능한 기술의 전부는 아니라는 것이다. 또한 우리가 표본적인 꿈 작업의 영향으로 인해 단지 그에 맞는 농담 기술만 골라냈고, 우리가 간과한 다른 기술들에선 그 일치가 보편적인 것으로 입증되지 않을 수도 있다는 것이다. 사실 나는 농담 기술과 관련해서 세상에 나도는 모든 농담을 해명했다고 주장할 수는 없고, 그래서 내가 열거한 농담 기술의 목록 중에는 일부 공백이 있을 가능성도 열어 둔다. 하지만 내가 분명히 확인했음에도 의도적으로 논의에서 제외한 기술은 전혀 없을 뿐 아니라 가장 흔하고 가장 중요하고 가장 특징적인 농담 기술들은 어느 것 하나 빠뜨리지 않았다고 장담할 수 있다.

농담에는 또 다른 성격이 하나 있다. 그것도 꿈에서 유래한 농담 작업에 관한 우리의 견해에 딱 맞아떨어지는 성격이다. 우리는 보통 농담을 〈만든다〉고 말하지만, 농담을 만들 때 우리가 느끼는 것은 무언가를 판단하거나 반박할 때와는 다르다. 농담에는 의도치 않은 〈착상〉의 성격이 아주 탁월한 방식으로 장착되어 있는 것이다. 우리가 어떤 농담을 하게 될지는 그것에 언어의 옷을 입히기 전에는 알 수 없다. 처음엔 그저 무언가 정의 내릴 수 없는 것, 그러니까 내가 지적인 긴장의 부재, 또는 갑작스러운 방치에 비견하고 싶은 것만 느낀다. 그러다 갑자기 농담이 튀어나온다. 그것도 순식간에 언어의 옷을 입은 채로. 농담 수단 중에는 농담

말고 다른 영역에서도 생각을 표현하는 데 사용되는 것들이 더러 있다. 비유나 암시 같은 것이 그렇다. 나는 의도적으로 암시를 만들 수 있다. 그때 내 생각을 직접적으로 표현하려는 생각이 먼저 떠오르지만, 상황에 따른 우려 때문에 주저하면서 직접적인 표현을 간접적인 표현으로 대체하기로 마음먹고 암시를 만들어 낸다. 하지만 그렇게 지속적인 통제 속에 생겨난 암시는 제아무리 유용하더라도 재미있지는 않다. 그에 반해 농담의 암시는 사고 속에서 그런 준비 과정을 거치지 않는 듯하다. 물론 나는 이런 방식에 너무 많은 가치를 부여하고 싶은 생각이 없다. 결정적인 요소로 보이지는 않기 때문이다. 다만 그것은 농담 생산 과정에서 잠깐 동안 사고 과정이 멈추고, 그다음 갑자기 무의식에서 농담이 튀어나온다는 우리의 가정에 잘 들어맞는다. 농담은 연상 면에서도 독특한 행동 양식을 보여 준다. 원할 때는 잘 떠오르지 않다가도 어느 순간에 원하지 않아도 불쑥 떠오르는 것이다. 그것도 우리가 연관성을 알지 못하는 사고 과정의 몇몇 지점들에서 말이다. 이것은 사소한 특징일 뿐이지만, 어쨌든 농담의 뿌리가 무의식이라는 점을 시사한다.

이제는 무의식 속에서 농담의 생성과 관련된 농담의 특징을 모아 보자. 무엇보다 농담 특유의 간결성을 꼽을 수 있다. 이것은 필수 불가결한 것은 아니지만 농담의 두드러진 특징 중 하나다. 처음 접했을 때 우리는 간결성을 절약하는 경향의 표현으로 보려고 했지만, 설득력 있는 반박 때문에 그 견해를 폐기했다. 그런데 지금은 오히려 간결성이 농담의 사고에서 일어난 무의식적 가공의 징표처럼 느껴진다. 꿈에서 농담의 간결성에 상응하는 것은 압축인데, 우리는 이것을 무의식 속에 자리하고 있다는 사실하고만 연결시킬 수 있고, 전의식에는 없는 압축 조건들이 무의식적인 사고 과정에는 주어져 있다고 가정해야 한다.[2] 압축 과정에서는 그 목적을 위해 일부 요소가 상실되는 반면에 그렇게 상실된 요소들의 에너지를 넘겨받은 다른 요소들은 압축으로 보강되거나 과도하게 강화된다고 예측할 수 있다. 따라서 농담의 간결성은 꿈의 간결성과 마찬가지로 압축의 필연적인 부수 현상으로 보인다. 그러니까 둘 다 압축 과정의 결과물인 것이다. 농담의 간결성이, 그 이유는 자세히 설명할 수 없지만 우리의 감각에 특별히 눈에 띄는 것도 바로 그런 기원 때문이다.

앞서 우리는 압축의 한 가지 결과와 동일한 소재의 반복 사용, 언어유희, 동일한 소리를 국부적 절약으로 이해했고, (악의 없는) 농담에서 생성되는 즐거움을 그런 절약에서 도출해 냈다. 그러다 나중에는 농담의 본래 의도가 말에서 즐거움을 만들어 내는 데 있다는 것을 알게 되었다. 유희의 단계에서는 허용되었지만 지적 발달 과정에서 이성적 비판을 통해 억제된 그런 즐거움이다. 이제 우리는 농담 기술로 사용되는 그런 압축이 특별한 목적 없이 무의식의 사고 과정에서 자동으로 생겨난다고 가정하기로 마음 먹었다. 그렇다면 여기엔 동일한 사실에 대해 서로 합치될 수 없는 상이한 두 가지 견해가 양립하고 있는 건 아닐까? 나는 그렇지 않다고 생각한다. 물론 그것들은 상이한 두 견해로서 서로 일치시킬 필요는 있지만, 모순되지는 않는다. 다만 하나가 다른 것에 낯설게 비칠 뿐이다. 만일 이 둘의 관련성을 찾아낼 수만 있다면 우리의 인식은 한 단계 더 도약할 것이다. 이런 압축이 즐거움의

2 나는 일반적이고 의미심장한 과정으로서의 압축을 꿈 작업과 농담 기술 외에 다른 정신적 사건에서도 증명할 수 있었다. 특별히 의도하지 않은 정상적인 〈망각〉의 메커니즘이 그것이다. 특별한 인상은 잊기가 퍽 어렵다. 다만 그것들 사이의 공통적인 것들부터 압축되기 시작하면서 잊힌다. 유사한 인상들을 혼동하는 것은 망각의 예비 단계 중 하나다. 『일상생활의 정신병리학』 참조 — 원주.

원천이라는 사실은 무의식 내부에 압축의 좋은 발생 조건이 있다는 전제와 잘 맞아떨어진다. 반대로 우리는 무의식 속으로 들어가는 동기를, 농담에 즐거움을 가져다주는 압축이 무의식 속에서 쉽게 일어난다는 점에서 찾는다. 처음에는 서로 무척 낯설어 보이고, 원치 않은 우연으로 만나는 것처럼 보이는 상이한 두 요소도 자세히 들여다보면 서로 긴밀하게 연결되어 있고 본질적으로 동일한 것일 수 있다.

두 견해에 대한 내 생각은 이렇다. 농담이 한편으론 어린아이의 놀이 단계, 즉 이성의 유아기 단계에서 그런 즐거움을 안겨 주는 압축을 만들어 낼 수 있다면, 다른 한편으론 이성이 한층 성장한 단계에서도 사고가 무의식 속으로 침잠함으로써 동일한 성과를 달성할 수 있다는 것이다. 그러니까 무의식의 원천은 소아기적인 것이고, 무의식적 사고 과정은 아주 어릴 때 만들어진 사고 과정에 지나지 않는다. 농담을 생성하기 위해 무의식 속으로 침잠한 사고는 거기서 과거 언어유희의 고향을 방문한다. 사고는 어릴 때 누렸던 즐거움의 원천을 다시 맛보려고 잠시 소아기 단계로 되돌아간다. 아마 우리가 신경증 심리학 연구를 통해 그런 것을 알지 못했다면 농담에서 특별한 무의식적 가공을 사고 작업의 소아기적 유형으로만 생각했을 것이다. 성인의 무의식 속에 여전히 그 특성이 남아 있는 소아기적 사고를 어린아이에게서 다시 알아보는 것은 쉬운 일이 아니다. 소아기의 사고는 대개 〈발생 상태에서〉 이미 교정 과정을 거치기 때문이다. 하지만 일련의 사례들에서는 그것을 확인하는 것이 가능하고, 우리는 그때마다 〈어린아이 같은 어리석음〉에 웃음을 터뜨린다. 그런 무의식적인 것의 발견이 우리에게 〈희극적〉인 감정을 불러일으키기 때문이다.[3]

3 내게서 정신분석 치료를 받은 많은 신경증 환자들은 내가 그들의 의식적 지각

이런 무의식적 사고 과정의 특징은 여러 정신적 장애를 겪는 환자들의 말에서 좀 더 쉽게 포착된다. 그리징거W. Griesinger의 추측대로,[4] 우리가 정신병자들의 횡설수설에 대해 의식적 사고의 틀을 적용하지 않고 꿈의 경우처럼 특별한 해석 기술로 다룬다면 그런 착란적인 말들도 충분히 이해하고 하나의 정보로 활용할 수 있을 것으로 보인다.[5] 실제로 우리는 꿈에 대해서도 〈정신생활의 태아 상태로의 회귀〉[6]를 확인한 바 있다.

우리는 압축 과정을 통해 농담과 꿈의 유사성이 어떤 의미가 있는지 충분히 논의했다고 믿기에 이제 간단히 요약해 보도록 하자. 우리는 꿈 작업에서의 전이가 의식적 사고의 검열이 영향을 미친 결과임을 알게 되었고, 그래서 농담 기술의 하나로서 전이를 만나게 되면 농담 형성에도 억제하는 힘이 작용하고 있다고 가정하고 싶다. 이것은 이미 알려진 일반적인 사실이기도 하다. 말도 안 되는 것과 말을 갖고 노는 것에서 얻은 어릴 적 즐거움을 다시 느끼려는 농담의 노력은 정상적인 분위기에서는 비판적 이성의 반발로 억제되고, 그러한 억제는 개별 사례별로 극복되어야 한다. 그런데 농담 작업이 이 과제를 해결하는 방식에서 농담과 꿈의 선명한 차이가 드러난다. 꿈 작업은 대체로 전이를 통해 이 과제를 해결한다. 다시 말해서 검열을 통과하기 위해 반발이 예

속에 숨겨진 무의식을 충실히 보여 주는 데 성공했다는 것을 대체로 웃음으로 증명해 주곤 한다. 또한 그렇게 드러난 내용이 그들의 생각과 맞지 않을 때도 웃음을 터뜨린다. 물론 그에 대한 조건이 있다. 의사가 그런 무의식적인 것을 짐작하고 보여 줄 때 그들도 그것의 진위를 파악할 수 있을 만큼 충분히 그러한 무의식에 접근해 있어야 한다는 것이다 — 원주.

4 그리징거는 꿈과 정신병에 욕구 충족의 특징이 있다고 주장한다. 그의 책 『정신병의 병리학과 치료Pathologie und Therapie der psychischen Krankheiten』(1845) 참조.

5 이때 정신병에서도 여전히 효력을 발휘하는 검열로 인한 왜곡을 고려해야 한다는 사실을 잊어서는 안 된다 — 원주.

6 『꿈의 해석』 참조 — 원주.

상되는 표상과 동떨어진, 하지만 그 정신적인 에너지를 고스란히 넘겨받은 후예로서의 표상을 고름으로써 과제를 해결하는 것이다. 때문에 전이는 어떤 꿈에나 빠지는 법이 없고, 그만큼 훨씬 더 포괄적이다. 사고 과정에서 관심을 돌리게 하는 방식뿐 아니라 간접 묘사의 모든 유형도 전이로 분류될 수 있다. 특히 중요하지만 감정에 거슬리는 요소를 중립적이면서 머나먼 암시처럼 검열에서 문제시되지 않을 요소로 대체하는 방식, 즉 상징이나 비유, 사소한 것으로의 대체도 전이에 속한다. 이러한 간접 묘사의 일부, 예를 들어 상징적 표현이나 비유적 표현이 이미 전의식적 꿈 사고에서 만들어진다는 것은 부인할 수 없어 보인다. 그렇지 않다면 사고가 전의식적 표현 단계에 이르지 못할 것이기 때문이다. 원래 대상과의 관계가 쉽게 드러나는 이런 종류의 간접 묘사와 암시는 우리의 의식적 사고에서도 허용되고 자주 사용되는 표현 수단이다. 그런데 꿈 작업은 간접 묘사라는 수단을 거의 무한대로 사용한다. 검열의 압력 아래에서는 어떤 연관성도 암시를 통한 대체로 충분하고, 한 요소로부터의 전이는 다른 모든 요소로도 허용된다. 특히 눈에 띄고 꿈 작업에 특징적인 방식은 내적 연상(유사성, 인과관계 등)을 이른바 외적 연상(동시성, 공간 상관성, 동음)으로 대체하는 것이다.

이러한 모든 전이 수단들은 농담 기술에도 나타나지만, 그럴 경우 대개 의식적 사고가 그 사용에 일정 정도 제약을 가한다. 게다가 농담 역시 대체로 억제를 해소해야 할 과제를 갖고 있음에도 전이 수단이 아예 나타나지 않을 수도 있다. 농담에는 일반적으로 억제를 극복하는 다른 기술들이 존재한다는 점, 그러니까 그런 기술들만큼 농담에 특징적인 것은 없다는 점을 상기하면 농담 작업에서 전이가 그처럼 크게 부각되지 않는 이유를 이해할 수 있다. 말하자면 농담은 꿈과 달리 타협을 모른다. 억제를 피하는 것이 아니라 말이나 난센스와의 유희를 변함없이 고수하고, 그러면서도 이 유희나 난센스가 언어의 중의성과 사고 연관의 다양성 덕분에 허용되거나(익살) 재치 있게(농담) 나타날 수 있는 경우들만 한정해서 선택한다.

이런 이중성과 표리부동함만큼 농담을 다른 모든 정신적 형상물과 분명하게 구분해 주는 것은 없다. 다른 연구자들도 최소한 이런 측면에서는 〈무의미 속의 의미〉의 강조를 통해 농담의 인식에 가장 가까이 접근했다.

억제의 극복을 위한 농담 특유의 이 기술이 예외 없이 우세할 경우 개별 사례에서 전이 기술을 사용하는 것이 쓸모없다고 생각할 수도 있다. 그러나 한편으론 이 기술의 특정한 유형, 예를 들어 난센스의 성격과 궤를 같이하는 원래의 전이(논점 회피)는 농담의 목표이자 즐거움의 원천으로서 여전히 소중하고, 다른 한편으로 우리는 농담의 가장 높은 단계인 경향성 농담이 두 가지 억제, 즉 자기 자신과 농담의 의도를 가로막는 억제를 극복해야 할 때가 많고, 암시와 전이가 후자의 억제를 극복하는 과제를 가능하게 한다는 사실을 잊어서는 안 된다.

꿈 작업에서 간접 묘사와 전이, 특히 암시를 다양한 방식으로 무절제하게 사용하다 보면 그 파장이 없을 수 없다. 내가 이 파장을 언급하는 것은 그 자체의 중요성 때문이 아니라 그로 인해 내가 농담 문제를 본격적으로 연구하게 되었기 때문이다. 우리 분야를 잘 모르거나 익숙하지 않은 사람들에게 꿈의 분석을 이야기해 주면, 그러니까 깨어 있을 때의 사고에는 탐탁지 않고 이상하지만 꿈이 이용할 수밖에 없는 전이와 암시들로 묘사된 꿈을 분석해 주면 그들은 약간 불편한 기색을 보이면서도 그런 해석들이

〈재미있다〉고 말한다. 하지만 속으로는 그 해석들을 성공적인 농담으로 여기는 것이 아니라 농담의 규칙을 위반한 강요된 농담으로 여기는 것이 분명해 보였다. 그들이 그렇게 느끼는 이유를 이제는 쉽게 말할 수 있다. 꿈 작업이 농담과 동일한 수단을 사용하고 있기는 하지만, 농담에서는 엄수되는 경계를 넘어 그 수단들이 사용되고 있었기 때문이다. 그 밖에 농담이 제삼자의 역할로 인해 꿈에는 없는 한 가지 특정한 조건에 구속되어 있다는 사실도 곧 알게 될 것이다.

농담과 꿈의 공통적인 기술 중에서 반대를 통한 표현과 난센스의 사용에 대해서는 어느 정도 관심이 필요하다. 반대를 통한 표현은 특히 〈역설적 강조의 농담〉에서 엿볼 수 있듯이 기술적 측면에서 굉장히 강력한 수단이다. 게다가 대부분의 다른 농담 기술들처럼 의식의 주의력에서 벗어날 수 없다. 농담 작업의 메커니즘을 가능한 한 의도적으로 실행하려는 사람들, 즉 습관적인 농담꾼들은 어떤 주장을 농담으로 가장 손쉽게 받아치는 방법이 그 주장을 거꾸로 뒤집은 다음 순간적인 착상에다, 그 반대에 대한 반박을 새로운 해석으로 제거하는 과제를 맡기는 것이라는 사실을 재빨리 깨닫곤 한다. 어쩌면 반대를 통한 표현이 그렇게 선호되는 이유는, 그것이 즐거움을 선사하는 사고의 다른 표현 방식, 즉 그것을 이해하기 위해 무의식을 동원할 필요가 없는 다른 표현 방식의 핵심이기 때문일지 모른다. 여기서 그 다른 표현 방식은 바로 농담과 아주 유사하고 희극의 아종에 속하는 〈반어 *Ironie*〉다. 반어의 본질은 타인에게 전달하려는 것과 반대되는 것을 말하지만, 어조와 수반된 몸짓, 그리고 글로 표현할 경우 문체상의 작은 특징을 통해 자신이 원래는 반대되는 것을 말하려고 함을 드러냄으로써 타인에게 반박할 여지를 주지 않는다는 데 있다.

반어는 상대가 반대되는 말을 들을 준비가 되어 있고, 그래서 그에 대해 반론을 제기하고 싶은 충동이 있을 경우에만 사용 가능하다. 이러한 제약 때문에 반어는 이해되지 못할 위험에 쉽게 노출된다. 반어의 이점은 인신공격처럼 직접적으로 표현하기 어려운 상황을 우회하도록 한다는 데 있다. 게다가 반어는 듣는 사람에게 반론을 제기하고픈 마음이 들게 하면서도 그와 동시에 그게 쓸데없는 짓이라는 걸 바로 깨닫게 함으로써 듣는 사람에게 희극적인 즐거움을 안겨 준다. 이처럼 농담을 그와 가장 유사해 보이는 희극적인 장르와 비교해 보면, 아마 희극과도 구분되는 농담 특유의 성격이 바로 무의식과의 관계라는 가정은 더욱 힘을 얻을 듯하다.[7]

꿈 작업에서는 반대를 통한 표현이 농담에서보다 훨씬 더 중요한 역할을 한다. 꿈은 대립되는 두 대상을 하나의 혼합물로 표현하는 것만 좋아하는 것이 아니라, 이후의 해석에 큰 지장을 초래할 정도로 꿈 사고 속의 한 대상을 반대되는 것으로 바꿀 때도 많다. 〈우리는 반대를 표현할 능력이 있는 어떤 요소가 꿈 사고에서 긍정적인 뜻으로 작용했는지, 아니면 부정적인 뜻으로 작용했는지 처음에는 전혀 알지 못한다.〉[8]

나는 이런 사실이 아직 사람들에게 이해받지 못하고 있음을 강조할 수밖에 없다. 하지만 이 사실은 〈판단 과정〉과 유사한 과정이 결여된 무의식적 사고의 중요한 특징을 암시하는 듯하다. 무의식에서는 판단 포기의 자리에 〈억압〉이 발견된다. 억압은 반사적 방어기제와 판단 포기의 중간 단계라고 표현하는 것이 옳을

---

7 〈무미건조〉라는 말로 표현되는 희극의 특색도 말과 수반된 몸짓(매우 광범한 의미의 몸짓)의 분리에 뿌리를 두고 있다 — 원주.
8 『꿈의 해석』 여섯 번째 장 참조 — 원주.

듯하다.[9]

꿈에 자주 나타나고, 그래서 꿈에 대한 정말 부당한 경멸적인 평가에 일조하는 황당한 난센스는 결코 뒤죽박죽으로 섞인 관념들에서 생겨나는 것이 아니라 꿈 작업에 의해 의도적으로 허용된 것이고(이건 언제든 증명될 수 있다), 꿈 사고 속에서 가차 없이 비판하고 경멸적으로 반박하는 데 사용된다. 그러니까 꿈 내용의 황당함은 〈이것이 난센스〉라고 하는 판단을 꿈 사고 속에서 대체하고 있는 것이다. 나는 『꿈의 해석』에서 이것을 증명하는 데 많은 공을 들였다. 무의식을 이해하는 데 걸림돌이 되는 잘못된 생각, 즉 꿈은 결코 정신적 현상이 될 수 없다고 하는 오류를 이런 식으로 설득력 있게 퇴치할 수 있을 거라고 믿었기 때문이다. 우리는 앞서 몇몇 경향성 농담을 분석함으로써 농담 속의 난센스가 표현의 동일한 목적을 위해 사용된다는 것을 알게 되었다. 또한 농담의 표면적인 난센스가 청자의 정신적 비용을 증가시키고, 그로써 웃음으로 배출될 자유로운 에너지의 양을 높여 주는 데 적합하다는 것도 알고 있다. 게다가 우리는 농담의 난센스가 자기 목적적이라는 사실도 잊어서는 안 된다. 난센스에서 얻었던 과거의 즐거움을 다시 얻으려는 의도가 농담 작업의 동기에 속하기 때문이다. 난센스를 다시 얻고 거기서 쾌락을 끌어내려는 다른 방법들도 있다. 캐리커처, 과장, 패러디, 트라베스티[10]가 그런 방

9 정말 주목할 만한 가치가 있음에도 여전히 충분한 인정을 받지 못하는 무의식 속의 대립 관계는 신경증 환자와 정신병자의 〈거부증Negativismus〉을 이해하는 데 도움이 될 것이다. 이와 관련해서는 다음 두 논문을 참조하기 바란다. 블로일러E. Bleuler, 「부정적 암시 민감성Die negative Suggestibilität」(1904); 오토 그로스Otto Groß, 「거부증적 현상의 미시적 분석Zur Differentialdiagnostik negativistischer Phänomene」(1904). 그 외 다음의 내 논문도 참조하기 바란다. 「원초적 언어의 반대 의미에 관하여Über den Gegensinn der Urworte」(1910) — 원주.

10 Travestie. 패러디의 반대 개념으로, 내용은 그대로 두고 형식만 바꾸어 익살스럽게 표현하는 기법.

법을 사용해서 〈희극적 난센스〉를 만들어 낸다. 이런 표현 형식들을 농담과 비슷한 방식으로 분석해 보면 이것들 모두 우리가 말하는 무의식적 과정을 설명으로 끌어들일 이유는 없다는 사실이 밝혀진다. 이제 우리는 왜 재치 있는 농담의 성격이 캐리커처나 과장, 패러디에 부가물로 추가될 수 있는지도 이해할 수 있다. 그것을 가능하게 해주는 것은 바로 〈정신적 무대der psychische Schauplatz〉[11]의 다양성이다.

농담과 밀접하게 결부된 기술들이 농담의 독점적 자산이 아니라는 점이 밝혀진 뒤로 농담 작업이 무의식의 체계 안에서 이루어진다는 사실은 이전보다 훨씬 더 소중한 의미를 띠게 되었다. 우리가 농담 기술을 처음 연구할 때 당분간 미루어 두어야 했던 여러 의문들은 이제 쉽게 해소된다. 그런 만큼이나 다음의 의구심은 더더욱 우리의 관심을 끈다. 즉 우리는 농담과 무의식의 부인할 수 없는 관계를 농담의 모든 종류와 발전 단계로 확장할 준비가 되어 있지만, 실은 그 관계가 경향성 농담의 특정 범주에만 해당하는 것이 아니냐는 것이다. 우리는 이러한 의구심의 검증 작업을 회피해서는 안 된다.

무의식적 의도나 무의식으로 강화된 의도에서 생성된 농담의 경우, 그러니까 대다수 〈냉소적〉 농담들의 경우는 농담이 무의식 속에서 만들어진다는 것에 대한 확실한 사례로 받아들여도 무방하다. 이런 농담들에서는 무의식적 의도가 전의식적 생각을 무의식으로 끌어내려 그 속에서 변형시킨다. 이는 신경증 심리학 연구를 통해 수많은 유사 사례들에서 증명된 과정이기도 하다. 그런데 다른 종류의 경향성 농담이나 악의 없는 농담, 익살의 경우

11 페히너가 사용한 이 표현은 내 견해에도 상당히 중요한 의미를 띠고 있다 — 원주.

는 그렇게 무의식으로 끌어내리는 힘이 존재하지 않기에 농담과 무의식의 관계는 의문시된다.

이제 사고 과정들의 관련성 속에서 나타나는, 그 자체로 가치가 없지는 않은 한 사고의 농담적 표현 사례를 주목해 보자. 이 사고가 농담이 되려면 여러 가능한 표현 형식들 중에서 언어적 즐거움을 가져다주는 형식을 골라야 하는 건 틀림없다. 우리는 자기 관찰을 통해 그런 선택이 의식적 주의력에 의해 이루어지는 것이 아님을 안다. 하지만 전의식적 사고에 투입된 에너지가 무의식적 사고로 향하면 분명 그 선택에 도움이 될 것이다. 왜냐하면 우리가 꿈 작업에서 확인한 것처럼, 무의식의 영역에서는 언어에서 출발한 연결 과정들이 대상 연결과 비슷한 형태로 다루어지기 때문이다. 무의식적 집중은 표현을 선택하는 데 유리한 조건을 제공한다. 더구나 우리는 언어적 즐거움의 획득 가능성을 담은 그 표현이 무의식적 의도가 그랬던 것과 비슷한 방식으로, 아직 확정되지 않은 전의식적 사고 표면에 대해 끌어내리는 작용을 한다고 즉각 가정할 수 있다. 조금 단순한 익살의 경우엔, 언제든 언어적 즐거움을 얻을 기회만 노리는 의도가 이미 우리에게 알려져 있는 도식에 따라 에너지 집중 과정을 재차 무의식으로 끌어내리기 위해 방금 전의식 속에 주어진 계기를 이용한다고 생각해도 된다. 나는 농담에 관한 나의 견해에서 이 결정적인 부분을 더욱 명확히 밝히고, 좀 더 설득력 있는 논증으로 보강할 수 있으면 정말 좋겠다는 생각을 한다. 그런데 여기서 실제로 문제 되는 것은 이중의 실패가 아니라 하나의 동일한 실패다. 다만 나는 이것을 좀 더 명확히 설명할 수가 없다. 내 견해를 뒷받침해 줄 또 다른 증거가 없기 때문이다. 이 견해는 농담 기술의 연구와 꿈 작업과의 비교에서 나왔다. 그것도 한 측면만의 비교를 통해서 말이다. 어쨌든 나는 그런 연구와 비교를 통해 내 견해가 전체적으로 농담의 특성에 탁월하게 맞아떨어진다고 생각했다. 물론 내 견해는 지금으로선 추론일 뿐이다. 이런 추론이 우리에게 이미 알려져 있는 영역이 아닌 새롭고 낯선 사고 영역에 이를 때 우린 그것을 〈가설〉이라 부르고, 그런 추론을 이끌어 낸 재료와 가설 간의 관계를 〈증명〉으로 인정하지 않는다. 우리가 다른 방식으로도 그 가설에 이를 수 있고, 또 그것이 다른 관련성들의 교차점으로 확인될 때에만 그 가설은 〈증명된 것〉으로 인정받을 수 있다. 그러나 이제 겨우 시작된 무의식에 대한 우리의 지식수준에서는 그런 증명을 끄집어낼 수 없다. 그렇다면 우리는 여태껏 밟아 보지 못한 땅 위에 서 있다는 인식 아래, 관찰자의 입장에서 헤아릴 수 없는 미지의 세계로 이제 겨우 불안스레 한 걸음을 뗐다는 것으로 만족하자.

토대가 이렇기에 우리는 그 위에 많은 것을 쌓아 올리지는 못할 것이다. 다만 농담의 다양한 단계들을 그에 유리한 정신적인 소인들과 관련 지어 보면 이렇게 말할 수 있다. 〈익살〉은 정신적 에너지의 집중을 낮추는 성향이 고유한 특징처럼 보이는 명랑한 분위기에서 나온다. 익살은 농담의 모든 특징적 기술들을 사용하고, 즐거움의 요구뿐 아니라 이성적 비판의 요구도 충족시킬 만한 언어적 소재나 사고 연관성을 선택함으로써 이미 농담의 기본 조건을 채우고 있다. 사고 에너지를 무의식의 단계로 끌어내리는 것은(명랑한 분위기일 때 이것은 한결 더 쉽게 이루어진다) 익살에서도 벌써 일어난다고 추론할 수 있다. 다만 악의 없는 농담이지만 무언가 의미 있는 생각과 연결된 농담의 경우엔 분위기를 통한 그런 촉진 효과는 없다. 그런 농담들에서는 손쉽게 전의식의 에너지 집중을 중단하고 잠깐 동안 무의식적 집중과 바꿀 수 있는 능력으로 표현되는 특별한 〈개인적 자질〉의 전제가 필요해 보인다. 이때 농담의 본래적인 즐거움을 다시 찾으려고 늘 기회만 노리는 의도는 미적거리는 전의식을 무의식으로 끌어내리는 작용을 한다. 명랑한 분위기에서는 아마 대부분의 사람이 익살을 만들어 낼 수 있을 것이다. 그러나 농담을 만들어 내는 자질은 분위기와 무관하게 소수의 사람들에게만 존재한다. 농담 작업에 가장 강력한 자극제로 작용하는 요소는 무의식에까지 이르는 강력한 의도인데, 이 의도들은 농담 생산의 특별한 자질을 가리킬 뿐 아니라 신경증 환자들에게서 농담의 주관적 조건들이 그렇게 자주 충족되는 이유를 설명해 준다. 강력한 의도가 작용할 경우 그전에는 부적합했던 것도 농담이 될 수 있다.

　엄밀히 말해서, 비록 가설이기는 하지만 농담 생산 작업의 이러한 해명과 함께 농담에 대한 우리의 관심은 끝난다. 남은 것이라고는 우리가 더 잘 알고 있는 꿈과 농담의 간략한 비교인데, 우리는 이 비교를 통해 상이한 이 두 가지 정신적 작업에서 우리가 이미 인정한 일치점 외에 다른 차이점들도 확인할 수 있을 거라는 기대를 가져 본다. 둘 사이의 가장 중요한 차이는 바로 사회적 양태다. 꿈은 철저하게 비사회적인 정신적 산물로서 타인에게 전달하는 것이 아무것도 없다. 또한 한 사람의 내면에서 서로 투쟁하는 정신적 힘들의 타협으로 생겨난 꿈은 스스로에게조차 이해가 되지 않고, 그 때문에 남들에게는 전혀 관심 거리가 되지 못한다. 꿈은 남에게 이해되는 것에 아무 가치를 부여할 필요가 없을 뿐 아니라 오히려 남에게 이해되는 것을 피해야 한다. 그렇지 않으면 꿈은 파괴되기 때문이다. 게다가 꿈은 항상 변장을 하고 나타난다. 때문에 무의식적 사고 과정을 지배하는 메커니즘을 다시 짜맞추는 것이 불가능한 수준까지 왜곡시켜도 될 만큼 마음대로 사용해도 된다. 반면에 농담은 즐거움의 획득을 목표로 하는 모든 정신 활동 중에서 가장 사회적이다. 농담에는 보통 세 사람이 필요하고, 그 완성을 위해서는 농담이 고무하는 정신적 과정에 제삼자가 동참해야 한다. 따라서 남에게 이해되어야 하는 것은 농담의 필수 조건이고, 그런 측면에서 압축이나 전이를 통한 무의식 속에서의 왜곡도 제삼자가 원래대로 다시 짜맞출 수 있는 수준을 넘어서서는 안 된다. 그 밖에 농담과 꿈, 이 둘은 무척 다른 정신 영역에서 생겨나고, 심리학적 체계에서도 동떨어진 위치를 차지한다. 꿈은 아무리 겉으로 표시가 안 나더라도 하나의 소망이다. 반면에 농담은 고도의 유희다. 꿈은 실제적인 효용성은 전혀 없더라도 삶의 중요한 관심사들과 관계를 유지한다. 또한 환각이라는 퇴행적 우회로를 통해 드러나지 않은 소망을 성취하려고 하는데, 그것이 가능한 것은 밤중에만 유일하게 왕성해지는 수면 욕구 때문이다. 그에 반해 농담은 처음엔 정신적 도구의 아무 욕구 없는 단순한 활동에서 작은 즐거움을, 나중엔 그런 활동 도중에 부수적 이익으로서 그런 즐거움을 붙잡으려 하고, 그렇게 〈부차적으로〉 외부 세계를 향한 사소하지 않은 기능들에 도달한다. 꿈은 주로 불쾌감을 줄이는 데 복무하고, 농담은 즐거움을 얻는 데 복무한다. 우리의 모든 정신 활동은 이 두 가지 목표에서 만난다.

7. 농담, 그리고 희극적인 것의 유형들

1

우리는 희극적인 것의 문제들에 색다른 방식으로 접근했다. 그 전까지는 대개 희극적인 것의 아종으로 여겨져 왔던 농담이 독자적으로 다룰 수 있을 만큼 고유의 특성이 충분해 보였기에 우리는 훨씬 더 포괄적인 희극적인 것의 범주와 농담의 관계를 가능한 한 회피해 왔다. 물론 도중에 희극적인 것에 적용될 수 있는 몇 가지 사실을 지적하기도 했지만 말이다. 어쨌든 우리는 희극적인 것의 사회적 양태가 농담과 다르다는 것을 어렵지 않게 발견했다. 희극적인 것에서는 두 사람, 즉 희극성을 발견하는 사람과 희극성이 발견되는 두 사람만 있으면 된다. 희극적인 것이 전달되는 제삼자는 희극적 과정을 강화하기는 하지만, 희극적인 것에 무언가 새로운 것을 추가하지는 않는다. 농담에서는 제삼자가 즐거움을 전달하는 과정을 완성하는 데 없어서는 안 되지만, 그에 반해 두 번째 인물은 경향성 농담과 공격적 농담이 아니면 없어도 된다. 농담은 만들어지고, 희극적인 것은 발견된다. 그것도 처음엔 사람에게서, 나중엔 거기서 더 나아가 사물이나 상황 등에서. 우리는 농담의 경우 즐거움을 촉진하는 원천이 타인이 아닌 농담하는 사람의 사고 과정 속에 있음을 안다. 게다가 농담이 폐쇄된 희극의 원천을 다시 열어 주기도 하고, 희극적인 것이 농담의 표면으로 이용되어 우리가 보통 잘 알고 있는 기술로 만들어지는 전희를 대체할 때가 많다는 사실도 알고 있다. 그만큼 농담과 희극의 관계는 그리 단순해 보이지 않는다. 더구나 희극적인 것의 문제는 지금껏 철학자들의 온갖 노력에도 해결의 문이 열리지 않을 정도로 복잡해서 우리가 농담의 측면에서 접근한다면 문제를 단숨에 해결할 수 있으리라는 기대는 접을 수밖에 없다. 우리는 농담 연구에 다른 연구자들은 사용한 적이 없는 수단, 즉 꿈 작업에 관한 지식을 활용했지만, 희극적인 것의 인식에는 비슷한 방식을 도입할 수 없다. 따라서 희극적인 것의 본질에 대해서는 이미 농담에서 드러났던 것, 즉 농담이 희극적인 것의 일부로서 그것의 일정한 특징을 그대로, 또는 약간 변형시킨 채 자기 속에 담고 있는 한 이미 농담에서 드러났던 것 이상의 것을 알아내지 못할 수도 있다는 점을 각오해야 할지 모른다.

희극적인 것 중에서 농담과 가장 가까운 유형은 〈순진함〉이다. 순진함은 일반적으로 희극적인 것처럼 발견되지, 농담처럼 만들어지는 것이 아니다. 그것도 절대 만들어질 수 없다. 순수 희극적인 것에서도 희극적인 요소의 생성과 유발이 일부 고려될 수 있는 것과는 다르게 말이다. 순진함은 희극과 농담에서 두 번째 인물에 해당하는 타인의 말이나 행동에서 나온다. 이때 우리의 개입은 전혀 없다. 순진함은 누군가 어떤 형태의 억제든 완벽하게 무시해 버릴 때 생겨난다. 그의 내면에 그런 억제가 아예 없기도 하고, 아니면 그런 것이 좀 있더라도 내면에서 쉽게 극복되기 때문이다. 순진함이 효과를 발휘하기 위한 조건은, 그에게 그런 억제가 없음을 우리가 알고 있어야 한다는 것이다. 그렇지 않으면 우리는 그를 순진한 것이 아니라 뻔뻔하다고 여기고, 그런 말이나 행동을 보고 웃음을 터뜨리는 것이 아니라 격분한다. 순진함의 효과는 거부할 수 없고, 이해하기도 쉬워 보인다. 우리가 보통 억제에 들이는 비용은 순진한 말을 들음으로써 갑자기 쓸데없는 것이 되고, 웃음으로 배출된다. 심지어 듣는 사람의 관심을 다른 데로 돌리는 과정도 필요 없다. 그건 아마 억제의 제거가 의도적인 작업을 통해서가 아니라 직접적으로 이루어지기 때문일 것이다. 이런 면에서 우리는 스스로 아무런 수고를 들이지 않고도 억제의 비용을 절약하는, 농담에서 제삼자의 위치와 비슷하다. 우리가 유희에서 농담으로 발전하는 과정을 추적하면서 갖게 된 억제의 기원에 관한 인식에 따르면, 순진함이 주로 어린아이들에게서 나타나고, 더 나아가 지적 교양 측면에서 어린아이처럼 여겨지는 무지하고 순박한 어른들에게서도 발견된다는 것은 놀라운 일이 아니다. 농담과의 비교에 더 잘 어울리는 것은 순진한 행위보다는 순진한 말이다. 농담의 일반적인 표현 형식은 행위가 아니라 말이기 때문이다. 이제 우리는 어린아이의 말과 같은 순진한 말을 자연스럽게 〈순진한 농담〉이라고 부를 수 있을 듯하다. 농담과 순진함 사이의 일치점과 차이점은 다음 몇 가지 예에서 또렷이 드러난다.

세 살 6개월 된 여자아이가 오빠에게 경고한다.
「이거 많이 먹지 마. 안 그러면 아파서 부비친*Bubizin* 먹어야 돼.」
「부비친? 그게 뭐니?」
엄마가 묻자 아이가 설명한다.
「내가 아플 때 메디친*Mädizin* 먹었잖아.」

여기서 아이는 의사가 처방하는 약*Medizin*이 여자아이*Mädi*(메디)가 먹을 때는 〈메디친*Mädizin*〉, 남자아이*Bubi*(부비)가 먹을 때는 〈부비친*Bubizin*〉이라고 부를 거라고 추측한다. 이는 동음 기술을 이용한 말 농담처럼 만들어졌고, 그래서 진짜 농담처럼 사람들에게 이야기해 줄 수도 있다. 물론 그럴 경우 마지못해 피식 웃는 정도의 반응밖에 끌어내지 못하겠지만. 반면에 이것이 순진함의 예일 때는 그야말로 탁월하고, 우리에게 큰 웃음을 선사한다. 그렇다면 여기서 순진함을 농담과 구분 짓게 하는 것은 무엇일까? 분명 농담과 순진함에 모두 사용된 기술이나 표현은 아니고, 첫눈에 보아도 그것들과는 아주 동떨어진 요소로 보인다. 즉 화자(여기서는 어린아이)가 의도적으로 그 말을 했느냐, 아니면 아직 교정되지 않은 무지에 근거한 합당한 믿음에서 그런 진지한 결론을 이끌어 냈느냐 하는 것이다. 이때 후자만 순진함의 사례다. 여기서 처음으로 우리는 타인이 입장을 바꾸어, 그런 말을 생산하는 사람의 정신 과정 속으로 직접 걸어 들어가는 것에 주목하게 된다.

두 번째 예는 이런 생각에 대한 확증이 되어 줄 것이다. 열두 살 누나와 열 살 남동생이 삼촌과 숙모들 앞에서 자신들이 만든 연극을 선보인다. 연극 무대는 바닷가의 한 오두막이다. 제1막에서 작가이자 배우인 두 남매는 가난한 어부와 착한 아내로 분장해서 팍팍한 삶과 보잘것없는 벌이를 한탄한다. 그러다 남편은 배를 타고 먼 바다로 나가 머나먼 다른 세상에서 돈을 벌어 오기로 결심한다. 이어 부부가 애절하게 작별하는 장면과 함께 막이 내린다. 제2막에서는 이미 몇 년이 지났다. 큰 돈 자루를 들고 돌아온 어부는 오두막 앞에서 기다리던 아내에게 자신이 타지에서 얼마나 성공했는지 자랑스럽게 늘어놓는다. 그러자 아내도 지지

않고 그사이 자신이 얼마나 대단한 일을 했는지 말한다. 「나도 놀
기만 했던 게 아니에요.」 아내는 오두막 안쪽을 가리킨다. 바닥엔
아기를 표현하는 열두 개의 인형이 곤히 잠들어 있다. 이 대목에
서 관객들은 폭소를 터뜨리고 배우들의 연기는 중단된다. 배우들
로서는 도저히 이해가 안 되는 폭소다. 남매는 조금 전까지 점잖
게 극을 지켜보고 흥미진진하게 남매의 이야기에 귀를 기울이던
친척들을 어리둥절하게 바라보기만 한다. 이 웃음의 전제 조건은
분명해 보인다. 즉 이 어린 작가들이 아기가 어떻게 태어나는지
전혀 모르고 있어서 아내는 남편의 오랜 부재 기간에 그렇게 많
은 아이를 낳은 것을 자랑스러워하고, 남편은 또 그런 아내와 함
께 기뻐할 수 있다고 관객들이 믿는 것이다. 다른 한편으로, 어린
작가들의 그런 무지에 기초해서 만들어진 이것은 난센스나 무의
미로 부를 수도 있다.

　세 번째 예는 우리가 농담에서 알아낸 또 다른 기술이 순진함
에 사용되고 있음을 보여 준다. 한 프랑스 여자가 여자아이의
가정교사로 들어오지만 정작 아이의 환영을 받지는 못한다. 새
로 고용된 여자가 방을 나가자 아이는 즉각 헐뜯는다. 「프랑스 여
자*Französin*라고? 〈프랑스 남자와 같이 잤던*bei einem Franzosen
gelegen*〉 적이 있으니까 그런 이름이 붙었을 거야.」 이것은 아이가
중의적 의미의 가능성을 알고 있었다면, 이중적 암시를 가진 웬
만큼 괜찮은 농담으로 여겨질 수도 있을 것이다. 그러나 실제로
아이는 그전에 자주 들은 가짜와 관련한 익살스러운 주장을 별로
마음에 안 드는 그 가정교사에게로 전이한 것뿐이다(〈이게 순금
*echtes Gold*이라고? 아마 순금과 한 번 잤을지는 모르겠군*Das ist
vielleicht einmal bei Gold gelegen!*〉). 청자의 정신적 과정을 근본적으
로 뒤바꾸어 버린 아이의 이런 무지 때문에 아이의 말은 순진한

것이 된다. 그런데 이런 조건으로 인해 순진함으로 오해되는 경우도 있다. 즉 어른들이 더는 순진하지 않은 아이에게도 그런 순진함에서 비롯된 무지를 전제할 수 있고, 아이들 역시 자신에게 허용되지 않은 자유를 누리려고 그런 오해를 이용해서 일부러 순진한 척할 때도 많은 것이다.

이 예들을 통해 우리는 농담과 희극적인 것 사이에서 순진함이 차지하는 위치를 설명할 수 있다. 순진한 말은 표현과 내용 면에서 농담과 일치하고, 단어의 잘못된 사용과 난센스, 음담패설을 만들어 낸다. 그런데 농담에서 우리에게 그렇게 많은 관심과 수수께끼를 불러일으켰던 농담 생산자의 정신적 과정이 여기선 완전히 생략된다. 순진한 사람은 자신이 표현 수단과 사고 과정을 지극히 정상적이고 단순한 방식으로 사용하고 있다고 착각할 뿐 아니라 부차적인 목적 같은 것도 전혀 없다. 그렇다고 순진함의 생산 자체에서 즐거움을 얻는 것도 아니다. 순진한 것의 모든 특징은 본질적으로 농담에서 제삼자가 차지하는 입장과 같다. 게다가 순진함을 만들어 내는 과정도 별로 어렵지 않다. 또한 그 생산자에겐 이성적 비판을 통한 억제를 무력화하는 복잡한 농담 기술도 없다. 왜냐하면 그의 내면에는 그런 억제가 아직 존재하지 않아서 난센스와 음담패설이 아무런 타협 없이 직접적으로 표출될 수 있기 때문이다. 이런 측면에서 순진함은 농담 형성의 공식에서 검열이 제로 상태일 때 나타나는 농담의 경계 사례라고 할 수 있다.

따라서 두 사람이 거의 비슷한 억제 또는 내적 저항 상태에 있다는 것이 농담 효과의 조건이었다면 순진함의 조건은 한 사람에게는 없는 억제가 다른 사람에게는 존재한다는 데 있다. 순진함을 알아볼 수 있는 사람은 억제를 느끼는 쪽이고, 오직 이 사람만 순진함에서 오는 즐거움을 누릴 수 있다. 여기에서 우리는 이 즐거움이 억제의 제거에서 생기는 것이라고 추측할 수 있다. 농담의 즐거움도 같은 원천에서 나오기에, 즉 말과 난센스에서 오는 즐거움을 알맹이로 하고, 억제의 제거와 에너지 절감에서 오는 즐거움을 외피로 삼기에 억제와의 이런 유사성이 순진함과 농담의 내적 혈연관계를 증명하는 근거가 된다. 그러니까 둘 다 즐거움은 내적 억제를 제거할 때 생겨나는 것이다. 그런데 농담과 비교해서 순진함의 경우는 수용자의 정신적 과정이 생산자의 정신적 과정보다 훨씬 복잡하다(여기서 수용자는 순진함의 경우 일반적으로 우리의 자아와 일치하지만, 농담에서는 생산자의 자리에 놓일 수도 있다). 위의 예들이 증명해 주듯 순진함은 한편으론 수용자에게 농담 같은 효과를 준다. 왜냐하면 순진함의 수용자는 농담과 마찬가지로 단순히 듣는 것만으로도 검열의 제거가 가능하기 때문이다. 그러나 다른 한편으로 이런 설명은 순진함이 만들어 내는 즐거움의 일부에만 해당하고, 그 일부조차 다른 순진함의 사례들에선, 예를 들어 순진한 음담패설에선 위협받을 수 있다. 왜냐하면 만일 다른 요소가 음란성으로 인해 우리 속에서 화가 치미는 것을 막아 주고, 그와 동시에 음란성을 상쇄할 즐거움을 순진함에서 제공해 주지 못한다면 사람들은 순진한 음담패설을 들었을 때도 진짜 음담패설과 똑같이 격분할 것이기 때문이다.

여기서 다른 요소란 앞서 우리가 언급한 조건을 가리킨다. 즉 순진함을 인정하기 위해선 생산자에게 내적 억제가 없다는 사실을 우리가 알고 있어야 한다는 것이다. 이것이 확실할 때만 우리는 화를 내는 대신 웃음을 터뜨린다. 다시 말해 생산자의 정신적 상태를 참작해서 그 속으로 들어가고, 그 상태를 우리와 비교함으로써 생산자를 이해하려 하는 것이다. 이처럼 상대의 정신적 과정 속으로 들어가 자신과 비교하는 것을 통해 비용을 절약하고, 그렇게 절약한 비용이 웃음으로 배출된다.

어쩌면 사람들은 이보다 더 단순한 설명을 선호할지 모른다. 그러니까 수용자가 억제를 극복할 필요가 없었다면 화를 낼 일이 없을 것이고, 그렇게 절약된 분노의 대가로 웃음이 터져 나온다는 것이다. 나는 우리를 전반적으로 잘못된 길로 인도하는 이 입장을 멀리 떼어 놓기 위해 앞서 하나로 묶어서 서술했던 두 예를 좀 더 선명하게 구분하고자 한다. 우리의 두 예에서 나타나는 순진함은 농담의 성격, 아니면 음란하거나 불쾌한 성격 중 하나다. 특히 그것이 말이 아닌 행동으로 표출될 경우에는 후자의 성격이 강하다. 우리를 잘못된 길로 이끄는 것은 후자의 사례다. 즐거움이 절약된 분노나 변형된 분노에서 나온다고 가정하기 쉽기 때문이다. 반면에 전자는 명확하다. 순진한 말, 예를 들어 〈부비친〉은 그 자체로 사소한 농담처럼 들리고 수용자에게 화를 야기할 이유가 없어 보인다. 이것은 분명 드물긴 하지만, 좀 더 순수하고 많은 것을 시사하는 사례다. 어린아이가 〈약Medizin〉의 음절 〈메디 Medi〉를 다른 의도 없이 진지하게 자신의 성(性), 즉 여자아이를 가리키는 〈Mädi〉와 동일시했다는 점을 생각하면 그에 대한 즐거움은 증가한다. 농담의 즐거움과는 아무 상관없는 즐거움이다. 이제 우리는 들은 것을 두 가지 관점, 즉 어린아이의 경우는 그게 어떤 과정을 거쳐 나왔을지, 우리라면 어떤 식으로 처리되었을지 하는 관점에서 바라본다. 이 비교를 통해 우리는 어린아이가 〈Medi〉와 〈Mädi〉 사이의 동일성을 발견했고, 우리에겐 존재할 수밖에 없는 어떤 경계를 넘었음을 알게 된다. 그러고는 스스로에게 이렇게 말하는 듯한 과정이 이어진다. 〈들은 말을 이해하려고 하면 너는 그 경계를 지키는 데 드는 비용을 절약할 수 있어.〉 이런 비교를 통해 절약된 정신적 비용이 순진함에서 오는 즐거움의 원천으로서 웃음으로 배출된다. 물론 그 비용은 생산자에 대한 이해와 말로 표현된 것의 성격이 모종의 격분을 배제하지 않을 경우 우리를 격분으로 몰고 가는 비용과 동일하다. 하지만 우리가 순진한 농담을 순진하게 불쾌감을 유발하는 다른 사례의 표본으로 받아들인다면 다음의 사실을 알 수 있다. 첫째, 여기서도 억제의 절약은 비교에서 바로 나올 수 있다. 둘째, 막 일었다가 곧 식어 버리는 분노를 상정할 필요가 없다. 셋째, 분노는 농담의 경우엔 그 사용을 막는 복잡한 보호 조치가 필요했던, 남는 비용이 다른 형태로 사용된 것일 뿐이다.

이러한 비교, 그러니까 생산자의 정신적 과정에 자신을 대입함으로써 비용을 절약하는 것이 순진함에만 해당하는 것이 아니라면 우리는 순진함에 중요성을 부여할 수 있다. 사실 농담에는 전혀 존재하지 않는 이 메커니즘이 희극적인 것에서 진행되는 정신적 과정의 한 부분, 그것도 본질적인 부분일 수 있다는 추측이 가능하다. 이런 측면에서 보자면(이건 순진함에 관한 가장 중요한 관점이다) 순진함은 분명 희극적인 것의 한 유형이다. 순진한 말과 관련한 우리의 보기들에서 농담의 즐거움 외에 추가되는 것은 〈희극적〉 즐거움이다. 우리는 이 희극적 즐거움이 타인의 말을 우리 자신의 말과 비교함으로써 절약된 비용에서 생겨난다고 일반적으로 가정하고 싶다. 그런데 여기서는 아직 가야 할 길이 멀기에 순진함에 대한 평가는 이 정도에서 마무리해야 할 듯하다. 즉 순진함은 그 즐거움이 타인을 이해하고자 할 때 발생하는 비용 차이에서 비롯된다는 점에서 희극적인 것의 한 유형일 듯하고, 비교로 절약된 비용이 결국 억압의 비용이라는 점을 감안하면 농

담에 근접해 있다.[1]

우리가 방금 접한 개념들, 그러니까 오래전부터 희극의 심리학에서 거론되어 온 개념들 사이의 몇 가지 일치점과 차이점을 간략하게 확인하고 넘어가도록 하자. 타인의 사고 과정으로 들어가 타인을 이해하고자 하는 것은 장 파울 이후 희극적인 것의 분석에서 일정한 역할을 해온 〈희극적 차용〉에 다름 아니다. 타인의 정신적 과정과 자신의 정신적 과정을 〈비교하는 것〉은 〈심리적 대조〉에 해당한다. 우리가 앞서 농담에 관한 논의에서는 어찌할 줄 몰라 방치했던 심리적 대조가 마침내 여기서 하나의 자리를 찾은 듯하다. 그런데 희극적 즐거움에 대한 우리의 이러한 설명은 다른 많은 연구자들과 차이를 보인다. 그들은 희극적 즐거움이 대조되는 표상들 사이에서 주의력이 이리저리 흔들리는 것에서 생긴다고 생각한다. 우리는 그 즐거움의 메커니즘이 무엇인지 정확히 파악할 수는 없다. 다만 대조되는 것들의 비교에서 비용 차이가 발생하고, 그것이 다른 곳으로 전용되지 않을 때 배출 능력이 생기고, 그로써 즐거움의 원천이 된다는 점만 지적하고 싶다.[2]

이제 희극적인 것 자체의 문제로 조심스럽게 접근해 보자. 많은 뛰어난 사상가들의 연구에도 불구하고 희극적인 것에 대한 설명이 전방위적으로 만족할 만한 수준에 도달하지 못한 것을 보면

1 여기서 나는 순진함을 순진한 희극성과 동일시했지만, 사실 이것은 보편적으로 허용된 생각은 아니다. 다만 〈순진한 농담〉과 〈순진한 음담패설〉을 통해 순진함의 특성을 연구하려는 우리의 의도에는 적합해 보인다. 이 부분을 더 자세히 논의하려면 그것으로 희극적인 것의 본질을 파헤치겠다는 의도가 전제되어야 할 것이다 — 원주.
2 베르그송H. Bergson 역시 『웃음Le rire』(1900)이라는 책에서, 희극적 즐거움이 간지럼을 느끼는 사람의 웃음과 비슷한 것을 만들어 내려는 노력으로 생긴다는 견해를 훌륭한 논거로 거부했다. 반면에 희극적 즐거움에 대한 립스의 설명은 완전히 차원이 다르다. 그는 희극적인 것을 〈뜻밖의 사소한 것〉으로 규정하면서, 그것을 바탕으로 즐거움을 풀이한다 — 원주.

우리의 시도로 무언가 결정적인 해결책이 나올 거라고 기대하는 것은 주제넘은 짓일 것이다. 다만 우리는 농담 연구에서 꽤 효과를 거둔 방식, 즉 희극적인 것의 영역으로 한 걸음 더 깊숙이 들어가려는 방식을 선택할 뿐이다.

희극적인 것은 우선 인간의 사회적 관계에서 비롯된 뜻하지 않은 획득물로 볼 수 있다. 그것은 사람들에게서 발견된다. 그것도 사람들의 움직임이나 생김새, 행동, 성격에서 말이다. 아마 처음엔 신체적 특징에서만 희극적인 면이 발견되다가 나중에 정신적 속성이나 그 속성들의 표현으로 확대되었을 것이다. 그러다 일종의 통상적인 의인화를 통해 동물과 무생물도 희극적인 대상이 되었다. 하지만 희극적인 것은 사람에게 희극적으로 비치는 조건들이 무엇인지 알게 되면 그 희극적인 면을 사람으로부터 분리할 수 있다. 이로써 상황의 희극성이 생겨나고, 그런 인식과 함께 어떤 인물을 희극적 조건이 작용하는 상황에 빠뜨림으로써 마음대로 우스운 존재로 만들 가능성이 생긴다. 타인을 우스운 존재로 만들 수 있다는 발견과 함께 예기치 않은 희극적 즐거움을 획득할 길이 열리고, 그 기술을 계속 발전시킬 토대가 생긴다. 그런데 우리는 타인뿐 아니라 자기 자신도 우습게 만들 수 있다. 희극적으로 만드는 데 사용되는 수단으로는 희극적 상황에 빠뜨리기, 흉내, 변장, 폭로, 캐리커처, 패러디, 트라베스티 등이 있다. 이 기술들은 당연히 적대적이고 공격적인 목적에 사용된다. 우리는 어떤 사람을 경멸하기 위해, 어떤 사람에게서 품위와 권위를 박탈하기 위해 그 사람을 희극적으로 만들 수 있다. 그러나 그런 의도가 대체로 희극적인 것의 뿌리를 이루고 있다고 하더라도 그것을 자연 발생적인 희극성의 의미로 간주할 필요는 없다.

희극적인 것에 대한 두서없는 개관이지만 우리는 이를 통해 이미 다음 사실을 엿볼 수 있다. 희극적인 것은 그 기원이 되는 영토가 무척 넓은 게 분명하고, 순진함의 경우에서 알 수 있듯이 희극적인 것에는 그렇게 특별한 조건들을 기대할 수 없다는 것이다. 희극적인 것에 해당하는 조건을 추적하기 위해서는 출발 사례의 선택이 아주 중요해 보인다. 우리가 선택한 것은 움직임의 희극이다. 이것을 택한 이유는, 가장 원초적인 표현 연기인 팬터마임이 우리를 웃기려고 이 수단을 사용하기 때문이다. 우리는 왜 광대의 움직임을 보면서 웃을까? 이 질문에 대한 답은, 광대의 움직임이 과도하고 소모적으로 보이기 때문이라는 것이다. 그러니까 우리는 너무 지나친 비용의 소모를 보면 웃음을 터뜨린다. 이제는 인위적으로 만들어진 희극 말고 의도적인 희극성이 작용하지 않는 지점에서 희극성의 조건을 찾아보자. 어린아이가 두 팔을 흔들며 이리저리 쫓아다니는 모습은 웃음을 유발하지 않는다. 반면에 글쓰기 연습을 하는 아이가 쏙 내민 혀로 펜의 움직임을 따라 하는 모습은 웃음을 유발한다. 그런 동작이 우리라면 결코 따라 하지 않을 쓸데없는 움직임의 소모라고 생각하기 때문이다. 어른들의 경우에도 따라 하는 움직임이나 과도한 움직임은 비슷한 방식으로 우습게 느껴진다. 이런 희극적 움직임을 잘 보여 주는 것이 바로 볼링 공을 굴린 뒤에도 여전히 공을 통제할 수 있다는 듯이 손을 위로 쭉 뻗은 채 공의 진로를 쫓아가는 사람의 움직임이다. 감정적 움직임의 정상적인 표현을 과장하는 찡그림은 모두 웃음을 유발한다. 또한 무도병을 앓는 사람처럼 얼굴이나 손발이 저절로 심하게 움직이는 경우도 웃기고, 현대 지휘자의 격정적인 움직임도 그 필요성을 이해하지 못하는 문외한의 눈에는 우스꽝스러워 보인다. 움직임의 이런 희극성에서 신체 형태와 얼굴 표정의 희극성이 분화되어 나온다. 그것들이 마치 지나치게 과장되고 아무 목적 없는 움직임의 결과인 것처럼 인식됨으로써 말이다. 왕방울 같은 눈, 갈고리처럼 입술까지 내려온 매부리코, 쫑긋한 코, 곱사등, 이 모든 것들은 아마 이 특징들의 완성을 위해 필요한 움직임이 연상된다는 점에서 웃겨 보인다. 이때 코와 귀를 비롯한 다른 신체 부위들은 실제보다 연상 속에서의 움직임이 훨씬 더 클 것이다. 누군가 〈귀를 움직일 수 있으면〉 의심할 바 없이 웃긴다. 누군가 코를 위아래로 실룩거리면 분명 더 웃길 것이다. 동물이 우리에게 주는 희극적인 효과의 상당 부분도 우리가 모방할 수 없는 그들의 그런 움직임을 지각하는 데서 온다.

그런데 타인의 움직임이 과도하고 소모적인 것으로 인식될 경우 우리는 어떤 경로로 웃음에 이르게 될까? 내가 보기엔, 타인에게서 관찰된 움직임과 나 자신이 대신했더라면 실행되었을 움직임의 비교를 통해 웃음에 이르게 되는 듯하다. 이 둘의 비교에는 당연히 동일한 척도가 주어져야 하고, 그 척도는 타인의 움직임과 내 움직임의 표상과 연결된 신경 자극의 비용이다. 이 주장에 대해서는 더 상세한 설명이 필요해 보인다.

여기서 우리가 서로 관련시킨 것은 한편으론 표상에 투입된 정신적 비용이고, 다른 한편으론 그렇게 표상된 내용이다. 우리의 주장은 이렇다. 첫째, 표상에 투입된 정신적 비용은 원칙적으로 후자, 그러니까 표상된 내용과 무관하지 않다. 둘째, 큰 움직임의 표상이 작은 움직임의 표상보다 더 많은 비용을 지출한다. 여러 큰 움직임들의 표상만 대상으로 삼을 경우, 우리의 주장에 대한 이론적인 논증과 관찰을 통한 입증은 별로 어려워 보이지 않는다. 그럴 경우 표상의 속성은 실제로 표상된 것의 속성과 일치하는 것으로 나타난다. 물론 심리학은 그전에 우리에게 그런 혼동을 경고했더라도 말이다.

우리는 무언가 큰 움직임의 표상을 그에 대한 직접적인 실행이나 모방으로 습득하고, 이런 행위를 통해 신경 자극 감각 속에서 움직임의 척도를 알게 된다.[3] 타인에게서 웬만큼 큰 비슷한 움직임을 인지할 경우 그것을 이해하거나 통각(統覺)[4]하는 가장 확실한 방법은 그 움직임을 따라 하는 것이다. 그런 다음 비교를 통해 어떤 움직임에 비용이 더 많이 들어갔는지 판단할 수 있다. 그런 모방의 충동은 움직임의 지각 단계에서 나타나는 것이 분명하다. 그런데 우리는 모방한다고 해서 그 움직임을 실제로 따라 하는 것이 아니다. 우리가 철자법에 따라 철자를 하나하나 나누어 글을 배웠더라도 여전히 철자로 나누어 읽지는 않는 것처럼 말이다. 결국 우리는 근육을 통한 움직임의 모방 대신 비슷한 움직임에 들어간 비용에 대한 기억으로 움직임에 대한 표상을 구축한다. 표상 또는 〈사고〉는 훨씬 적은 집중 에너지를 전이시키고, 주요 비용이 배출되는 것을 막는다는 점에서 행위나 실행과 구분된다. 그렇다면 지각된 움직임의 양적 요소(양의 많고 적음)는 표상 속에서 어떤 식으로 표현될까? 그리고 질의 조합으로 이루어진 표상에서 양의 표현이 빠진다면 여러 큰 움직임들의 표상은 어떻게 구분되고, 어떻게 비교될 수 있을까?

이 대목에서 생리학이 우리에게 길을 가르쳐 준다. 표상 과정에도 근육에 대한 신경 자극은 계속 진행되고, 그 비용도 얼마 되지 않는다고 알려 주는 것이다. 이제 이런 가정이 떠오른다. 표상

---

3 움직임의 표상에서 본질적인 부분은 신경 자극 비용에 대한 기억일 것이다. 또한 우리의 정신세계에서는 바로 이 비용으로 표상을 대변하는 사고방식이 항상 존재할 것이다. 다른 맥락에서 이 요소는 다른 것들, 예를 들어 움직임 목표의 시각적 표상이나 언어적 표상으로 대체될 수 있고, 추상적 사고의 특정 유형에서는 표상된 전체 내용 대신 하나의 표시만으로 충분할 것이다 — 원주.
4 경험이나 인식을 자기의식 속에서 종합하고 통일하는 작업.

을 동반하는 신경 자극의 비용은 표상의 양적 요소를 표현하는 데 사용되고, 큰 움직임에 대한 표상이 작은 움직임에 대한 표상보다 비용이 더 크다고. 그렇다면 큰 움직임의 표상이 실제로 더 큰 비용을 동반하는 표상일 것이다.

이상의 관찰이 우리에게 직접적으로 가르쳐 주는 것은 이렇다. 우리 인간들은 표상 내용 속의 크고 작음을 〈표상의 몸짓 *Vorstellungsmimik*〉 같은 형태 속에서 다양한 비용을 통해 표현하는 데 익숙하다는 것이다.

우리는 아이나 어른, 또는 특정 인종의 사람이 무언가를 전달하거나 묘사할 때 명확한 어휘를 선택하여 자신의 생각을 청자에게 분명하게 옮기는 것에 만족하지 않고 몸짓으로 표현을 거드는 것을 쉽게 볼 수 있다. 그 사람은 몸의 표현을 언어의 표현과 연결하고, 거기다 양과 강도를 강조한다. 〈산이 높다〉고 말할 때는 손을 머리 위로 들어 올리고, 〈어린 꼬마〉를 말할 때는 손을 바닥에 가깝게 댄다. 양손으로 표현하는 습관을 버린 사람이라면 목소리로라도 표현하려 하고, 목소리로 표현하는 것을 자제하는 사람이라면 무언가 큰 것을 묘사할 때는 눈을 크게 뜨거나 작은 것을 묘사할 때는 눈을 가늘게 뜨기라도 할 것이다. 그 사람이 표현하는 것은 감정이 아니라 실제로 그가 표상하는 내용이다.

그렇다면 몸의 표현술에 대한 이 욕구가 전달의 필요성에 의해 비로소 일깨워진다고 생각해야 할까? 이런 표현 방식의 상당 부분이 청자의 관심을 끌지 못하더라도? 나는 오히려 이렇게 말하고 싶다. 몸짓은 비록 생생하지 않더라도 전달과 상관없이 존재할 뿐 아니라 홀로 표상하거나 무언가를 선명하게 생각할 때도 표출될 수 있고, 그럴 경우 사람은 말을 할 때처럼 몸으로 큰 것과 작은 것을 표현한다는 것이다. 최소한 얼굴 표정이나 감각 기관의 변화된 신경 자극을 통해서 말이다. 나는 표상된 내용에 일치하는 신체적 신경 자극이 전달 목적을 위한 몸짓의 시작이자 기원이라고 생각한다. 이 목적에 부합하려면 몸짓은 남의 눈에 띌 정도로 두드러지기만 하면 된다. 그런데 내가 정신적 과정의 신체적 부수 작용으로 알려진 〈감정적 움직임의 표현〉에다 이런 〈표상 내용의 표현〉이 추가되어야 한다고 주장하더라도, 큰 것과 작은 것의 범주와 관련한 나의 언급들이 이 문제를 충분히 상술하지 못하고 있음을 나 자신도 잘 안다. 나는 주의력 집중과 추상화 수준이 드러나는 긴장 현상을 다루기 전에 몇 가지 더 추가하고 싶다. 나는 이 대상을 매우 중요하다고 여기는데, 미학의 다른 영역들에서 표상의 몸짓을 추적하는 것도 희극적인 것을 이해하는 데 유익할 거라고 믿는다.

움직임의 희극으로 다시 돌아가자면, 나는 특정 움직임의 지각과 함께 어느 정도의 비용을 통해 그에 대한 표상이 자극된다는 점을 반복하고 싶다. 그러니까 이 움직임을 〈이해하고자 할 때〉, 즉 통각하고자 할 때 나는 어느 정도 비용을 들여야 하고, 정신적 과정의 이 지점에서는 마치 내가 관찰 대상 속으로 들어간 것처럼 행동한다. 하지만 그러면서도 나는 이 움직임의 목표를 주시하고, 과거의 경험을 통해 이 목표를 달성하는 데 필요한 비용의 범위를 가늠해 볼 수 있다.

이때 나는 관찰 대상을 제쳐 두고 나 자신이 움직임의 목표에 도달하고자 했던 것처럼 행동한다. 이 두 가지 표상 가능성은 관찰 대상의 움직임과 나 자신의 움직임을 비교하는 것으로 이어진다. 타인의 움직임이 과도하고 얼토당토않을 정도로 부적절할 때 내가 발생 상태를 이해하기 위해, 즉 동원이 저지된 것 같은 상태를 이해하기 위해 더 많이 들인 비용은 쓸데없는 것으로 간주되고, 이로써 다른 곳으로의 전용이나 경우에 따라 웃음의 배출을 위해 자유로워진다. 거기다 다른 유리한 조건이 추가되면, 이런 식으로 희극적 움직임에서 즐거움이 생성되고, 자기 움직임과의 비교를 통해 과잉으로 판명되고 사용할 수 없게 된 신경 자극의 비용이 발생한다.

이제 우리는 두 방향으로 논의를 전개해야 한다. 첫째, 과잉된 것을 배출하기 위한 조건을 확인해야 한다. 둘째, 희극적인 것의 다른 사례들도 움직임의 희극과 비슷한 방식으로 파악할 수 있는지 검토해야 한다.

먼저 두 번째 문제로 관심을 돌려, 움직임과 행위의 희극성에 이어 타인의 정신적 작업과 성격적 특징에서 발견되는 희극성을 살펴보자.

우리는 아는 것이 전혀 없는 수험생이 시험을 칠 때 만들어 내는 희극적 난센스를 이 유형의 표본으로 삼을 수 있다. 성격적 특징과 관련해서 단순한 예를 드는 것은 좀 더 힘들어 보인다. 그런데 우리는 희극적으로 보일 때가 많은 난센스와 어리석음이 모든 사례에서 희극적으로 느껴지지는 않는다는 사실, 그리고 어떤 때는 우리가 웃음을 터뜨렸던 희극적 성격이 다른 때는 경멸적이거나 혐오스럽게 보일 수도 있다는 사실에 현혹되어서는 안 될 것이다. 물론 간과해서도 안 되는 사실이지만, 그럼에도 단지 희극적 효과를 파악하려면 우리가 알고 있는 비교와는 다른 상황들, 그리고 우리가 다른 맥락에서 그 흔적을 찾을 수 있는 조건들을 감안해야 한다는 점을 시사할 뿐이다.

타인의 정신적·심리적 특성에서 발견되는 희극적인 측면도 분명 타인과 우리 자신을 비교한 결과다. 그런데 이상하게도 이 비교는 대개 희극적인 움직임이나 행위의 사례와는 상반된 결과로 나타난다. 신체적인 움직임의 경우엔 내가 필요하다고 생각하는 것 이상으로 타인이 비용을 들이는 것이 희극적으로 느껴졌다면, 정신적인 작업의 경우엔 내가 필수 불가결하다고 여기는 비용을 타인이 절약할 때 희극적으로 느껴진다. 왜냐하면 난센스와 어리석음은 그 자체로 에너지를 덜 들인 것이기 때문이다. 이렇듯 신체적 움직임의 경우 우리는 타인이 너무 어렵게 해서 웃고, 정신적인 작업의 경우는 타인이 너무 쉽게 해서 웃는다. 그렇다면 희극적 효과에서는 오직 두 가지 에너지 집중 비용, 즉 감정이입의 에너지와 우리 자신의 에너지 사이의 차이가 중요하지, 이 차이가 누구에게 유리한지는 중요해 보이지 않는다. 그런데 처음엔 우리의 판단을 혼란스럽게 하는 이런 특이한 측면도 육체노동을 줄이고 정신노동을 늘리는 것이 고도의 문화 단계로 나아가는 우리의 발전 방향이라는 점을 고려하면 충분히 이해된다. 우리는 정신적 비용을 높임으로써 움직임에 드는 비용을 줄이고도 동일한 성과에 도달할 수 있고, 이런 문화적 성과를 증명해 주는 것이 바로 기계다.[5]

따라서 우리 자신과 비교해서 육체적인 일에는 비용을 너무 많이 들이고, 정신적인 일에는 비용을 너무 적게 들이는 사람이 우리에게 희극적으로 보이는 것도 위의 맥락과 일치한다. 이 두 경우에서 우리의 웃음은 의심할 바 없이 우리가 그 사람에 대해 느끼는 즐거운 우월감의 표현으로 보인다. 만일 두 경우에서 상황이 뒤바뀌면, 즉 타인의 육체적 비용이 우리 것보다 적어 보이고, 정신적 비용은 더 큰 것처럼 느껴지면 우리는 더 이상 웃지 않고, 그저 놀라고 경탄하게 된다.[6]

5　이런 속담도 있다. 〈머리를 쓰지 않으면 다리가 고생한다〉 — 원주.
6　희극성의 조건에서 일관되게 나타나는 이 대립, 즉 어떤 때는 과잉이, 어떤 때

희극적 즐거움이 타인과 우리 자신의 비교, 즉 감정이입 비용과 우리 자신의 비용 사이의 차이에서 나온다고 하는 이러한 설명은 발생론적으로 가장 중요해 보인다. 하지만 그게 유일한 기원이 아님은 분명하다. 우리는 언젠가 타인과 우리 자신 사이의 그런 비교를 제쳐 두고 즐거움을 가져다주는 차이를 단지 한 측면에서만, 그러니까 감정이입이건 우리 자신 속의 과정이건, 둘 중 한 측면에서만 끌어내는 법을 알게 되었고, 그것을 우월감이 희극적 즐거움의 본질적 요소가 아니라는 증거로 제시했다. 비교는 희극적 즐거움의 생성에 없어서는 안 되는 요소다. 우리는 이 비교가 동일한 작업과 관련된 연속적인 두 가지 에너지 집중 비용 사이에서 이루어진다고 생각하는데, 이것은 우리가 타인에게 감정이입하는 과정에서 만들어지는 비용이거나, 아니면 그것과 관계없이 우리 자신의 정신적 과정 속에서 발견되는 비용이다. 우리 자신과의 비교가 아니라는 점만 다를 뿐 여전히 타인이 일정한 역할을 하는 첫 번째 경우, 즐거움을 가져다주는 집중 비용의 차이는 우리가 〈상황〉이라 요약할 수 있는 외부적 영향으로 생기는데, 이 때문에 이런 종류의 희극을 〈상황 희극〉이라 부르기도 한다. 이때 희극성을 제공하는 인물의 특성은 별로 중요하지 않다. 그 상황에서는 우리도 똑같이 행동했을 거라고 생각하면서도 우리는 그 상황을 보고 웃는다. 여기서 우리는 왜소한 인간과 거대한 힘으로 느껴질 때가 많은 외부 세계와의 관계에서 희극성을 끄집어내는데, 이때 외부 세계는 인간의 정신적 과정에서는 인습이나 사회적 강제성, 심지어 인간 자신의 육체적 욕구로 표현된다. 두 번째 유형의 전형적인 사례는 정신적인 힘을 요하는 어떤

는 결핍이 희극적인 즐거움의 원천으로 나타난다는 사실이 우리의 문제를 혼란스럽게 하는 데 적지 않은 몫을 했다. 립스의 『희극과 유머』 참조 — 원주.

활동이 고통이나 배설 욕구로 갑자기 방해를 받는 상황에서 생긴다. 감정이입에서 우리에게 희극적 차이를 제공하는 대립은 방해받기 이전의 높은 관심과 방해받은 이후에도 정신적 활동에 아직 남아 있는 최소한의 관심 사이의 대립이다. 이런 차이를 제공하는 인물은 열등한 인간으로서 우리에게 희극적으로 비친다. 하지만 여기서 열등함은 우리와 비교해서가 아니라 그 사람의 이전 모습과 비교해서 그런 것뿐이다. 우리 역시 같은 상황에서는 다르게 행동할 수 없다는 것을 잘 알기 때문이다. 다만 우리가 그런 똑같은 혹은 비슷한 곤경에 빠졌을 때는 단지 고통스러운 감정만 느끼는 데 반해 타인에게 감정이입을 했을 때는, 그러니까 타인이 그런 상황에 빠져 허우적거리는 것을 볼 때는 희극적으로 느껴진다는 점은 주목할 만하다. 아마 우리 자신을 직접적인 고통에서 떼어 놓아야만 변화된 집중의 비교에서 생겨나는 그 차이를 즐거움의 차이로 향유하는 것이 가능해지는 듯하다.

우리 안의 집중 에너지 변동에서 발견되는 희극성의 또 다른 원천은 우리가 기대 표상으로 예측하곤 하는 미래의 일과 관련이 있다. 나는 우리가 기대 표상을 가질 때마다 양적으로 일정한 에너지가 소모되고, 기대한 대로 일이 진행되지 않을 경우 그 에너지가 일정한 차액만큼 줄어든다고 가정한다. 앞서 〈표상의 몸짓〉과 관련해서 언급한 부분을 떠올려 보기 바란다. 그런데 기대의 경우, 실제로 동원된 집중 에너지를 입증하는 것은 훨씬 쉬워 보인다. 어떤 움직임의 준비 동작이 기대를 야기한다는 것은 많은 사례들에서 분명히 나타난다. 특히 나의 움직임에 대해 모종의 기대가 요구되는 경우는 모두 그렇다. 이 준비 동작은 곧장 양적으로 규정될 수 있다. 나는 내게로 던져진 공을 잡아야 한다고 예상하면 공의 충격을 견뎌 내려고 몸을 잔뜩 긴장시킨다. 그런데 공이 굉장히 가벼울 경우 내가 보인 과도한 움직임은 남들에게 우습게 비친다. 기대로 인한 과도한 운동 비용이 희극적으로 비친 것이다. 다른 예로, 아주 무거워 보이는 과일을 바구니에서 들어 올리려고 잔뜩 힘을 주는데, 실은 그게 속이 빈 밀랍 모조품으로 드러날 때도 마찬가지다. 내 두 손이 너무 빠르게 과일을 획 들어 올림으로써 내가 목적에 맞지 않게 과도한 신경 자극을 준비한 것으로 드러나고, 그런 내 모습이 다른 사람들에게 웃음을 안긴다. 심지어 동물에 대한 생리학적 실험으로 기대 비용을 직접 계량화한 경우도 있다. 파블로프 I. P. Pavlov는 침 분비 실험을 위해 개의 입에다 침 분비량을 측정할 관을 설치한 다음 개들에게 다양한 음식을 보여 주었다. 침 분비량은 실험 조건이 개들에게 앞에 놓인 음식을 정말 먹게 될 거라는 기대를 강화하거나, 아니면 그저 개들을 속인 것뿐이냐에 따라 확연히 달랐다. 기대된 것이 나의 운동성이 아닌 단순히 감각 기관에 대한 요구만 담고 있을 경우에도 나는 이렇게 예상할 수 있다. 기대는 어느 정도 운동적 에너지의 지출 속에서 감각의 긴장으로, 그리고 기대하지 않은 다른 인상들을 막는 것으로 표출된다고. 또한 주의력의 조절은 일정한 비용 지출에 견줄 만한 운동의 성과로 이해될 수 있다. 게다가 기대의 준비 활동은 기대된 인상의 크기와 무관한 것이 아니고, 기대의 크고 작음은 전혀 기대가 없는 의사 전달이나 사고의 경우처럼 좀 더 크거나 좀 더 적은 준비 비용을 통해 몸짓으로 드러난다는 전제도 가능해 보인다. 물론 기대 비용은 여러 가지 요소로 이루어져 있다. 마찬가지로 기대에 대한 실망에도 여러 요소가 고려된다. 예를 들어 실제 결과가 기대보다 감각적으로 더 크게 나타났는지 작게 나타났는지 하는 문제뿐 아니라 기대에 걸었던 우리의 관심에 걸맞은지도 고려 대상인 것이다. 이렇게 해서 나는 크고 작음의 표현(표상의 몸짓)에 드는 비용 외에 주의력 집중 비용(기대 비용)과 다른 경우에서는 추상화 비용도 고려해야 할 것 같은 생각이 든다. 그런데 이런 다른 종류의 비용은 크고 작음의 단위로 쉽게 환원될 수 있다. 왜냐하면 좀 더 흥미로운 것, 좀 더 숭고한 것, 심지어 좀 더 추상적인 것조차 좀 더 큰 것의 특별한 성질을 가진 특수 사례일 뿐이기 때문이다. 립스 같은 연구자들에 따르면 질적인 대조가 아닌 〈양적인〉 대조가 일차적으로 희극적 즐거움의 원천으로 간주되고 있는 점을 감안하면 우리가 움직임의 희극을 연구의 출발점으로 삼은 것은 전체적으로 잘한 일처럼 보인다.

립스는 여기서 반복적으로 인용된 자신의 책에서 〈희극성은 물거품이 돼 버린 기대〉라고 설명함으로써 희극적 즐거움을 보편적으로 〈기대〉에서 끌어내고자 했다. 그런데 이 시도가 일구어 낸 여러 유익하고 소중한 결과에도 불구하고 나는 다른 연구자들이 그에게 가한 비판에 동조하고 싶다. 즉 립스는 희극성의 기원을 너무 협소하게 파악했을 뿐 아니라 희극적 현상들을 그의 도식에 집어넣으려면 상당한 강제성이 동원될 수밖에 없다는 것이다.

2

우리는 살아가면서 자연스럽게 만나게 되는 희극적인 것만 즐기는 데 그치지 않고, 희극적인 것을 의도적으로 만들어 내려고 한다. 이때 사람들을 웃기는 의도적인 수단을 연구해 보면 희극적인 것의 본질을 더 많이 알 수 있을 듯하다. 우리는 남을 즐겁게 해주려고 무엇보다 자기 자신을 희화화하는 수단을 사용한다. 예를 들어 스스로 미숙한 인간이나 바보인 척 행동하면서 말이다.

그러면 우리는 에너지 비용의 차이를 만들어 내는 비교 조건을 충족함으로써 우리가 정말 바보인 것 같은 희극성을 만들어 낸다. 그런데 이를 통해 우리는 우리 자신을 우스꽝스럽거나 경멸스럽게만 만드는 것이 아니라 경우에 따라선 우리에 대한 감탄을 불러일으킬 수도 있다. 우리가 단지 그런 척한 것뿐이라는 사실을 타인이 알게 되면 우월감이 생길 리 없다. 이것은 희극이 원칙적으로 우월감과 무관하다는 것을 보여 주는 또 다른 좋은 증거다.

타인을 우스꽝스럽게 만드는 수단으로는 주로 상황 희극이 사용된다. 그러니까 외부 상황, 특히 사회적 요소들에 종속될 수밖에 없는 인간의 속성을 이용해서 당사자의 개인적 특성과는 무관하게 우스꽝스럽게 비칠 수밖에 없는 상황으로 몰아넣는 것이다. 이처럼 희극적 상황에 빠뜨리는 것은 누군가의 다리를 걸어 우스꽝스럽게 넘어지게 함으로써 바보처럼 보이게 하는 실질적인 행동으로 나타날 수도 있고, 남의 말을 잘 믿는 타인의 성격을 이용해서 말도 안 되는 것을 믿게 할 수도 있으며, 아니면 말이나 장난으로 지어낼 수도 있다. 이것은 남을 공격하는 좋은 보조 수단으로 사용되곤 한다. 희극적 즐거움은 희극적 상황의 리얼리티와는 무관하게 작동하기 때문이다. 따라서 누구나 무방비 상태로 우스운 꼴을 당할 수 있다.

그 밖에 희극적으로 만드는 데 사용되는 수단들 중에는 특히 주목할 만하고 부분적으로 희극적인 즐거움의 새로운 원천을 보여 주는 것들이 있다. 예를 들면 〈흉내〉가 그렇다. 이것은 희화화하는 과장과는 아직 거리가 멀지만 큰 희극적 즐거움을 청자에게 보장하고, 그 대상을 희극적으로 만든다. 〈캐리커처〉의 희극적 작용이 단순한 흉내 내기의 일환이라는 점을 설명하기란 상대적으로 무척 쉽다. 캐리커처, 패러디, 트라베스티, 그리고 이것들의 실질적인 짝에 해당하는 폭로는 권위와 존경을 요구하는 인물이나 대상, 또 어떤 의미에서는 〈숭고한〉 인물이나 대상을 공격하는 데 이용된다. 이는 〈격하Herabsetzung〉라는 독일어 자체가 보여 주듯 끌어내림의 방식이다.7 숭고함이란 정신적 차원에서 〈큰 것〉을 의미한다. 나는 육체적으로 큰 것과 마찬가지로 숭고함 역시 과다 비용으로 표출된다고 가정하고 싶다. 아니, 가정을 넘어 다시금 강조하고 싶다. 우리는 무언가 숭고한 것을 말하려고 할 때면 목소리뿐 아니라 표정이 바뀌고, 몸짓 하나하나까지 우리가 표상하는 것의 품격과 일치시키려고 노력한다. 그건 유심히 관찰하지 않아도 쉽게 확인할 수 있다. 군주나 위대한 학자 같은 숭고한 인물들 앞에 설 때와 별반 다르지 않게 우리 자신에게 엄숙함을 강요하는 것이다. 표상의 몸짓에서 이런 식의 다른 신경 자극이 과다 비용을 만들어 낸다고 보아도 무방할 듯하다. 이러한 과다 비용의 세 번째 경우는 우리가 구체적이고 유형적이고 익숙한 사고 대신 추상적인 사고 과정에 빠질 때 발견된다. 만일 우리가 숭고한 것을 끌어내리는 위의 방식들을 통해, 숭고한 것을 그저 평범한 것으로 생각할 수 있다면, 그러니까 군대 용어를 빌리자면 우리가 〈편히 쉬어〉 자세를 취할 수 있을 만큼 굳이 조심할 필요가 없는 평범한 것으로 생각할 수 있다면 우리는 엄숙한 강요에 드는 과다 비용을 절약할 수 있다. 그리고 감정이입을 통해 고무된 이 표상 방식과 지금껏 익숙해져 있던 표상 방식을 비교함으로써 또다시 웃음으로 배출될 수 있는 비용 차이가 생겨난다.

다들 알다시피 〈캐리커처〉는 숭고한 대상의 전체적인 인상에

---

7 격하는 격을 떨어뜨린다는 것을 말한다(*Degradation*). 베인은 『감정과 의지』(1865)에서 이렇게 말한다. 〈다른 강력한 감정을 야기하지 않는 상황에서 어떤 품위 있는 인물이나 관심사를 깎아내리는 것이 희극이 하는 일이다〉 ― 원주.

서 그 자체로는 희극적이지만 대상의 전체 이미지로 봤을 때는 간과되기 일쑤인 개별 부분만 따로 떼어 내어 강조함으로써 대상의 격을 떨어뜨리는 기법이다. 이런 분리를 통해 생겨난 희극적 효과는 우리의 기억 속에서 대상의 전체적인 이미지로 확장된다. 이때 조건은 숭고한 것의 존재 자체가 우리 안에 경외감으로 각인되어 있지 않아야 한다는 것이다. 그런데 캐리커처는 간과된 희극적 특징이 존재하지 않을 때도 서슴없이 희극적이지 않은 어떤 부분을 과장함으로써 희극성을 만들어 낸다. 현실의 이런 위조로도 캐리커처의 효과가 본질적으로 훼손되지 않는다는 점은 다시금 희극적 즐거움의 기원에 대한 특징으로 드러난다.

〈패러디〉와 〈트라베스티〉는 다른 방식으로, 즉 우리가 잘 아는 인물의 성격, 말, 행위 사이의 통일성을 파괴하고, 숭고한 인물이나 그의 말을 저급한 것으로 대체함으로써 숭고함을 격하시킨다. 이런 점에서는 캐리커처와 구분되지만, 희극적 즐거움의 생산 메커니즘 면에서는 차이가 없다. 누군가 속임수로 얻은 품위와 권위를 박탈하려고 할 때 사용되는 폭로의 수법에도 동일한 메커니즘이 작동한다. 우리는 폭로의 희극적 효과를 이미 몇몇 농담의 예에서 알고 있다. 예를 들어 출산 중인 한 귀부인이 아파 죽겠다고 소리를 지를 때는 꿈적도 않던 의사가 부인의 입에서 〈크아아아아악〉 하고 괴성이 터져 나오자 비로소 움직인 이야기가 그렇다. 희극적인 것의 특징을 알게 된 지금으로선 이 이야기가 원래 희극적 폭로의 한 예이고, 농담이라고 불릴 만한 타당한 이유가 없음을 부인할 수 없다. 이 예가 농담을 연상시킨 이유는 특별한 연출, 즉 〈아주 사소한 것을 통한 묘사〉라는 기술적 수단을 사용하고 있기 때문인데, 여기서 아주 사소한 것은 출산 징후의 지표로 사용된 산모의 괴성이다. 그럼에도 우리가 판단을 내릴 때, 우리의 언어 감각이 이런 이야기를 농담이라 부르는 것에 반기를 들지 않는 경우는 비일비재하다. 그에 대한 이유로 우리의 언어 사용이 우리가 여기서 지난한 연구를 통해 획득한, 농담에 관한 과학적 인식에서 출발하는 것이 아니라는 점을 들 수 있다. 은폐된 희극적 즐거움의 원천으로 다시 접근하게 해주는 것이 농담의 역할이기에 희극성을 노골적으로 드러내지 않는 수법들도 모두 넓은 의미에서는 농담이라 부를 수 있다. 이 점은 희극 만들기의 여타 방법에도 적용되지만 특히 폭로의 기법에 잘 들어맞는다.[8]

우리가 잘 알고 있는 희극 만들기의 수법, 즉 인간 누구에게나 있는 약점, 특히 인간 정신의 성취가 결국 육체적 욕망에 종속되어 있다는 점을 지적함으로써 개인의 품위를 떨어뜨리는 수법들도 폭로의 범주에 넣을 수 있다. 그렇다면 여기서 폭로는 반신(半神)처럼 추앙받는 인물도 결국 나와 너처럼 평범한 인간일 뿐이라는 사실에 대한 일깨움의 의미를 띠고 있다. 그 밖에 인간 정신의 풍성한 성취와 표면적인 자유 뒤에 존재하는 단조로운 심리적 자동화를 들추어내려는 노력도 모두 폭로의 기법에 속한다. 우리는 그러한 〈폭로〉의 예를 중매쟁이 농담에서 알게 되었고, 그때 이 이야기들을 농담의 범주에 넣는 것이 타당한지 의구심을 품었다. 하지만 이제는 자신 있게 결정 내릴 수 있다. 중매쟁이의 말에 힘을 싣기 위해 따라간 사람이 마지막엔 신부가 곱사등이라는 사실까지 기계적으로 반복해서 인정하고 마는 그 일화 역시 본질적으로 희극적인 이야기이자, 심리적 자동화를 폭로하는 예라고 말이다. 그런데 여기서 희극적 이야기는 그저 표면으로만 이용될

---

8 〈그렇다면 상황 희극이건 견해 희극이건, 희극적인 것을 의도적이고 능숙하게 만들어 내는 것은 모두 농담이라고 할 수 있다. 물론 농담의 이 개념은 여기선 사용할 수 없다.〉 립스의 『희극과 유머』 — 원주.

뿐이다. 중매쟁이 일화의 숨겨진 의미에 주목하는 사람에게 이 이야기는 전체적으로 탁월하게 연출된 농담으로 비치는 반면에 거기까지 들어가지 않는 사람에게는 희극적인 이야기로 남을 뿐이다. 다른 중매쟁이 농담, 즉 신랑감의 반박을 물리치려고 하지만, 결국엔 〈저 사람들한테 저런 걸 빌려줄 사람이 어디 있다고!〉 하고 외침으로써 진실을 인정하고 마는 농담도 마찬가지다. 희극적 폭로가 농담의 표면으로만 작용하고 있는 것이다. 하지만 이 경우는 농담의 특징이 한결 더 뚜렷하다. 이 중매쟁이 이야기는 반대를 통한 표현이기도 하기 때문이다. 다시 말해 중매쟁이는 신부 집이 부자라는 사실을 증명하려고 하면서도 실은 부자가 아니라 아주 가난하다는 것을 동시에 증명하고 있는 것이다. 여기서 농담과 희극은 조합되어 있고, 이는 동일한 진술이 농담인 동시에 희극적인 것이 될 수 있음을 가르쳐 준다.

우리의 원래 과제는 희극적인 것의 본질 규정이 아니라 농담과 희극의 관계를 해명하는 것이었기에 이제 폭로의 희극성에서 농담으로 다시 돌아갈 생각이다. 그 때문에 어떤 것이 희극인지 농담인지를 두고 우리 감정에 혼란을 주었던 심리적 자동화의 사례에 이어, 마찬가지로 농담과 희극이 혼란스럽게 뒤섞여 있는 다른 경우, 즉 난센스 농담을 살펴보기로 하자. 우리의 연구를 통해 이 두 번째 사례에서 농담과 희극의 병발(併發)이 이론적으로 도출될 수 있음이 드러날 것이다.

우리는 농담 기술의 논구에서 무의식 속에서는 일반적이지만 의식 속에서는 〈사고의 오류〉로 평가될 수 있는 사고방식들의 허용이 수많은 농담들의 기술적 수단임을 확인했다. 물론 그런 다음에는 다시 그것들의 농담적 성격에 의문이 들어 그저 희극적인 이야기로만 분류하려 했다. 처음엔 농담의 본질적 성격을 모르는 상태였기에 우리는 그런 의문에 대해 아무 결론도 내릴 수 없었다. 그러다 나중에 꿈 작업과의 유추를 통해, 농담 작업의 본질적 성격이 어릴 적의 언어적 즐거움과 난센스적 즐거움을 포기하지 않으려는 충동과, 이성적 비판의 요구 사이에서 타협한 결과임을 알게 되었다. 사고의 전의식적 실마리가 한순간 무의식의 가공에 내맡겨지면 타협의 결과로 나타나는 것은 모든 사례에서 항상 양쪽의 요구를 만족시키지만, 이성적 비판에는 다양한 형태로 나타나고 각각 상이한 평가를 받을 수밖에 없다. 농담은 별 의미는 없지만 어쨌든 허용된 문장 형식을 취하기도 하고, 또 어떤 때는 가치 있는 사고 표현 속에 슬그머니 끼어들기도 한다. 그런데 타협 성과가 경계선상에서 모호할 경우 농담은 비판을 만족시키기를 포기하고, 즐거움의 원천에 저항하면서 비판 앞에 순수한 난센스로 모습을 드러내면서 자신의 모순을 일깨우기를 주저하지 않는다. 왜냐하면 청자가 일그러진 표현을 무의식적인 가공으로 바로잡고, 그로써 거기다 의미를 재부여하리라 예상하기 때문이다.

그렇다면 농담은 어떤 경우에 비판 앞에 난센스로 나타날까? 무의식에선 일반적이지만 의식적 사고에선 기피되는 사고방식, 즉 사고의 오류를 사용할 때 특히 그렇다. 그러니까 무의식의 사고방식 가운데 일부는, 예를 들어 여러 유형의 간접적 표현이나 암시 같은 것들은 의식적으로 사용될 경우 훨씬 많은 제약을 받는데도 불구하고 여전히 의식에 수용 가능하다. 농담은 이런 기술들을 사용함으로써 거부감을 야기하지 않으며, 야기하더라도 미미한 수준에 그친다. 또한 의식적 사고가 더 이상 알고 싶어 하지 않는 그 수단들을 사용할 때에야 그런 성공이 이루어진다. 농담은 케이크와 리큐어 이야기, 연어 요리 이야기의 경우처럼 사용된 사고의 오류를 은폐하고, 그것에 논리의 외피를 입힐 때도 거부감을 피할 수 있다. 반면에 농담이 사고의 오류를 직설적으로 드러내면 이성적 비판의 반박을 초래할 수밖에 없다.

이 경우 다른 것이 농담에 도움이 된다. 농담이 기술로 사용하는 무의식의 사고방식인 사고 오류는 비판의 눈엔 일반적으로 그런 건 아니지만 희극적으로 비친다. 오류로 배척받는 무의식적 사고방식의 의식적 허용은 희극적 즐거움의 생성을 위한 수단이고, 이 점은 쉽게 이해될 수 있다. 왜냐하면 전의식적 에너지에 집중하는 것이 무의식적 에너지의 집중을 허용하는 것보다 훨씬 더 많은 비용이 들기 때문이다. 우리는 무의식 속에서 형성된 것 같은 사고를 접할 때 자연스레 이것을 교정된 사고와 비교하게 되는데, 그로써 비용의 차이가 발생하고, 거기서 희극적 즐거움이 생겨난다. 따라서 그런 사고 오류를 기술로 사용하고, 그로 인해 난센스처럼 비치는 농담은 희극적 효과를 동시에 낼 수 있다. 만일 농담의 흔적을 쫓지 않는다면 남는 것은 다시 희극적 이야기, 즉 익살뿐이다.

빌린 솥에 관한 이야기는 무의식적 사고방식의 허용에서 비롯된 순수한 희극적 효과의 탁월한 예다. 솥을 빌린 사람이 구멍 난 솥을 돌려주면서 주인에게 이렇게 변명한다. 첫째, 자신은 솥을 빌린 적이 없고, 둘째, 솥은 이미 빌릴 때부터 구멍이 나 있었고, 셋째, 자신은 온전한 상태로 솥을 돌려주었다는 것이다. 그 자체로는 각각 근거가 충분하지만 모아 놓으면 서로를 배척하는 이러한 사고들도 무의식의 영역에서는 전혀 문제 될 것이 없다. 마찬가지로 무의식적 사고방식이 선명하게 드러나는 꿈에서도 〈이것 아니면 저것〉[9]이 아니라 오직 두 개의 동시적 병존만 존재한다. 나는 『꿈의 해석』에서 그 혼란스러움에도 불구하고 해석 작업의

9 양자택일의 논리는 기껏해야 꿈을 해석하는 사람에게나 존재한다 — 원주.

표본으로 택한 어떤 꿈을 예로 들면서 심리 치료로도 그 여자 환자의 고통을 없애 주지 못한 자책감을 다음과 같은 방식으로 덜려고 했다.[10] 첫째, 환자가 나의 해결책을 받아들이려 하지 않았기 때문에 병에 대한 책임은 환자 본인에게 있다. 둘째, 환자의 고통은 기질적인 것이기에 나로서는 어찌해 볼 것이 없다. 셋째, 환자의 고통은 나하고는 전혀 상관없는, 과부라는 사실과 관련이 있다. 넷째, 환자의 고통은 다른 사람이 불결한 주사기로 놓은 것에서 비롯되었다. 이 모든 근거는 마치 하나가 다른 것을 배척하지 않는 것처럼 병렬되어 있다. 하지만 나는 터무니없는 근거라는 비난을 피하려면 꿈의 〈그리고〉 대신 〈이것 아니면 저것〉을 넣어야 했을 것이다.

비슷한 희극적 이야기가 있다. 헝가리의 한 마을에서 대장장이가 죽어 마땅한 범죄를 저질렀는데, 시장은 대장장이가 아닌 재봉사를 교수형에 처하게 한다. 왜냐하면 재봉사는 이 마을에 두 명이지만 대장장이는 한 명뿐이고, 게다가 일어난 범죄에 대해서는 어쨌든 처벌을 해야 했기 때문이다. 한 사람의 죄를 이런 식으로 다른 사람에게 전가하는 것은 의식적 논리 법칙에서는 당연히 말도 안 되는 것이지만, 무의식적 사고방식의 입장에서는 전혀 그렇지 않다. 나는 이 이야기를 주저하지 않고 희극적이라 부른다. 그런데 앞서 솥의 일화는 농담에 포함시켰다. 그렇다면 이제 이 일화 역시 농담보다는 〈희극〉에 넣는 것이 더 적절하다는 사실을 시인할 수밖에 없다. 나는 다른 때 같으면 그렇게 확실했던 내 감정이 어떻게 이 이야기에 대해서만큼은 희극인지 농담인지 의구심을 품고 있는지 그 이유를 이제는 안다. 이 이야기는 무의식 고유의 사고방식을 들춤으로써 희극성이 생겨날 경우 감정에 따

10 『꿈의 해석』 참조 — 원주.

라 결정을 내릴 수 없다는 것을 보여 주는 것이다. 이런 유형의 이야기는 희극인 동시에 농담일 수 있다. 하지만 내게는 그런 것들이 단순히 희극적이라고 하더라도 농담이라는 인상을 줄 것이다. 왜냐하면 앞서 살펴본 바와 같이 숨겨진 희극성을 들추어내는 것뿐 아니라 무의식적 사고방식인 사고 오류를 사용한 것이 내게는 농담을 떠올리게 하기 때문이다.

나는 이 논의에서 가장 까다로운 지점, 그러니까 농담과 희극의 관계를 해명하는 데 주력해야 하기에, 앞서 말한 내용들에 몇 가지 부정적인 언급들을 추가하고자 한다. 우선, 여기서 다룬 농담과 희극의 병발 사례는 앞서의 것과 동일한 것이 아니라는 점을 지적할 수 있다. 이것은 상당히 미세하지만 분명히 구분이 가능하다. 앞의 사례에서 희극성은 심리적 자동화를 들추어낸 것에서 비롯되었다. 그런데 심리적 자동화는 무의식에만 고유한 특성이 아니고, 농담 기술에서도 두드러지는 역할을 하지 않는다. 폭로는 농담의 다른 기술, 예컨대 반대를 통한 표현 같은 것을 사용함으로써 우연히 농담과 관계를 맺을 뿐이다. 반면에 무의식적 사고방식이 허용된 경우, 농담과 희극의 병발은 필연적이다. 왜냐하면 농담 생산자에게 즐거움의 방출 기술로 사용된 것과 동일한 수단이 그 본질상 제삼자에게도 희극적인 즐거움을 안겨 주기 때문이다.

우리는 후자의 사례를 일반화하고 싶은 유혹에 빠질 수 있고, 제삼자에게 미치는 농담의 작용이 희극적 즐거움의 메커니즘에 따라 이루어진다는 사실에서 농담과 희극의 관계를 찾고 싶기도 하다. 하지만 이 부분은 배제될 수밖에 없다. 희극적인 것과의 접촉은 모든 농담, 또는 대부분의 농담에 해당하지 않는다. 오히려 농담은 대부분의 경우 희극과 깔끔하게 구분된다. 농담이 난센스의 외관을 벗는 데 성공하면, 그러니까 대부분의 중의적 농담과 암시 농담의 경우 희극적인 것과 비슷한 작용은 청자에게서 전혀 발견되지 않는다. 우리는 이것을 예전에 전달한 예들이나 몇몇 새로운 사례들로 검토해 보고자 한다.

한 도박꾼이 70회 생일에 다음과 같은 축하 전보를 받는다. 〈트랑테카랑트*Trente et quarante.*〉[11] (암시가 담긴 분해)

헤베시는 담배 생산 과정을 이렇게 묘사한다.

〈연황색 잎들이 (……) 발효 촉진제 속에 담가져*Beize getunkt* 이 액체 속에서 부식되었다*Tunke gebeizt.*〉(동일한 재료의 반복 사용)

드 맹트농de Maintenon 부인은 드 맹트낭de Maintenant 부인으로 불렸다.[12] (이름의 변형)

케스트너 교수가 시연 도중 망원경 앞을 가린 왕자에게 말했다. 「왕자님, 저는 전하께서 존엄한durch*läuchtig* 분이신 줄은 알고 있었지만, 투명하시지는durch*sichtig* 않군요.」

안드라시 백작은 아름다운 외모의 장관*Minister des schönen Äußeren*이라 불렸다.

---

11 〈30 and 40〉이라는 뜻. 붉고 검은 마름모꼴 무늬가 있는 테이블 위에서 하는 카드 도박 게임.
12 *maintenant*은 〈지금, 현재, 오늘날〉이라는 뜻이다.

더 나아가 우리는 최소한 난센스의 외양을 가진 모든 농담이 희극적으로 비치고 그런 작용을 한다고 생각할 수도 있다. 하지만 나는 이 대목에서 그런 농담이 청자에게 다른 작용, 즉 당혹감과 거부감을 불러일으킬 때도 무척 많았다는 사실을 새삼 지적하고 싶다. 그렇다면 관건은 우리가 아직 이 문제에 대한 조건들을 연구하진 않았지만, 농담의 난센스가 희극적 난센스인지, 상스러운 난센스인지, 아니면 순수한 난센스인지 하는 문제다. 따라서 지금 우리에게 남은 결론은 이렇다. 농담은 본질상 희극적인 것과 구분되어야 하고, 다만 몇몇 특별한 경우 및 이지적 원천에서 즐거움을 얻으려는 경향에서만 희극적인 것과 병발할 수 있다는 것이다.

이제 농담과 희극의 관계에 대한 이 연구를 통해 둘 사이의 가장 중요한 차이로 강조될 뿐만 아니라 그와 동시에 희극의 심리학적 주요 특성을 가리키는 차이가 드러난다. 즉 농담적 즐거움의 원천은 무의식에 있는 것으로 보아야 하지만, 희극적인 것은 그리로 귀속시킬 이유가 없다는 것이다. 지금까지 우리가 시도한 모든 분석에 따르면 희극적 즐거움의 원천은 전의식에 귀속되어야 하는 두 가지 비용의 비교에 있었다. 결국 농담과 희극은 무엇보다 그것들이 자리하고 있는 정신적 장소에 따라 구분된다. 즉 〈농담은 무의식의 영역에서 비롯된 희극적 작업이다〉.

3

우리가 이렇게 원래의 주제에서 잠시 이탈한 것을 자책할 필요는 없다고 생각한다. 희극적인 것에 대한 연구로 우리를 몰아간 동기가 바로 농담과 희극의 관계이기 때문이다. 어쨌든 이제는 예전의 주제, 즉 희극 만들기에 사용되는 수단으로 돌아갈 시간이 되었다. 우리가 캐리커처와 폭로를 먼저 논의했던 것은 이 두 가지에서 〈흉내〉의 희극적 분석을 위한 몇 가지 접점을 추출할 수 있을 거라고 생각했기 때문이다. 흉내는 대개 몇몇 눈에 띄지 않는 특징을 가진 과장 및 캐리커처와 뒤섞여 있고, 그 자체로 격하의 성격도 갖고 있다. 하지만 이것이 그 본질의 전부는 아니다. 우리가 흉내의 충실성을 보고 웃는 것을 보면 흉내가 그 자체로 희극적 즐거움의 풍부한 원천이라는 사실을 부인할 수 없다. 베르그송의 견해(1900)를 받아들이지 않는 한 이에 대해 만족할 만한 설명을 찾기란 쉽지 않아 보인다. 그의 견해에 따르면 흉내의 희극성은 심리적 자동화의 희극에 접근한다. 베르그송은 살아 있는 인물에게서 무생물적 기계 장치를 떠올리게 하는 모든 것이 희극적으로 작용한다고 생각했고, 그에 대한 공식을 〈생명의 기계화 *Mécanisation de la vie*〉라고 표현했다. 그는 파스칼이 『수상록*Pensées*』에서 제기했던 문제, 즉 인간은 왜 그 자체로는 웃기지 않는 비슷한 두 얼굴을 비교하면서 웃는 것일까 하는 문제와 연결해서 흉내의 희극성을 설명한다. 〈우리 모두의 기대처럼 생명 있는 것은 결코 어떤 것도 서로 완벽하게 똑같이 반복되지 않는다. 만일 그런 반복이 발견된다면 우리는 매번 그 생명체 뒤에 기계 장치가 숨어 있다고 추측한다.〉[13] 지나치게 닮은 두 얼굴을 보게 되면 우리는 동일한 거푸집으로 찍어 낸 두 개의 물건이나 기계적인 생산과 비슷한 방식을 떠올리게 된다. 요컨대 이런 경우들에서 웃음의 원인은 생물체의 무생물로의 이탈일 것이다. 심지어 무생물로의 격하라고 말할 수도 있다. 우리가 만일 베르그송의 이 그럴듯한 설명을 받아들인다면 그의 견해를 우리의 도식에 끼워 넣는

13 베르그송의 『웃음』─ 원주.

것은 어렵지 않다. 경험은 우리에게 이렇게 가르친다. 생명 있는 모든 것은 타 개체와 다르고, 우리가 그것들을 이해하려면 일종의 비용이 든다고. 그런데 완벽한 일치나 기만적인 흉내로 인해 비용을 새로 들일 필요가 없을 때 우리는 실망하게 된다. 여기서 실망은 비용 경감이라는 의미에서의 실망인데, 쓸모없어진 기대 비용은 웃음으로 배출된다. 동일한 공식이 베르그송에 의해 그 가치가 인정된 희극적 경직성, 즉 직업적 습관과 고정관념, 그리고 틈날 때마다 반복되는 관용구 등에도 해당할 것이다. 이 모든 경우는 똑같아 보이는 것의 이해에 필요한 비용과 기대 비용의 비교로 나아가는데, 이때 기대가 더 큰 것은 살아 있는 것의 개별적 다양성과 입체성의 관찰에 근거한다. 따라서 흉내에서 희극적 즐거움의 원천은 상황 희극이 아니라 기대 희극일 것이다.

우리는 일반적으로 비교에서 희극적 즐거움을 도출하기 때문에 마찬가지로 희극 만들기의 수단으로 사용되는 비유의 희극성도 연구할 필요가 있다. 비유의 경우도, 이걸 농담으로 봐야 할지, 아니면 그냥 웃기는 이야기로 봐야 할지 우리의 〈감정〉이 곤란을 겪을 때가 많다는 점을 고려하면 이 문제에 대한 우리의 관심은 더욱 높아질 수밖에 없을 것이다.

그런데 이 문제는 우리가 그것에 기울이는 관심 이상으로 아주 조심스럽게 다루어져야 한다. 우리가 비유에서 묻는 핵심적인 것은 비유의 적절성, 즉 비유가 상이한 두 대상 사이에 실제로 존재하는 일치점을 제대로 포착하고 있는지의 여부다. 동일한 것의 재발견 속에 존재하는 근원적 즐거움(C. 그로스, 1899, 153면)이 비교의 사용을 장려하는 유일한 동기는 아니다. 거기다 다음 내용이 추가되어야 한다. 비유는 대개 그렇듯, 덜 익숙한 것을 더 익숙한 것과, 추상적인 것을 구체적인 것과 비교하고, 그 비교를 통해 좀 더 낯설고 어려운 것을 설명해 줌으로써 지적 작업을 더 수월하게 한다는 것이다. 이러한 모든 비교, 특히 추상적인 것과 구체적인 것의 비교는 추상화 비용의 절약(표상의 몸짓이라는 의미에서) 및 어느 정도의 격하와 연결되어 있다. 하지만 이것들만으로는 당연히 희극적인 것의 성격을 명백히 드러내는 데 충분치 않다. 희극적 성격은 갑자기 나타나는 것이 아니라 비교의 비용 경감이 주는 즐거움에서 점진적으로 나타난다. 희극적인 성격이 있는지 의심이 들 정도로 희극적인 것의 경계를 슬쩍 스쳐 지나가기만 하는 사례도 많다. 비교되는 두 대상 사이에서 추상화 비용의 차이가 커질 때, 그리고 진지하고 낯선 것, 특히 지적이거나 도덕적인 것이 진부하고 저급한 것과 비교될 때, 그 비교는 의심할 바 없이 희극적이다. 비교에서 일반적으로 재미가 넘치는 것의 희극적인 것으로의 이행, 그것도 양적인 관계에 의해 규정된 점진적인 이행은 비용의 경감에서 오는 즐거움과 표상의 몸짓에 해당하는 조건들의 관여로 설명될 듯하다. 이때 나는 오해를 피하기 위해 내가 비유의 희극적 즐거움을 두 비교 대상의 대조가 아니라 두 추상화 비용 사이의 차이에서 *끄*집어냈음을 강조하고 싶다. 이해하기 힘든 낯선 것, 추상적인 것, 그리고 지적으로 뛰어난 것들은 표상 과정에서 추상화의 비용이 전혀 들지 않는 익숙하고 저급한 것들과 비교됨으로써 그 자체가 저급한 것으로 폭로된다. 결국 비교의 희극성도 격하의 사례로 환원된다.

그전에 살펴보았듯이 비교는 희극적인 것이 섞인 흔적이 없을 때, 즉 격하에서 벗어날 때 농담이 될 수 있다. 그래서 진리를 누군가의 수염을 그슬리지 않고는 밀집한 군중 사이로 들고 갈 수 없는 횃불에 비유한 것은 빛바랜 관용구인 〈진리의 횃불〉을 의미 그대로 취했다는 점에서 순수 농담이고, 횃불이 구체적인 대상이기는 하지만 어느 정도 고결함을 지닌 대상으로 없어서는 안 된다는 점에서 결코 희극적이지 않다. 그런데 비유는 농담만큼이나 희극이 되기도 쉽다. 물론 비교가 일원화나 암시 같은 농담 기술의 임시변통인 점에서는 하나가 다른 하나에 종속되지 않는다. 그래서 네스트로이가 기억을 〈창고〉에 비유한 것은 희극인 동시에 농담이다. 이것이 희극인 이유는 기억이라는 심리학적 개념이 〈창고〉와 비교되면서 감수해야 하는 특이한 격하 때문이고, 농담인 이유는 비유를 사용한 상점 점원이 이 비교를 통해 심리학과 점원이라는 직업 사이에 예기치 못한 일원화를 만들어 내기 때문이다. 〈그러다 결국 내 인내의 바지는 더는 참지 못하고 단추들이 모두 떨어져 나갔다〉라는 하이네의 표현도 처음엔 단순히 저급한 희극적 비유의 탁월한 예처럼 보이지만, 더 자세히 들여다보면 농담의 성격을 인정할 수밖에 없다. 암시 수단으로서 비유가 외설적 영역으로 잘 스며들어 가 외설적인 것에서 즐거움을 느끼게 해주기 때문이다. 완벽한 우연의 산물은 아닌 이런 만남을 통해 동일한 재료에서 희극적 즐거움과 농담적 즐거움이 동시에 생겨난다. 한쪽의 조건이 다른 쪽의 발생을 촉진할 경우, 이 결합은 어떤 것이 농담이고 희극인지 우리에게 말해 줄 〈감정〉에 혼란스러운 영향을 미친다. 그에 대한 결론은 즐거움의 감정과 무관한 냉정하고 신중한 연구를 통해서만 내려질 수 있다.

희극적 즐거움의 더 내밀한 조건을 추적하고픈 유혹이 드는 게 사실이지만, 연구자라면 교육 면에서건 일상적 직업 면에서건 농담의 영역을 훨씬 벗어나는 수준으로 연구를 확장할 권리가 스스로에게 없다는 점을 염두에 두어야 한다. 게다가 희극적 비교라는 이 주제에 대해 자신이 아는 것이 별로 없다는 점을 고백해도 된다. 우리는 다른 많은 연구자들이 우리와는 달리 농담과 희극을 개념적으로나 객관적으로 명확하게 구분하지 않고, 농담을 단순히 〈말〉이나 〈단어〉의 희극성으로 생각한다는 점을 상기하고자 한다. 농담과의 비교를 위해 우리는 의도적이고 비자발적인 〈말 희극〉을 보여 주는 한 예를 선택해서 이 견해를 검증해 보겠다. 희극적 말을 농담적 말과 분명히 구분할 수 있다는 사실은 오래 전에 이미 언급한 바 있다.

어머니는 포크와 노력으로

그것을 국에서 건져 냈다.

이 말은 그냥 웃긴다. 희극적이라는 말이다. 반면에 괴팅겐 주민을 네 계급, 즉 〈교수, 대학생, 속물, 짐승〉으로 나눈 하이네의 말은 아주 뛰어난 농담이다.

의도적인 말 희극의 표본으로 나는 슈테텐하임의 「비프헨 Wippchen」[14]을 들고 싶다. 사람들은 슈테텐하임을 가리켜 재미있는 이야기를 잘 만드는 특출한 재주가 있다고 해서 재치 있는 사람이라고 부른다. 재치가 있다는 것은 실제로 그런 능력에 좌우된다. 베르나우의 통신원 비프헨의 편지들에는 온갖 종류의 농담이 풍성하게 담겨 있고, 그중에는 정말 괜찮은 농담들(예를 들어 야만인들의 행진을 〈나신의 향연〉이라고 표현한 것)이 산재되어 있어서 재치가 있다는 것은 부인할 수 없다. 그러나 이러한 생산물들에 독특한 성격을 부여하는 것은 그런 개별적인 농담이 아니라 그 속에서 넘쳐나는 언어적 희극성이다. 〈비프헨〉은 원래 풍자

14   슈테텐하임Julius Stettenheim(1831~1916)은 언론인으로 『클라이넨 저널 Kleinen Journal』의 부록인 「비프헨」 편집장으로 일하면서 말 농담으로 많은 경구를 만들어 냈다. 비프헨은 베를린 북동쪽에 위치한 베르나우라는 전원도시에서 당시 일어난 실제 사건들을 마치 종군기자처럼 보고하는 허구적 인물이다.

적 의도로 만들어진 인물이지만, 그 인물의 묘사로 생겨난 희극적 효과 때문에 작가의 풍자적 의도는 뒷전으로 밀리고 만다. 참고로 비프헨은 구스타프 프라이타크G. Freytag가 만들어 낸 슈모크[15]라는 인물의 변형이고, 슈모크는 국보급 문화재로 매매와 악용을 일삼는 교양 없는 인간들 중 하나다. 비프헨의 생산물은 대부분 〈희극적 난센스〉다. 작가가 이런 생산물의 축적으로 생겨난 즐거운 분위기를 이용한 것은 사회적으로 허용된 것들 옆에 그 자체로 도저히 수용할 수 없는 온갖 몰취미한 것을 보여 주기 위해서였고, 그건 당연히 타당한 방식이었다. 비프헨의 난센스는 이제 특수한 기술로 인해 특별한 난센스로 비친다. 이 〈농담들〉을 더 자세히 들여다보면 전체 생산물에 특징을 부여하는 몇 가지 유형이 눈에 띈다. 비프헨은 주로 잘 알려진 관용구와 인용문들을 합성(융합)하거나 변형하고, 진부한 개별 요소들을 수준 높고 가치 있는 표현 수단으로 대체하는 방식을 사용한다. 농담 기술에 근접하는 방식이다.

융합의 예를 들면 이렇다(서문과 본문 첫 페이지에서 고른 것들이다).

〈터키에는 해변의 건초만큼이나 돈이 많다.〉 이 표현은 〈건초처럼 많은 돈〉과 〈해변의 모래만큼 많은 돈〉이라는 두 관용구가 조합된 것이다.

이런 예도 있다.

〈나는 이제 지나간 영광을 증명하는 잎 떨어진 기둥에 지나지 않는다.〉 이 표현은 〈잎 떨어진 나뭇가지〉와 〈이러저러한 기둥〉이 압축된 것이다.

---

15 슈모크는 소설가이자 극작가인 구스타프 프라이타크의 희극 「언론인들Die Journalisten」(1854)에 나오는 파렴치한 언론인이다.

다른 예를 보자.

〈아우게이아스 외양간의 스킬라에서 빠져나갈 아리아드네의 실은 어디에 있는가?〉 여기서는 세 편의 그리스 신화가 한 요소씩 담당하고 있다.[16]

변형과 대체는 어렵지 않게 요약할 수 있다. 그 특징은 비프헨 특유의 다음 예들에서 드러나는데, 여기서는 익숙하다 못해 진부해져서 상투적인 말로 전락해 버린 표현이 항상 등장한다.

〈종이와 잉크를 키보다 더 높이 매달기.〉 흔히 우리는 누군가를 어려운 조건으로 몰아붙이는 것에 대한 비유로 빵 바구니를 누구의 키보다 높이 매단다고 말한다. 그렇다면 이런 비유를 다른 소재로 확장하지 못할 이유도 없어 보인다.

〈러시아인들이 한 번은 지고den Kürzeren ziehen, 한 번은 이긴den Längeren ziehen 전투들.〉 여기서 우리가 익히 알고 있는 표현은 전자, 즉 〈den Kürzeren ziehen〉[17]뿐이다. 이 말에서 반대되는 표현, 즉 〈den Längeren ziehen〉을 끄집어낸 것은 결코 터무니없어 보이지 않는다.

〈일찍이 내 안에서는 페가수스가 꿈틀거렸다.〉 만일 이 문장에서 〈페가수스〉[18]를 〈시인〉으로 대체하면 사람들의 자서전에 너무

---

16 아우게이아스의 외양간은 30년 동안 청소를 하지 않아 엄청난 분뇨가 쌓여 있던 것을 헤라클레스가 한나절 만에 깨끗이 청소한 외양간을 가리키고, 스킬라는 시칠리아 섬 인근 해협의 암초이자 머리 여섯 달린 괴물을 말하고, 아리아드네의 실은 미노스 왕의 딸 아리아드네가 영웅 테세우스를 미노타우로스의 미궁에서 구해 낼 때 쓴 실을 말한다.

17 〈den Kürzeren ziehen〉은 직역하면 〈짧은 쪽을 잡아당기다〉라는 뜻인데, 보통 〈패배하다, 곤궁에 빠지다, 불리해지다〉라는 의미로 사용되는 관용구다. 이 말의 본래 의미에 착안해서 〈긴 쪽을 잡아당기다den Längeren ziehen〉라는 말을 새로 만들어 내서 대립적으로 사용하고 있다.

18 그리스 신화에 나오는 날개 달린 천마(天馬)를 가리키는데, 시문학의 상징으로 쓰인다. 〈시적 열정〉, 〈시흥(詩興)〉이라는 비유적 의미도 있다.

자주 등장해서 식상해진 표현으로 전락하고 만다. 〈페가수스〉는 〈시인〉을 대체하기엔 적절치 않지만 사고의 관계망에서는 그것과 연결되어 있는, 울림이 큰 단어다.

〈나는 가시투성이 아이 신발을 신고 자랐다.〉 이 문장에서는 단순히 하나의 단어가 아니라 비유가 쓰이고 있다. 어린 시절과 관련 있는 비유인 〈오랫동안 신어서 늘어난 아이 신발〉을 〈가시투성이 아이 신발〉로 변주함으로써 어린 시절을 힘겹게 보냈음을 내비치고 있다.

비프헨의 풍성한 생산물 중에는 순수한 희극의 사례로 볼 수 있는 것이 더러 있다. 예를 들어 〈싸움은 몇 시간 동안 양쪽으로 물결치다가 결국은 무승부로 끝났다〉는 희극적 실망을 가리키고, 〈역사의 메두사, 클리오〉[19]나 〈신기루들에도 다들 각자 운명이 있다〉[20]는 희극적 폭로, 그것도 무지의 가면을 희극적으로 벗기는 경우에 속한다. 그런데 우리의 관심을 더 크게 일깨우는 것은 융합과 변형이다. 이것들은 우리도 잘 아는 농담 기술들을 다시 불러오기 때문이다. 예를 들어 〈원대한 미래를 뒤에 두고 있다〉거나 〈얼굴 앞에 이상을 갖고 있다〉거나 하는 농담들은 변형에 견줄 수 있고, 〈새 온천은 잘 낫는다〉라는 리히텐베르크의 농담은 아예 변형 농담의 범주에 든다. 그렇다면 동일한 기술을 사용한 비프헨의 생산물들도 이제 농담이라고 불러야 할까? 아니면 어떤 점에서 농담과 구분될까?

그에 대한 답을 찾는 것은 분명 어렵지 않다. 농담이 청자에게 두 얼굴을 내보이고 두 가지 상이한 견해를 강요한다는 점을 떠

19 클리오는 그리스 신화에 나오는 아홉 뮤즈 중 하나로 역사의 여신이다.
20 로마의 희극 작가 테렌티우스는 〈책에는 다들 각자 운명이 있다 *Habent sua fata libelli*〉라고 말했는데, 비프헨은 여기서 〈책〉을 〈신기루〉로 바꿨다.

올려 보자. 방금 언급한 난센스 농담의 경우, 한쪽에는 표현만 고려하는 견해, 즉 〈이것은 난센스다〉라고 하는 견해가 있고, 다른 쪽에는 청자가 암시를 쫓아 무의식 속으로 걸어 들어가면서 탁월한 의미를 발견하는 견해가 있다. 반면에 농담과 비슷한 비프헨의 생산물에서는 농담의 두 얼굴 중 한쪽이 마치 발육이 멈춘 것처럼 텅 비어 있다. 야누스의 두 얼굴 가운데 한쪽 얼굴만 완성된 상태와 비슷하다. 비프헨의 생산물에서는 기술에 의해 무의식으로 끌려 들어가는 일은 생기지 않는다. 또한 융합된 두 가지가 실제로 새로운 의미를 생성하는 일도 일어나지 않는다. 이 둘은 분석하려고 들면 완전히 분리되고 만다. 변형과 대체는 농담과 마찬가지로 일상적이고 알려진 표현들에 이르지만, 그 자체로 어떤 다른 것도, 그러니까 어떤 다른 가능성이나 쓸모 있는 것도 말하지 못한다. 이런 식의 〈농담들〉에는 이것이 난센스라고 하는 견해만 남을 뿐이다. 농담의 가장 본질적인 특징 중 하나가 빠진 이런 생산물들을 〈나쁜〉 농담이라고 불러야 할지, 아니면 아예 농담이 아니라고 해야 할지는 보는 사람에 따라 다를 수 있다.

이처럼 발육이 멈춘 듯한 농담들은 분명 우리가 한 가지 이상의 방식으로 준비해 둘 수 있는 희극적 효과를 낸다. 희극은 예전에 살펴본 사례들처럼 무의식적 사고방식을 들추는 것에서 생겨나거나, 아니면 즐거움을 만들어 내는, 완벽한 농담과의 비교에서 생겨난다. 그런데 희극적 즐거움의 이 두 가지 생성 방식이 여기서 동시에 작동하고 있다고 가정하지 못할 이유는 전혀 없어보인다. 또한 여기서 난센스를 희극적 난센스로 만드는 것이 바로 농담에 대한 불충분한 의존이라는 사실도 부인할 수 없다.

그러니까 이런 불충분함이 도달해야 할 것과의 비교를 통해 난센스를 필연적으로 희극적으로 만드는 다른 사례들, 그것도 그런 면이 쉽게 간파되는 사례들이 있다. 이에 대해서는 어쩌면 농담과 짝을 이루는 수수께끼가 농담 자체보다 더 좋은 예가 되어 줄지 모른다. 예를 들면 다음의 난센스 수수께끼가 그렇다.

〈벽에 걸려 있고 그것으로 손을 닦을 수 있는 것은 무엇일까?〉 답이 수건이라면 이건 정말 바보 같은 수수께끼다. 그런 답은 오히려 거부될 것이다. 〈아니, 답은 청어야.〉 이렇게 말하면 당장 이런 반론이 튀어나올 것이다. 〈말도 안 돼! 청어를 어떻게 벽에다 걸어 둬?〉 〈아냐, 할 수 있어.〉 〈그건 그렇다 쳐도 청어에다 손을 닦는 사람이 어디 있어?〉 〈네가 그럴 필요는 없어.〉 달래듯이 하는 대답이다.

전형적인 두 가지 전이를 통한 이런 설명은 진짜 수수께끼가 되기에는 이 물음에 얼마나 많은 요소들이 빠져 있는지를 보여 준다. 이런 절대적 불충분함으로 인해 위의 물음은 단순히 어이없고 황당한 말이 아니라 오히려 희극적으로 보인다. 이런 식으로, 그러니까 본질적인 조건을 지키지 않음으로써 농담과 수수께끼, 그리고 그 자체로는 희극적 즐거움을 선사하지 않는 여타의 것들이 희극적 즐거움의 원천이 될 수 있다.

비자발적인 말 희극의 경우는 이해하기가 훨씬 쉽다. 그런 예는 프리데리케 켐프너Friederike Kempner의 시에서 아주 흡족할 정도로 자주 발견된다.

생체 해부에 반대하며

영혼들을 잇는 보이지 않는 끈은
인간과 가련한 동물들 사이에도 존재한다.
동물에겐 의지가 있다, 그렇다면 영혼도 있는 셈이다.
물론 우리 것보다 더 작기는 하겠지만.

이번에는 다정한 부부의 대화를 들어 보자.

대조

「얼마나 행복한지 몰라요.」아내가 나직이 말한다.

「나도.」남편이 좀 더 크게 말한다.

「당신의 이런 태도 때문에 내가 얼마나 훌륭한 선택을 했는지 자부심을 느껴.」

여기엔 농담을 연상시키는 것이 없다. 다만 이 시들을 희극적으로 만드는 것은 〈본래적인 시적 성격〉의 부족함이다. 즉 지극히 일상적인 관용구나 딱딱한 신문 기사 같은 문체에서 빌려 온 듯한 어설픈 표현 방식, 제한적인 단순한 사고, 시적 사유 방식 또는 표현 방식의 결핍이 이 시들을 희극적으로 만들고 있는 것이다. 그런데 이 모든 것에도 불구하고 켐프너의 시를 당연하다는 듯이 희극적으로 볼 수는 없다. 이와 비슷한 다른 많은 생산물들을 우리는 그냥 몹시 나쁜 시라고 여기면서 웃지 않고 화를 낸다. 그런데 우리가 시에 요구하는 것과 거리가 너무 멀 경우 상황은 달라진다. 화를 내기보다 오히려 희극적이라는 생각이 앞서는 것이다. 반면에 그 차이가 적으면 웃기보다 비판하는 경향이 우세해진다. 게다가 켐프너의 시에는 희극적 효과를 더욱 공고히 해주는 다른 부차적 요소들이 있다. 어설픈 표현 뒤에 숨어 있는 명백하게 선한 의도, 조롱이나 분노를 무장 해제시키는 정서가 그것이다. 이 대목에서 우리가 평가를 뒤로 미루었던 한 문제가 떠오른다. 비용의 차이가 분명 희극적 즐거움의 기본 조건이기는 하지만, 관찰에 따르면 그러한 차이에서 매번 즐거움이 나오는 것은 아니라는 것이다. 비용 차이에서 실제로 희극적 즐거움이 나오려면 어떤 조건이 추가되어야 할까? 혹은 어떤 장애물이 억제되어야 할까? 이 문제에 대한 답을 구하기 전에 지금까지 논의의 결론으로서, 희극적인 말은 농담과 일치하지 않는다는 사실, 그러니까 농담은 희극적인 말과 명백하게 다르다는 사실을 확인해 두고자 한다.

4

비용 차이에서 희극적 즐거움이 발생하는 조건에 대해 답하려는 지금, 우리 자신에게 위안이 될 부분을 언급하고자 한다. 즉 이 물음에 대해 정확히 답할 수 있다는 것은 곧 희극적인 것의 본질을 남김없이 설명할 수 있다는 것을 의미하는데, 우리에겐 그럴 능력도 권한도 없다는 것이다. 따라서 우리는 여기서도 희극적인 것의 문제를 농담의 문제와 명확히 구분되는 선까지만 해명하는 데 만족하려 한다.

희극적인 것에 관한 모든 이론들은 비판가들로부터 그 이론적 정의가 희극의 본질적인 것을 놓치고 있다는 반박을 받아 왔다. 희극적인 것은 표상의 대조에 근거한다. 이 대조가 희극적이고, 희극적인 것과 다르지 않은 효과를 내는 경우에 한해서. 게다가 희극적 느낌은 기대의 상실에서 기인한다. 물론 그 실망이 고통스러운 것이 아닌 경우에 한해서. 이런 반박들은 당연히 정당하다. 하지만 그것에 기초해서, 지금껏 우리가 희극적인 것의 본질적 특징을 담아 내지 못하고 있다는 결론을 내린다면 그건 그 반박들을 너무 과대평가한 것이다. 그런 정의들의 보편타당성을 훼손하는 요소는 희극적 즐거움의 발생에 없어서는 안 되는 조건들이다. 하지만 우리는 희극의 본질을 그 조건들에서 찾을 수는 없다. 희극적인 것의 정의에 대한 반론들에 해명과 재반박을 내놓으려면 희극적 즐거움을 두 비용 사이의 차이에서 끌어내야 쉬워진다. 희극적 즐거움과 그 효과, 즉 웃음은 그 차이가 다른 곳으로 전용되지 않고 배출될 능력이 있을 때 비로소 생겨난다. 그 차이가 인식되자마자 다른 곳에 사용되면 즐거움의 효과는 발생하지 않고, 기껏해야 희극적 성격은 보이지 않는 일시적 즐거움만 생길 뿐이다. 농담의 경우 쓸모없는 것으로 인식된 이 비용의 전용을 막으려고 별도의 조처들이 취해졌던 것처럼 희극적 즐거움도 이 조건이 충족된 상황에서만 생성될 수 있다. 따라서 우리의 표상 세계 속에서 그런 비용 차이가 생기는 경우는 무수히 많지만, 거기서 희극적인 것이 나오는 경우는 상대적으로 무척 드물다.

비용 차이에서 희극적인 것이 발생하는 조건을 잠깐이나마 개괄해 본 관찰자라면 자연스레 두 가지 사실이 떠오를 것이다. 첫째, 희극이 마치 필수적인 것처럼 보편적으로 나타나는 경우도 있지만, 그와 반대로 상황적 조건과 관찰자의 관점에 종속된 것처럼 보이는 다른 경우도 있다. 둘째, 비용 차이가 이례적으로 클 경우, 불리한 조건들에도 불구하고 그것을 뚫고 희극적 즐거움이 생성되는 경우는 무척 많다. 첫 번째 사실과 관련해서 우리는 두 가지 부류, 즉 거부할 수 없는 희극성과 기회에 따른 일시적인 희극성을 제시할 수 있다. 물론 전자의 부류에서도 거부할 수 없는 희극성을 예외 없이 발견할 수 있으리라는 기대는 애초에 포기해야 한다. 어쨌든 두 부류의 표준적인 조건을 추적해 보는 것은 퍽 유혹적으로 보인다.

우리가 그 일부를 희극적 사례의 〈분리〉로 요약했던 조건들이 두 번째 부류의 본질적 요소로 보인다. 더 자세히 분석해 보면 아래의 상황이 드러난다.

(1) 희극적 즐거움의 생성에 가장 유리한 조건은 사람들이 〈언제든 웃을 준비가 되어 있는〉 전반적으로 명랑한 분위기다. 술자리처럼 유쾌한 분위기에서는 거의 모든 것이 희극적으로 나타날 수 있다. 아마 멀쩡한 상태에서 지출되는 비용과의 비교 때문일 것이다. 농담과 희극을 비롯해서 정신 활동으로 즐거움을 얻는 모든 비슷한 방법들은 이런 명랑한 분위기, 즉 고조된 희열 상태가 일반적인 심리적 소인으로 주어져 있지 않을 경우 개별 지점에서 다시 얻으려는 과정에 다름 아니다.

(2) 희극적인 것에 대한 기대와 희극적 즐거움을 받아들일 준비 자세도 비슷한 방식으로 희극적 즐거움을 촉진하는 요소로 작용한다. 그래서 의도적으로 웃기려고 할 경우, 남들도 그런 의도를 받아들일 준비를 하고 있다면 의도하지 않은 경험에서는 무시되었을 아주 작은 수준의 비용 차이로도 희극적 즐거움을 만들어 내기에 충분하다. 재미있는 책을 집어 들거나 소극(笑劇)을 보러 극장에 간 사람이 일상생활에서는 별로 웃겨 보이지 않는 것에 웃는 것도 모두 그런 의도 덕분이다. 또한 그 사람은 웃었던 기억이나 웃길 거라는 기대로 인해, 희극배우가 실제로 웃기려고 시도도 하기 전에 벌써 그의 등장만으로 웃음을 터뜨린다. 그래서 극장에서 아무것도 아닌 일에 웃었던 것을 나중에 창피하다고 고백하는 사람들도 있다.

(3) 희극에 불리한 조건은 개인이 현재 하고 있는 정신 활동의 종류에서 나온다. 진지한 목표를 추구하는 표상 작업이나 사고 작업은 그것이 전이를 위해 필요한 에너지 집중의 배출 능력을 방해해서, 예상 밖의 큰 비용 차이에서만 희극적 즐거움이 뚫고 나올 수 있다. 표상의 몸짓을 중지시킬 만큼 구체적인 것에서 멀리 떨어진 온갖 방식의 사고 과정은 특히 희극에 불리하다. 추상

적 숙고에서는 그런 사고방식이 갑자기 중단될 때를 제외하고는 희극을 위한 공간이 더 이상 존재하지 않는다.

(4) 희극이 생겨날 수 있는 비교에 관심이 집중될 때도 희극적 즐거움의 방출 기회는 사라진다. 다른 때 같았으면 아주 확실한 희극적 효과를 냈을 것도 그런 상황에서는 희극적 힘을 잃어버린다. 어떤 움직임이나 정신적 성과든 자기 머릿속의 명확한 기준과 그것들을 비교하는 데만 집중하는 사람에겐 희극적일 수 없다. 면접관은 피면접자가 무지함에서 발설하는 말도 안 되는 난센스를 웃긴다고 생각하지 않고 화를 내는 반면에, 피면접자가 얼마나 많이 알고 있느냐는 문제보다 앞으로 어떤 운명에 빠질지를 더 궁금해하는 피면접자의 동료들은 그의 난센스에 마음껏 웃음을 터뜨릴 수 있다. 체조 교사나 댄스 강사도 마찬가지다. 이들이 제자들의 움직임을 보면서 희극성에 주목하는 경우는 드물다. 또한 희극 작가는 인간의 성격적 결함에서 희극적인 면을 쉽게 찾아내지만, 성직자의 경우는 희극적인 면이 눈에 잘 띄지 않는다. 희극적 과정은 주의력의 과잉 집중을 견디지 못하며, 어떤 경우에도 주목받지 않는 상태에서 진행되어야 한다. 그런 점에서 농담과 아주 유사하다. 하지만 우리가 만일 그 과정을 필수적인 무의식 과정이라고 부르려 한다면 그건 내가 『꿈의 해석』에서 충분한 근거를 갖고 사용한 〈의식 과정들〉의 용어 체계에 배치된다. 희극적 과정은 오히려 전의식에 속한다. 전의식의 영역에서 진행되고, 의식과 관련한 주의력 집중이 없는 그런 과정들에 대해선 〈자동적 의식 과정〉이라는 명칭을 사용하는 것이 적절해 보인다. 희극적 즐거움이 생성되려면 비용의 비교 과정이 자동적으로 진행되어야 하기 때문이다.

(5) 희극적인 것이 생성되어야 할 사례가 동시에 격한 감정 분

출의 계기를 제공하면 희극은 아주 심한 방해를 받는다. 그럴 경우 실질적인 차이의 배출은 대체로 배제될 수밖에 없다. 그때그때 상황에 따른 개인적 감정과 성향, 입장을 고려하면 희극적인 것은 개인적 관점에 따라 나타나거나 사라질 수 있고, 절대적인 희극성이란 예외일 뿐이라는 사실을 이해할 수 있다. 따라서 희극적인 것의 종속성이나 상대성은 농담보다 훨씬 크다. 농담은 무언가의 결과로 생기는 것이 아니라 대체로 만들어지는 것이고, 그것이 받아들여질 조건을 미리 고려하기 때문이다. 어쨌든 감정 분출이 희극에 가장 방해가 되는 조건이라는 사실에 대해선 누구도 이의를 제기하지 않는다.[21] 그 때문에 희극적인 감정은 더 강한 다른 감정적 개입이나 관심의 영향 없이 어느 정도 무덤덤할 경우에 가장 빨리 생겨난다. 하지만 감정 분출의 사례에서도 비용 차이가 아주 크면 배출이 자동적으로 이루어지는 것을 볼 수 있다. 예를 들어 버틀러 대령이 옥타비오의 경고에 〈씁쓸하게 웃으면서〉 〈오스트리아 왕조 덕분입니다!〉[22] 하고 외쳤을 때 그의 씁쓸함이 웃음을 방해하지는 않는다. 이때의 웃음은 버틀러가 겪은 것처럼 보이는 실망에 대한 기억에서 나오는 것인데, 다른 한편으로 작가는 분출된 감정의 소용돌이 한가운데에서도 웃음을 유발하는 능력이 이 실망감에 있음을 보여 주는 것보다 더 인상적으로 실망감의 크기를 묘사할 수는 없었을 것이다. 나는 유쾌하지 않은 상황이나 몹시 고통스럽고 긴장된 감정 상태에서도 웃음이 터져 나오는 모든 사례에 이 설명이 적용될 수 있으리라고 생각한다.

(6) 희극적 즐거움은 경향적 농담에서 전회 원칙에 따라 그랬

21 〈그래, 너는 쉽게 웃겠지. 너하고는 상관없는 일이니까〉 — 원주.
22 실러의 『발렌슈타인의 죽음Wallensteins Tod』 제2막 6장.

듯이 일종의 촉매 작용처럼 다른 재미있는 부가물을 통해 촉진될 수 있다는 점을 덧붙임으로써 우리는 희극적 즐거움의 조건을 분명 완벽하게는 아니지만 우리의 목표에 충분할 정도로 언급했다고 생각한다. 그렇다면 희극적 즐거움을 차이의 배출, 즉 변화무쌍한 상황에서는 다른 곳으로도 전용될 수 있는 비용 차이의 배출에서 끄집어내는 것만큼이나 이 조건들 및 희극적 효과의 가변성과 종속성을 쉽게 만족시키는 가정은 없어 보인다.

5

성적인 것과 외설적인 것의 희극성도 마땅히 상세한 논의가 필요하겠지만, 여기서는 짧게 몇 마디만 하고 지나가고자 한다. 이번에도 노출이 출발점이 될 수 있을 것이다. 우연한 노출은 우리에게 희극적 효과를 준다. 왜냐하면 우리는 전혀 비용을 들이지 않고 노출 장면을 즐길 수 있는 것을, 다른 때 같았으면 이 목표에 도달하는 데 필요했던 큰 비용과 비교하기 때문이다. 그런 점에서 우연한 노출은 순진한 희극에 가깝지만, 그보다 더 단순하다. 우리가 제삼자의 입장에서는 관객(음담패설의 경우는 청자다)이 되는 모든 노출은 발가벗겨진 인물을 우스운 꼴로 만드는 것과 비슷하다. 알다시피 농담의 과제는 음담패설을 대체하고, 그로써 희극적 즐거움의 잃어버린 원천을 다시 여는 데 있다. 반면에 노출을 엿보는 행위는 당사자에겐 결코 희극적이지 않다. 그때 그 사람의 에너지 소비에는 희극적 즐거움의 조건이 없기 때문이다. 여기서 남는 것은 노출된 사람에 대한 성적 쾌락뿐이다. 은밀하게 엿본 사람이 타인에게 그 이야기를 전달할 때에야 노출된 사람은 다시 희극적이 된다. 노출된 사람이 자신의 은밀한 부분을 감추는 수고를 게을리했기 때문이다. 그 밖에 인간이 육체적 욕망에 종속된 것으로 드러나거나(격하), 정신적 사랑 이면에 육체적 욕망이 발견될 때(폭로) 성적이고 외설적인 영역에서도 성적 흥분의 쾌락 외에 희극적 즐거움을 얻을 수 있는 정말 많은 기회가 열린다.

6

희극적인 것도 정신적·심리적 영역에서 그 원천을 찾아야 한다는 주장은 놀랍게도 베르그송의 멋지고 생동감 넘치는 책 『웃음』에 나온다. 그가 제시한 희극적 성격을 파악하기 위한 공식은 우리도 이미 알고 있다. 〈생명의 기계화〉와 〈인위적인 것의 자연적인 것으로의 대체〉가 그것이다. 그는 심리적 자동화의 자연스러운 사고 연결을 통해 자동 기계 장치의 이념에 이르고, 어린 시절 장난감에 대한 빛바랜 기억을 일련의 희극적 효과들의 뿌리로 지목한다. 이와 관련해서 그는 하나의 입장에 도달하지만 곧 그것을 다시 떠나고, 소아기적 즐거움의 영향에서 희극성을 도출해 내고자 한다. 그의 말을 직접 들어 보자.

어쩌면 우리는 단순화를 더욱 밀어붙여 우리의 가장 오래된 기억으로까지 거슬러 올라가 어린 시절 우리를 즐겁게 했던 놀이 속에서 최초로 웃음을 유발한 희극적 조합의 희미한 흔적을 찾아내야 할 것이다. (……) 우리는 우리의 유쾌한 감정 대부분에 여전히 소아기적 요소가 있음을 무시하는 일이 많다.

우리는 이미 농담의 본성을 합리적 비판에 의해 거부된 어린 시절의 언어유희와 사고 유희로까지 거슬러 올라가 살펴보았기에 베르그송이 추측하는 희극적인 것의 소아기적 뿌리를 추적하는 것은 유혹적인 일임에 틀림없다.

실제로 희극과 어린아이의 관계를 조사해 보면 퍽 많은 것을 시사하는 일련의 관계를 만날 수 있다. 어린아이 자체는 희극적으로 비치지 않는다. 비록 아이들의 특징이 우리 어른들과 비교했을 때 희극적 차이를 만들어 내는 많은 조건들, 예를 들어 과도한 움직임 비용, 과소한 정신적 비용, 육체적 기능이나 다른 특성들을 통한 정신적 활동의 지배 같은 조건을 충족시키고 있다고 하더라도 말이다. 아이는 아이로서가 아니라 진지한 어른처럼 행동하고, 그래서 마치 변장한 사람처럼 우리 눈에 비칠 때만 희극적인 작용을 한다. 그래서 아이의 본성이 유지되는 상태에서 아이의 그런 모습은 희극적인 것에 가까운 순수한 즐거움을 우리에게 선사한다. 아이가 어른과 달리 억제가 없음을 스스럼없이 드러낼 때 우리는 그것을 순진하다고 부르고, 어른이었다면 외설적이거나 농담이라고 평가했을 아이의 말들을 순진한 희극으로 받아들인다.

다른 한편으로 아이에게는 희극에 대한 감정이 없다. 이 말은 곧 희극적 감정이란 다른 여러 감정들과 마찬가지로 언제가 됐건 정신적 발달 과정에서 나타난다는 것을 말해 주는 듯하다. 이는 결코 특이한 일이 아니다. 왜냐하면 우리는 소아기의 범주에 포함시켜야 할 시기에 그런 감정이 이미 뚜렷이 생긴다는 점을 인정해야 하기 때문이다. 그런데 아이에게 희극적인 것에 대한 감정이 없다는 주장에는 자명함 이상의 의미가 담겨 있다. 우선 타인을 이해할 때 생기는 비용 차이에서 희극적 감정을 끄집어내는 우리의 견해가 옳다면 아이에게 희극적인 감정이 없다는 주장은 쉽게 이해할 수 있다. 움직임의 희극을 다시 예로 선택해 보자. 비용 차이를 만들어 내는 비교를 의식의 공식으로 옮기면 다음과 같다. 〈그 사람은 그렇게 했다. 나라면 다르게 할 것이다. 그리고 나는 실제로 그렇게 했다.〉그런데 아이에겐 두 번째 문장에 담겨 있어야 할 기준이 없다. 아이는 그저 모방을 통해 이해하고, 그래서 마찬가지로 그렇게 할 뿐이다. 아이를 교육시킨다는 것은 〈너는 이렇게 해야 한다〉라는 기준을 가르쳐 주는 것이다. 아이가 이제 그 기준을 비교에 사용하면 이런 결론에 쉽게 도달한다. 〈저 사람은 제대로 하지 못했어. 나는 더 잘할 수 있어.〉이 경우 아이는 우월함의 감정 속에서 그 사람을 비웃는다. 이 웃음 역시 비용의 차이에서 온 것이라는 점에는 반박이 없을 듯하다. 그런데 우리 어른에게서 생성되는 비웃음의 사례들과 비교하면 아이의 우월감에 찬 웃음에서는 희극적 감정이 느껴지지 않는다는 결론이 가능해 보인다. 그것은 순수한 즐거움의 웃음이다. 우리는 스스로 우월하다는 판단이 들면 웃지 않고 미소를 짓거나, 아니면 웃을 때도 우리를 웃게 하는 희극적인 것과 우리가 느끼는 우월감을 명확히 구분할 수 있다.

어른들은 〈희극적〉이라고 느끼기는 하지만 왜 그런 느낌이 드는지 이유를 알지 못하는 상황이 많은데, 아이들은 그런 상황에서 순수한 즐거움 때문에 웃고, 이유도 명확하게 말할 수 있다. 예를 들어 어떤 사람이 길을 가다가 미끄러져 넘어지면 우리는 그 이유를 정확히 몰라도 어쩐지 그게 희극적이어서 웃는다. 반면에 아이들은 같은 상황에서 〈너는 넘어졌지만 나는 안 넘어졌다〉라는 우월감이나 고소함 때문에 웃는다. 아이들이 느끼는 즐거움의 몇몇 동기는 어른들에게는 없어진 것처럼 보인다. 대신 우리는 동일한 조건에서 상실된 것의 대체물로서 〈희극적〉 감정을 느낀다.

만일 일반화가 가능하다면, 희극적인 것의 특수한 성격을 소아기적 특성의 일깨움으로 보고, 희극적인 것을 〈잃어버린 어린아이의 웃음〉의 재발견으로 파악하는 것은 퍽 유혹적으로 보인다. 그럴 경우 이렇게 말하는 것이 가능해진다. 나는 타자 속에서 어린아이를 재발견할 때마다 나와 타자 사이의 비용 차이 때문에 웃는다. 더 정확히 표현하자면, 희극적인 것에 이르는 완벽한 비교는 다음과 같을 것이다.

〈그 사람은 그렇게 한다 — 나는 다르게 한다.〉

〈그 사람은 내가 어릴 때 했던 것처럼 한다.〉

그렇다면 웃음은 성인이 된 나와 어린아이로서의 나를 비교하는 데서 나온다. 어떤 때는 비용의 과도함이, 어떤 때는 비용의 과소함이 희극적으로 보이는, 희극적 차이의 균일하지 못한 측면조차 소아기적 조건과 일치하는 듯하다. 이때 희극적인 것은 항상 실제로 소아기적인 것의 측면을 띤다.

이는 비교 대상으로서의 아이가 내게 희극적인 인상이 아닌 순전히 유쾌한 인상을 준다는 사실과 배치되지 않는다. 또한 비용이 다른 것으로 전용되지 않을 때만 소아기적인 것과의 이런 비교가 희극적인 효과를 낸다는 사실과도 배치되지 않는다. 왜냐하면 이때 고려되는 것은 배출 조건이기 때문이다. 어떤 정신적 과정을 하나의 맥락 속에 집어넣는 모든 것은 남는 에너지의 배출을 저지하고, 그 에너지가 다른 데 사용되도록 이끈다. 반면에 심리적 행위를 고립시키는 것은 에너지 배출을 촉진한다. 따라서 비교 대상으로서의 아이에게 의도적으로 초점을 맞추면 희극적 즐거움에 필요한 배출은 불가능해진다. 전의식에 에너지가 집중될 때만 아이의 정신적 과정에 귀속시킬 수 있는 고립에 비슷하게 접근하게 된다. 그러니까 〈나도 어릴 땐 그렇게 했다〉라고 하는, 희극적 작용의 출발점으로서 추가된 비교는 다른 어떤 맥락도 자유로워진 과잉 비용을 독차지할 수 없을 때에야 비로소 고려될 수 있다.

희극적인 것의 본질을 소아기와의 전의식적 연관에서 찾으려는 시도에 좀 더 머물려면 우리는 베르그송을 넘어 한 걸음 더 들어가야 하고, 희극적인 것을 만들어 내는 비교가 아이 때의 즐거움과 놀이를 일깨우는 것이 아니라 아이의 일반적인 본성, 심지어 어릴 때의 고통까지 건드리는 것으로 충분하다는 사실을 인정해야 한다. 이 점에서 우리는 베르그송과 결별하게 되지만, 희극적 즐거움을 기억된 즐거움이 아닌, 또다시 비교와 관련짓는 점을 감안하면 우리 자신의 입장과는 여전히 일치한다. 어쩌면 기억된 즐거움의 사례들도 일반적이고 거부할 수 없는 희극성을 어느 정도 담고 있을 수 있다. 이제 앞서 언급한 희극적 가능성들의 도식을 여기에 끌어들여 보자. 우리는 다음 셋 중 하나의 방법으로 희극적 차이가 발견된다고 말했다.

(1) 타인과 나 사이의 비교
(2) 온전히 타인의 내부에서의 비교
(3) 온전히 자기 내부에서의 비교

첫 번째 경우 타인은 내게 아이로 나타나고, 두 번째 경우 타인은 아이로 격하되고, 세 번째 경우 나는 나 자신 속에서 아이를 발견한다. 하나하나 설명해 보자.

(1) 움직임, 형태, 정신적 능력, 성격의 희극성이 여기에 속한

다. 이때 소아기적 특성에 해당하는 것은 어린아이의 움직임 충동, 정신적·도덕적 미성숙일 것이다. 그래서 미련한 사람은 굼뜬 아이를, 나쁜 사람은 못된 아이를 연상시킬 때 희극적이 된다. 움직임에 대한 어린아이 특유의 즐거움이 고려될 때에만 어른에게는 없어진 소아기의 즐거움을 말할 수 있다.

(2) 희극성이 전적으로 〈감정이입〉에 근거하는 이 경우는 상황 희극, 과장(캐리커처), 흉내, 격하, 폭로처럼 정말 많은 가능성을 포괄한다. 소아기적 시각이 가장 많이 허용되는 것이 바로 이 두 번째 경우다. 왜냐하면 상황 희극은 대개 어린아이의 어쩔 줄 모름을 연상시키는 당혹스러움에 기초하고 있기 때문이다. 이런 당혹스러움 중에서 가장 곤혹스러운 것이 자연스러운 욕구의 폭군 같은 요구로 인해 다른 일들이 지장을 받을 때인데, 이는 신체적 기능에 대한 통제력이 아직 부족한 어린아이의 상황과 일치한다. 상황 희극의 효과가 반복을 통한 것이라고 한다면, 이것은 예를 들어 어른들이 성가시게 생각할 정도로 계속 질문을 던지고 이야기를 해달라고 조르는 어린아이 특유의 지속적 반복에 대한 즐거움에 기초한다. 그 밖에 이성적 비판에 나름의 근거를 댈 수 있을 때 어른들에게도 즐거움을 선사하는 과장은 어린아이 특유의 무절제함과 양적 관계를 모르는 무지와 관련이 있다. 어린아이는 양적 관계를 질적 관계보다 늦게 배운다. 한도를 지키고, 아무리 허용된 것일지라도 절제할 줄 아는 것은 이후에 진행된 교육의 결과이고, 일정한 관련성 속에서 연결된 여러 정신 활동들의 상호 규제를 통해 획득된다. 이런 관련성이 약화되는 곳, 예를 들어 꿈의 무의식이나 정신신경증 환자의 단일관념증[23]에서는 어린아이의 무절제함이 다시 고개를 쳐든다.

23 *Monoideismus*. 한 가지 일에만 병적으로 에너지와 주의를 집중하는 상태.

흉내 희극을 이해하는 데도 소아기적 요소를 고려하지 않으면 비교적 큰 어려움을 겪을 수밖에 없다. 흉내는 어린아이의 가장 뛰어난 기술이자 어릴 적 놀이의 주요한 동인이다. 아이는 또래 사이에서 자신의 우월함을 드러내는 것보다 어른을 흉내 내는 것에서 훨씬 더 큰 자부심을 느낀다. 격하 희극 역시 어른과 어린아이의 관계에 종속된다. 즉 어른이 스스로 아이의 눈높이로 낮추고 아이들에 대한 압도적인 우월감을 포기한 상태에서 마치 또래처럼 아이와 함께 놀아 주는 것만큼 어린아이에게 큰 기쁨을 주는 것은 별로 없다. 아이에게 순수한 즐거움을 선사하는 이러한 낮춤은 어른들에겐 격하로서 희극적으로 만드는 수단이자 희극적 즐거움의 원천이 된다. 그 밖에 우리는 폭로 역시 격하에 뿌리가 닿아 있음을 안다.

(3) 대개 세 번째 사례, 즉 기대 희극의 소아기적 뿌리를 파고들려면 많은 어려움에 부딪힌다. 그 때문에 아마 희극적인 것의 이해에서 이 사례들을 앞자리에 제시했던 연구자들도 소아기적 요소를 희극에 끌어들일 이유를 찾지 못했을 것이다. 기대 희극은 어린아이와는 거리가 아주 멀고, 기대의 희극성을 파악할 능력도 아이에겐 아주 늦게 나타난다. 그래서 어른들에겐 희극적으로 여겨지는 사례들이 대부분 아이들에겐 실망만 안겨 줄 것이다. 하지만 우리가 희극적인 실망에 빠질 때 우리 자신이 〈어린아이로서〉 희극적으로 느껴지는 현상을 이해하려면 어린아이의 기대에 대한 희열과 쉽게 믿는 성향과 연결 지어 생각해 볼 수 있을 것이다.

이런 논의를 바탕으로 희극적 감정은 어쩌면 이렇게 표현될 수도 있다. 〈어른에게 어울리지 않는 것들이 희극적이다.〉 그러나 나는 희극 문제에 대한 전체적인 내 입장을 감안하면 이 마지막 문장을 이전에 제기했던 주장들만큼 진지하게 옹호할 용기는 나지 않는다. 나는 자신을 어린아이로 낮추는 것이 희극적인 격하의 한 특수 사례에 지나지 않는지, 아니면 모든 희극이 근본적으로 어린아이로의 낮춤에 뿌리를 두고 있는지 결정 내릴 수 없다.[24]

7

희극적인 것을 아무리 이렇게 피상적으로 연구하는 자리이지만, 〈유머〉에 관해 몇 가지 언급을 하지 않고 넘어간다면 불완전하기 짝이 없을 것이다. 둘 사이의 본질적 유사성은 거의 의심할 수 없는 수준이기에 희극적인 것을 설명하는 시도라면 최소한 유머를 이해하는 데 필요한 한 가지 요소는 제시해야 한다. 지금껏 유머에 관해 아무리 적절하고 뛰어난 가치 평가가 이루어졌고, 유머가 가장 고차적인 정신적 성취의 하나로서 사상가들의 각별한 사랑을 받아 왔다고 하더라도 우리는 농담과 희극적인 것의 공식에 근거해서 유머의 본질을 설명하려는 유혹을 피할 수 없다.

고통스러운 감정의 분출이 희극적 효과의 가장 큰 걸림돌이라는 사실은 이미 언급한 바 있다. 그러니까 불필요한 움직임으로 인한 피해, 어리석음으로 인한 화(禍), 실망감으로 인한 고통과 같은 불쾌함으로부터 스스로를 지킬 수 없는 사람, 다시 말해서 최소한 그 일을 실제로 겪거나 그 일에 참여할 수밖에 없었던 사람에게 희극적 효과는 일어나지 않는다. 반면에 거기에 참여하지 않는 사람은 그 사건의 상황 속에 희극적 효과에 필요한 모든 것이 담겨 있음을 행동으로 증명해 준다. 유머는 즐거움을 방해하

24 희극적 즐거움의 원천이 많고 적음을 비교하는 〈양적 대조〉에 있다는 사실은 (가만히 생각해 보면 이 양적 대조는 어른과 어린아이의 본질적인 관계를 표현하고 있기도 하다) 만일 희극적인 것이 실제로 소아기적 요소와 아무 관련이 없는 것으로 드러난다면 정말 기이한 일치일 것이다 — 원주.

는 괴로운 감정들에도 불구하고 즐거움을 얻기 위한 수단이다. 유머는 그런 감정의 분출 편에 서서 분출을 대신해 준다. 그 조건은 이렇다. 우리의 평소 습관에 따라 고통스러운 감정을 터뜨리고 싶은 상황이 주어질 때, 그리고 이 감정을 〈발생 상태에서부터〉 억누르기 위한 동기들이 작용할 때가 그렇다. 방금 언급한 경우들에서 피해나 고통의 당사자는 유머의 즐거움을 얻을 수 있고, 반면 거기에 연루되지 않은 사람은 희극의 즐거움 때문에 웃음을 터뜨린다. 그렇다면 유머의 즐거움은 사용되지 않은 감정 분출의 비용, 다시 말해 〈절약된 감정 비용〉에서 나오는 것이라고 말할 수밖에 없을 것이다.

유머는 희극적인 것 중에서 가장 자족적(自足的)이다. 유머의 과정은 한 사람 속에서 이미 완성되고, 타인이 그 과정에 참여한다고 해서 새로운 것이 추가되지는 않는다. 나는 내 안에서 발생한 희극적 즐거움을 남에게 전달해야 할 강요를 느끼지 않고 혼자 간직할 수 있다. 유머의 즐거움이 생성될 때 한 사람 속에서 어떤 일이 진행되는지 말하기란 쉽지 않다. 다만 누군가에게 들었거나 공감이 가는 유머 사례들을 연구해 보면 유머의 성격을 어느 정도 짐작해 볼 수 있다. 유머러스한 인물의 이해를 통해 그 사람과 동일한 즐거움에 이를 수 있는 유머들이다. 이런 유머 중에서 가장 강력한 사례인 이른바 교수대 유머가 우리에게 좋은 예가 되어 준다. 월요일에 처형장으로 끌려가는 도둑이 말한다. 「이번 주는 시작이 좋군!」 이것은 원래 농담이다. 왜냐하면 그 자체로는 아무 문제가 없는 말이지만, 이번 주엔 더 이상 아무 일도 일어날 수 없는 사형수에게는 전혀 어울리지 않는 말이기 때문이다. 이런 농담을 만드는 것, 그러니까 이번 주의 시작이 다른 주의 시작과 구분되는 특별한 점을 완전히 무시해 버리고, 특별한 감정적 동요를 일으킬 동기가 충분한 상황의 차이를 부정하는 것은 유머에 속한다. 죄수가 처형장으로 가는 도중에 감기에 걸리지 않게 목에 두를 머플러를 달라고 요청하는 것도 마찬가지다. 다른 때 같았으면 칭찬받을 조심성이지만, 그 사람의 목에 곧 다가올 운명을 생각하면 정말 쓸데없고 무의미한 조심성이다. 그렇다면 우리는 이렇게 말할 수 있다. 이런 〈허풍〉 속에는 무언가 정신적 위대함, 즉 자신의 존재를 송두리째 뒤흔들고 절망으로 내모는 외부 상황에도 전혀 동요하지 않고 평정심을 유지하는 정신적 위대함이 숨어 있다고. 유머의 이런 위대함은 유머러스한 인물의 상황을 감안하면 우리 안에서 경탄이 터져 나올 수밖에 없는 사례들에서 똑똑히 드러난다.

빅토르 위고의 희곡 『에르나니 *Hernani*』에서 산적 에르나니는 스페인의 카를로스 1세이자 독일 황제 카를 5세에 대한 반역 혐의로 체포되고, 대역 죄인으로서 목이 잘려 나갈 운명을 예견한다. 그런데 이런 예상에도 불구하고 그는 자신이 스페인 최고 귀족의 합법적인 일원으로서 그에 따른 특권을 포기할 생각이 없음을 선포한다. 스페인의 최고 귀족 그란데 *Grande*는 왕 앞에서 모자를 써도 되는 권리였다. 그의 말을 직접 들어 보자.

> 우리의 머리는 당신 앞에서
> 모자를 쓴 채로 잘릴 권리가 있습니다.

아주 대단한 유머다. 이 말을 듣고도 웃지 않는다면 그것은 경탄이 유머의 즐거움을 압도하기 때문이다. 반면에 처형장으로 가는 도중에 감기에 안 걸리려고 머플러를 달라고 하는 도둑의 경우 우리는 마음껏 웃음을 터뜨린다. 죄수를 절망으로 몰아가는 상황은 우리에게 강한 연민을 불러일으킬 수 있다. 그러나 정작 당사자가 그 상황을 대수롭지 않게 여기는 것을 보면서 우리의 연민은 억제된다. 그로 인해 이미 우리 안에 준비되어 있던 연민의 비용은 사용될 수가 없는데, 우리는 그것을 웃는 데 사용한다. 우리는 죄수의 무덤덤함이 상당한 심리적 비용을 치르고 얻은 것임을 깨달으면서 그의 무덤덤함에 감염되는 듯하다. 절약된 연민은 유머의 즐거움을 얻는 가장 흔한 원천 중 하나다. 마크 트웨인 Mark Twain도 이 메커니즘을 유머에 주로 활용했다. 그는 한 책에서 도로 건설 회사 직원인 동생이 다이너마이트가 너무 일찍 터지는 바람에 공중으로 날아가 공사장에서 멀리 떨어진 곳에 떨어졌다는 이야기를 전한다. 이런 이야기를 들으면 우리 안에서는 사고를 당한 사람에 대한 연민이 자연스레 고개를 쳐든다. 그래서 사고로 혹시 동생이 많이 다치지나 않았는지 궁금해한다. 그러나 트웨인은 그 부분에 대해서는 일절 언급하지 않고, 다만 동생이 〈공사장에서 이탈했다는 이유로〉 하루 임금의 절반이 깎였다는 이야기만 한다. 이로써 우리는 연민의 감정으로부터 관심을 돌려 동생의 안부에 무관심해지고, 임금을 깎은 기업가처럼 비정해진다.

다른 글에서 마크 트웨인은 콜럼버스 항해의 일원이었다고 하는 선조로까지 거슬러 올라가면서 자신의 족보를 서술한다. 그런데 각각 상표가 다른 속옷 몇 가지가 짐의 전부였다는 이 선조의 성격이 묘사되고 난 다음엔 우리가 이 가족사를 처음 대할 때 가다듬었던 경건한 마음의 절약으로 인해 웃음이 터져 나온다. 가족사가 지어낸 것이고, 이러한 허구가 풍자적 경향, 즉 이런 종류의 이야기에 있기 마련인 미화를 폭로하려는 목적에 사용된다는 것을 우리가 알고 있다고 해서 유머의 즐거움을 작동시키는 메커니즘이 방해받지는 않는다. 이 메커니즘은 희극화의 경우처럼 현실 조건과 무관하다.

또 다른 이야기에서 마크 트웨인은 동생이 땅 밑에 거처를 어떻게 만드는지 보고한다. 동생은 땅 밑의 공간에 침대와 책상, 램프를 들이고, 가운데에 구멍이 난 커다란 돛천을 그 위에 덮어 지붕으로 삼는다. 그런데 방이 완성된 바로 그날 밤 집으로 돌아가던 암소 한 마리가 지붕 구멍에 빠져 책상 위로 떨어지고 램프가 꺼진다. 동생은 끙끙대며 소를 끌어올리고는 방을 다시 정돈한다. 그런데 이런 일은 다음 날 밤에도, 또 그다음 날 밤에도 반복되면서 그는 매일 똑같은 일을 끈기 있게 되풀이한다. 이 이야기의 희극성은 반복에 있다. 마크 트웨인은 소가 마흔여섯 번째 떨어진 날에야 동생이 마침내 이 일에 지루해지기 시작했다고 말하는 것으로 이야기를 끝맺는다. 이 대목에서 우리는 유머의 즐거움을 억누를 길이 없다. 왜냐하면 우리는 아주 오래전부터 동생이 이 끈질긴 불운에 결국 화가 폭발할 거라고 기대하고 있었기 때문이다. 이처럼 우리는 우리 자신의 삶에서도 화를 내지 않음으로써 절약하게 된 화의 비용으로 자잘한 유머를 만들어 낼 수 있다.[25]

25 뚱보 기사 존 폴스타프 경(셰익스피어의 『헨리 4세』와 『윈저가의 유쾌한 아낙네들』에 등장하는 인물) 같은 인물의 뛰어난 유머 효과는 경멸과 격분의 절약에 기초한다. 우리는 그에게서 품위 없는 식도락가이자 고등 사기꾼의 모습을 보게 되지만, 이런 비판적 평가는 일련의 요소들로 인해 무장 해제된다. 그는 우리가 그에 대해 평가하는 것과 똑같이 자신의 모습을 정확히 안다. 그는 농담으로 우리에게 강한 인상을 준다. 게다가 그의 볼품없는 외모는 그런 사람이라면 당연히 진지한 인물이 아닌 희극적 인물일 거라는 우리의 선입견에 촉매 작용을 한다. 마치 그렇게 배가 불룩 튀어나온 사람에게는 도덕이나 명예 같은 건 기대할 수 없다는 듯이. 그의 행동은 전체적으로 악의가 없고, 그에게 속아 넘어가는 사람들의 희극적 저급함으로 인해 거의 용서가 된다. 더구나 주요 상황에서 그가 자신보다 훨씬 우월한 사람들의 손아귀에서 놀아나는 것을 볼 때면, 이 불쌍한 인간 역시 남들처럼 살아가고 즐길 수 있어야 한다고 생각하면서 그를 거의 동정까지 하게 된다. 그 때문에 우리는 그를 미워할 수 없고, 그에게서 절약된 분노는 모두 희극적 즐거움으로 바뀐다. 사실 폴스타프 경 특유의 유머는

유머의 유형은 유머를 위해 절약된 감정의 성격에 따라 굉장히 다양하게 나타난다. 그런 감정으로는 연민, 분노, 고통, 감동 등을 들 수 있지만, 이외에도 그 목록은 무척 많을 듯하다. 왜냐하면 예술가나 작가가 지금까지 통제하지 못했던 감정적 흥분을 유머러스하게 제어하고, 앞의 예들과 비슷한 기술을 사용해서 유머러스한 즐거움의 원천으로 만들게 되면 유머의 제국은 점점 더 확장될 것이기 때문이다. 예를 들어 『짐플리치시무스』의 예술가들은 공포와 혐오의 비용으로 유머를 만들어 내는 놀라운 기술을 선보였다. 유머의 형식은 그것의 생성 조건과 연관된 두 가지 특성으로 규정된다. 첫째, 유머는 농담이나 희극적인 것과 융합되어 나타날 수 있다. 이때 어떤 상황에 담긴 감정적 발전 가능성, 즉 즐거움에 방해가 되는 감정적 발전 가능성을 제거하는 것이 유머의 과제다. 둘째, 유머는 이러한 감정적 발전을 완전히 제거하거나 부분적으로 없앨 수 있다. 이때 후자의 경우가 더 빈번하게 나타나는데, 그 이유는 〈굴절된gebrochen〉[26] 유머의 다양한 형식들, 그러니까 눈물을 흘리며 미소 짓는 유머를 만들어 내는 것이 더 쉽

신체적 결함이건 도덕적 결함이건 결코 그에게서 쾌활함과 자신감을 앗아 갈 수 없다는 자아의 우월감에서 나온다.

그에 반해 세르반테스의 돈키호테는 그 자체론 유머가 없고, 진지함 속에서 모종의 즐거움을 선사하는 인물이다. 이것은 유머의 메커니즘과 중요한 차이를 보이지만 큰 틀에서 유머의 즐거움이라고 부를 수 있는 즐거움이다. 돈키호테는 원래 순수한 희극적 인물이자, 머릿속에 기사들의 판타지밖에 없는 어른 아이다. 작가가 처음엔 돈키호테라는 인물에게서 그 밖의 다른 것을 기대하지 않았지만, 피조물이 서서히 알아서 창조자의 원래 의도에서 벗어난 것은 잘 알려진 사실이다. 그런데 작가가 이 우스꽝스러운 인물에게 깊은 지혜와 고결한 의지를 부여하고, 그를 이상주의의 상징으로, 그러니까 목표의 실현을 믿고, 의무를 진지하게 여기고, 약속을 곧이곧대로 지키는 이상주의의 상징으로 만들고 나자 이 인물의 희극적 효과는 사라져 버린다. 그전에 유머의 즐거움이 감정적 흥분의 저지를 통해 생겨나는 것과 비슷하게 여기서도 희극적 즐거움의 방해로 생겨난다. 그러나 우리는 이미 이 사례들과 함께 유머의 단순한 사례에서 확연히 멀어지는 것을 느낀다 — 원주.

26   이 용어는 테오도어 피셔의 미학에서는 완전히 다른 의미로 사용된다 — 원주.

기 때문이다. 유머는 감정에서 에너지의 일부를 빼앗는데, 그 대가로 감정에 유머러스한 분위기를 부여한다.

공감을 통해 얻은 유머의 즐거움은 앞의 사례들에서 확인한 것처럼 전이에 비교될 수 있는 특별한 기술에서 생겨나는데, 이 기술을 통해 미리 준비되어 있던 감정 발산이 저지되면서 집중 에너지는 다른 것으로(부차적인 것일 때가 드물지 않다) 옮겨 간다. 그런데 이것만으로는, 감정 발산으로부터의 전이가 유머 창조자의 내면에서 어떤 식으로 진행되는지 알 수 없다. 다만 유머 수신자가 정신적 과정에서 유머 창조자를 따라 하는 것은 안다. 하지만 이때도 유머 창조자에게 이런 과정을 가능하게 하는 힘들이 무엇인지는 모른다.

예를 들어 누군가 세상사의 거대함을 자신의 작음에 대한 대립으로 질책함으로써 고통스러운 감정을 극복할 경우 우리는 그 속에서 유머의 작용이 아닌 철학적 사유의 작용을 본다. 그리고 그 사고 과정 속으로 들어가면 어떤 즐거움도 얻지 못한다. 그렇다면 유머의 전이도 희극적 비교와 마찬가지로 의식적 관심의 조명 아래서는 불가능해진다. 결국 유머의 전이는 희극적 비교처럼 전의식이나 자동화의 조건에 구속된다.

유머의 전이를 방어 과정의 측면에서 보면 그에 대한 몇 가지 해명에 이를 수 있다. 방어 과정은 도주 반사[27]의 심리적 상관 개념으로, 내적 원천에서 불쾌함의 발생을 저지하는 과제를 수행한다. 방어 과정은 이 과제를 수행해 나가면서 자동 조절 장치로서 정신적 사건에 이용되는데, 이 장치는 결국 유해한 것으로 드러나고, 그 때문에 의식적 사고의 통제를 받을 수밖에 없다. 나는 이

27 위험과 공포에 직면했을 때 자동적으로 도피하는 행동을 불러일으키는 반사 작용.

러한 방어의 한 특정 유형, 즉 실패한 억압이 정신신경증 발생의 메커니즘임을 이미 증명한 바 있다. 유머는 이런 방어 작업 중에서 가장 고차원적인 것으로 이해할 수 있다. 유머는 억압과 마찬가지로 괴로운 감정과 결부된 표상 내용이 의식의 주의력에서 벗어나는 것을 경멸하고, 그로써 방어 자동화를 극복한다. 그것도 발산만 기다리고 있던 불쾌감에서 에너지를 빼앗아 배출을 통해 즐거움으로 바꾸는 수단을 발견함으로써 말이다. 이때 소아기적 요소와의 관련성이 그런 작업에 수단을 제공한다는 것도 충분히 생각해 볼 수 있다. 어른이 되어서는 현재의 고통스러운 감정에 대해 유머리스트로서 웃을 수 있지만, 어린 시절에는 정말 고통스러운 감정들이 있다. 유머의 전이가 증명하는 자아의 고양(高揚)을 편하게 풀이하면 이렇다. 〈나는 너무 훌륭해서 이따위 것들로 괴로워하지 않아.〉 이런 고양은 현 자아와 어릴 적 자아를 비교하는 데서 나오는 듯하다. 이 견해는 소아기가 신경증적인 억압 과정에서 차지하는 역할을 통해 어느 정도 지원을 받는다.

전체적으로 유머는 농담보다 희극에 더 가깝다. 농담은 우리가 전제해야 했던 것처럼 무의식과 전의식의 타협으로 만들어진다면, 유머는 정신적 범주가 전의식 속에 있다는 점에서 희극과 궤를 같이한다. 다만 유머는 우리가 지금껏 선명하게 부각하지는 않았지만, 농담과 희극 사이의 독특한 공통적인 성격에는 참여하지 않는다. 그 공통점은 희극의 생성 조건이기도 하다. 즉 우리로 하여금 두 가지 상이한 표상 방식을 동일한 표상 작업에 〈동시적으로, 또는 빠른 연속으로〉 사용하도록 하고, 그러면 이 두 표상 방식 사이에 〈비교〉가 이루어지면서 희극적 차이가 발생한다는 것이다. 이런 비용 차이는 타인과 자기 자신, 익숙한 것과 변화된 것, 예상한 것과 실현된 것 사이에서 생겨난다.[28]

농담의 경우 청자의 의식 과정에는 상이한 비용으로 작업하는, 동시에 생기는 두 가지 파악 방식의 차이가 고려된다. 두 파악 방식 중 하나는 농담에 담긴 암시를 따라가면서 무의식을 지나는 사고 과정을 흉내 내고, 다른 하나는 표면에 머물면서 농담을 마치 전의식에서 인식된 그 밖의 표현으로 떠올린다. 만일 우리가 농담을 들으면서 느끼는 즐거움을 이 두 가지 표상 방식의 차이에서 도출해 낸다고 해도 근거 없는 설명은 아닐 것이다.[29]

여기에서 말하는 것은 농담과 희극 사이의 관계가 아직 해명되지 않았을 때 우리가 농담의 야누스적 얼굴이라고 표현했던 것과 같은 맥락이다.[30]

여기서 전면에 부각되었던 성격이 유머에는 없다. 물론 어떤 상황에서 우리가 습관적으로 기대하는 감정적 흥분을 피할 수 있을 때 유머의 즐거움을 느끼고, 그런 점에서 유머도 넓은 의미의 기대 희극에 포함될 수 있지만, 유머의 경우에는 동일한 내용의

---

28 〈기대〉라는 개념에 어느 정도 억지를 부리는 것을 두려워하지 않는다면 우리는 립스의 사고 과정에 따라 희극적인 것의 상당 영역을 기대 희극에 귀속시킬 수 있을 것이다. 그러나 타인의 비용과 자신의 비용 사이의 비교에서 생겨나는 희극의 가장 근원적인 사례들이 그 분류에 가장 맞지 않는 것처럼 보인다 — 원주.

29 우리는 이 공식을 별 문제없이 계속 고수할 수 있다. 이 공식에는 이전에 논의되었던 것과 모순될 만한 것이 없기 때문이다. 두 비용 사이의 차이는 본질적으로 절약된 억제 비용으로 환원되어야 한다. 희극적인 것에는 그렇게 절약된 억제 비용이 없고, 농담에는 양적 대조가 없다는 사실에서 희극적인 감정과 농담의 인상을 구분 짓는 차이가 생겨난다. 다른 부분에서는 두 표상 작업의 성격이 아무리 일치하더라도 말이다 — 원주.

30 당연히 다른 연구자들도 이런 〈이중 얼굴〉의 특성을 파악하지 못했던 것은 아니다. 나는 이 표현을 멜리낭C. Mélinand의 책 『사람들은 왜 웃는가Pourquoi rit-on?』에서 빌려왔는데, 그는 웃음의 조건을 이렇게 말한다. 〈사람을 웃게 하는 것은 불합리한 것이거나 친숙한 것이다.〉 이 공식은 희극보다 농담에 더 잘 들어맞지만, 그렇다고 농담에 꼭 들어맞는 것은 아니다. 베르그송은 『웃음』에서 희극적 상황을 〈계열들의 충돌〉로 정의한다. 〈어떤 상황이 완전히 무관한 두 계열에 속하면서 동시에 아주 다른 두 의미로 해석될 수 있을 때 그것은 항상 희극적이 된다.〉 반면에 립스에게 희극이란 〈동일한 것의 거대함과 자잘함〉이다 — 원주.

두 가지 상이한 표상 방식이 문제시되지 않는다. 또한 불쾌한 성격을 가진 감정적 흥분을 피함으로써 상황을 통제하는 것이 희극과 농담의 특징에서 점점 더 멀어지게 한다. 사실 유머의 전이는 희극적 효과에는 아주 위험한 것으로 밝혀진 해방된 비용을 다른 곳으로 전용한 경우다.

8

유머의 즐거움 메커니즘을 희극과 농담의 즐거움과 비슷한 뿌리로 설명하고 나니 이제 우리는 과제의 끄트머리에 서 있다. 농담의 즐거움은 〈절약된 억제 비용〉에서 나오고, 희극의 즐거움은 〈절약된 표상 비용〉(절약된 집중 에너지 비용)에서, 유머의 즐거움은 〈절약된 감정 비용〉에서 나오는 듯했다. 결국 우리 정신 기관의 이 세 가지 작업 방식에서 즐거움의 뿌리는 절약이다. 이 셋은 원래 정신적 활동의 발전 과정에서 잃어버린 즐거움을 또 다른 정신적 활동으로 되찾으려는 수단이라는 점에서 일치한다. 우리가 이런 방법으로 얻고자 하는 희열은 적은 비용으로 우리의 정신적 작업 일반에 이의를 제기하곤 했던 한 인생 시기, 즉 어린 시절의 분위기에 다름 아니다. 다시 말해 우리가 삶에서 행복감을 맛볼 수 있는 수단으로 아직 희극적인 것을 알지 못했고, 농담을 만들어 낼 능력도 없었으며, 거기다 유머까지 사용할 수 없었던 어린 시절의 분위기인 것이다.

프로이트의 삶과 사상

— 제임스 스트레이치

지크문트 프로이트Sigmund Freud는 1856년 5월 6일, 그 당시에는 오스트리아-헝가리 제국의 일부였던 모라비아의 소도시 프라이베르크에서 출생했다. 83년에 걸친 그의 생애는 겉으로 보기에는 대체로 평온무사했고, 따라서 장황한 서술을 요하지 않는다.

그는 중산층 유대인 가정에서 두 번째 부인의 맏아들로 태어났지만, 집안에서 그의 위치는 좀 이상했다. 프로이트 위로 첫 번째 부인 소생의 다 자란 두 아들이 있었기 때문이다. 그들은 프로이트보다 스무 살 이상 나이가 많았고, 그중 하나는 이미 결혼해서 어린 아들을 두고 있었다. 그랬기에 프로이트는 사실상 삼촌으로 태어난 셈이었지만, 적어도 그의 유년 시절에는 프로이트 밑으로 태어난 일곱 명의 남동생과 여동생 못지않게 조카가 중요한 역할을 했다.

그의 아버지는 모피 상인이었는데, 프로이트가 태어난 후 얼마 지나지 않아 사업이 어려워지기 시작했다. 그래서 프로이트가 겨우 세 살이었을 때 그는 프라이베르크를 떠나기로 결심했고, 1년 뒤에는 온 가족이 빈으로 이주했다. 이주하지 않은 사람은 영국 맨체스터에 정착한 두 이복형과 그들의 아이들뿐이었다. 프로이트는 몇 번인가 영국으로 건너가서 그들과 합류해 볼까 하는 생각을 했지만, 그것은 거의 80년 동안 실행에 옮겨지지 못했다.

프로이트가 빈에서 어린 시절을 보내는 동안 그의 집안은 몹시 궁핍한 상태였지만, 어려운 형편에도 불구하고 그의 아버지는 언제나 셋째 아들의 교육비를 최우선으로 꼽았다. 프로이트가 매우 총명했을 뿐 아니라 공부도 아주 열심히 했기 때문이다. 그 결과 그는 아홉 살이라는 어린 나이에 김나지움에 입학했고, 그 학교에서 보낸 8년 가운데 처음 2년을 제외하고는 자기 학년에서 수석을 놓친 적이 없었다. 그는 열일곱 살 때 아직 어떤 진로를 택할 것인지 결정을 하지 못한 채 김나지움을 졸업했다. 그때까지 그가 받았던 교육은 지극히 일반적인 것이어서, 어떤 경우에든 대학에 진학할 것으로 보였으며, 서너 곳의 학부로 진학할 길이 그에게 열려 있었다.

프로이트는 수차례에 걸쳐, 자기는 평생 동안 단 한 번도 〈의사라는 직업에 선입관을 가지고 특별히 선호한 적이 없었다〉고 주장했다.

나는 그보다는 오히려 일종의 호기심을 느꼈다. 하지만 그것은 자연계의 물체들보다는 인간의 관심사에 쏠린 것이었다.[1]

그리고 어딘가에서는 이렇게 적었다.

어린 시절에 나는 고통받는 인간을 도우려는 어떤 강한 열망도 가졌던 기억이 없다. (······) 그러나 젊은이가 되어서는 우리가 살고 있는 세상의 수수께끼들 가운데 몇 가지를 이해하고, 가능하다면 그 해결책으로 뭔가 기여도 하고 싶은 억누를 수 없는 욕망을

1 「나의 이력서」(1925) 앞부분 참조.

느꼈다.[2]

또 그가 만년에 수행했던 사회학적 연구를 논의하는 다른 글에서는 이렇게 적기도 했다.

나의 관심은 평생에 걸쳐 자연 과학과 의학과 심리 요법을 두루 거친 뒤에 오래전, 그러니까 내가 숙고할 수 있을 만큼 충분히 나이가 들지 않았던 젊은 시절에 나를 매혹시켰던 문화적인 문제들로 돌아왔다.[3]

프로이트가 자연 과학을 직업으로 택하는 데 직접적인 계기가 되었던 사건은 — 그의 말대로라면 — 김나지움을 졸업할 무렵 괴테가 썼다고 하는(아마도 잘못된 것으로 보인다) 〈자연〉에 관한 매우 화려한 문체의 에세이를 낭독하는 독회에 참석한 일이었다고 한다. 하지만 그 선택이 자연 과학이긴 했지만, 실제로는 의학으로 좁혀졌다. 그리고 프로이트가 열일곱 살 때인 1873년 가을, 대학에 등록했던 것도 의과대 학생으로서였다. 하지만 그는 서둘러 의사 자격을 취득하려고 하지는 않았다. 한두 해 동안 그가 다양한 과목의 강의에 출석했던 것만 보더라도 이를 알 수 있다. 그러나 차츰차츰 관심을 기울여 처음에는 생물학에, 다음에는 생리학에 노력을 집중했다. 그가 맨 처음 연구 논문을 쓴 것은 대학 3학년 때였다. 당시 그는 비교 해부학과 교수에게 뱀장어를 해부해서 세부 사항을 조사하라는 위임을 받았는데, 그 일에는 약 4백 마리의 표본을 해부하는 일이 포함되었다. 그로부터 얼마 지

2 「비전문가 분석의 문제」(1927)에 대한 후기 참조.
3 「나의 이력서」에 대한 후기 참조.

나지 않아서 그는 브뤼케Brücke가 지도하는 생리학 연구소로 들어가 그곳에서 6년 동안 근무했다. 그가 자연 과학 전반에 대해 보이는 태도의 주요한 윤곽들이 브뤼케에게서 습득되었다는 것은 의심할 여지가 없는 일이다. 그 기간 동안 프로이트는 주로 중추 신경계의 해부에 대해서 연구했고, 이미 책들을 출판하고 있었다. 그러나 실험실 연구자로서 벌어들이는 수입은 대가족을 부양하기에는 충분하지 못했다. 그래서 마침내 1881년 그는 의사 자격을 따기로 결정했고, 그로부터 1년 뒤에는 많은 아쉬움을 남긴 채 브뤼케의 연구소를 떠나 빈 종합 병원에서 근무하기 시작했다.

그러나 결국 프로이트의 삶에 변화를 가져다준 결정적인 계기가 있었다면, 그것은 생각보다도 더 절박한 가족에 대한 것이었다. 1882년에 그는 약혼을 했고, 그 이후 결혼을 성사시키는 데 모든 노력을 기울였다. 그의 약혼녀 마르타 베르나이스Martha Bernays는 함부르크의 이름 있는 유대인 집안 출신으로, 한동안 빈에서 지내고 있었지만 얼마 안 가서 곧 머나먼 독일 북부에 있는 그녀의 집으로 돌아가야 했다. 그 뒤로 4년 동안 두 사람이 서로를 만나 볼 수 있었던 것은 짧은 방문이 있을 때뿐이었고, 두 연인은 거의 매일같이 주고받는 서신 교환으로 만족해야 했다. 그 무렵 프로이트는 의학계에서 지위와 명성을 확립해 가고 있었다. 그는 병원의 여러 부서에서 근무했지만, 얼마 지나지 않아 곧 신경 해부학과 신경 병리학에 몰두하기 시작했다. 또 그 기간 중에 코카인을 의학적으로 유용하게 이용하는 첫 번째 연구서를 출간했고, 그렇게 해서 콜러에게 그 약물을 국부 마취제로 사용하도록 제안하기도 했다. 바로 뒤이어 그는 두 가지 즉각적인 계획을 수립했다. 하나는 객원 교수 자리에 지명을 받는 것이었고, 다른 하나는 장학금을 받아 얼마 동안 파리로 가서 지내려는 것이었다. 그곳에서는 위대한 신경 병리학자 샤르코Charcot가 의학계를 주도하고 있었다. 프로이트는 그 두 가지 목적이 실현된다면 자기에게 커다란 도움이 될 것이라고 생각했고, 열심히 노력한 끝에 1885년에 두 가지 모두를 얻어 냈다.

프로이트가 파리 살페트리에르 병원(신경 질환 치료로 유명한 병원)의 샤르코 밑에서 보냈던 몇 달 동안, 그의 삶에는 또 다른 변화가 있었다. 이번에는 실로 혁명적인 변화였다. 그때까지 그의 일은 전적으로 자연 과학에만 관련되었고, 파리에 있는 동안에도 그는 여전히 뇌에 관한 병력학(病歷學) 연구를 계속하고 있었다. 그 당시 샤르코의 관심은 주로 히스테리와 최면술에 쏠려 있었는데, 빈에서는 그런 주제들이 거의 생각할 만한 가치가 없는 것으로 여겨졌다. 그러나 프로이트는 그 일에 몰두하게 되었다. 비록 샤르코 자신조차 그것들을 순전히 신경 병리학의 지엽적인 부문으로 보았지만, 프로이트에게는 그것이 정신의 탐구를 향한 첫걸음인 셈이었다.

1886년 봄, 빈으로 돌아온 프로이트는 신경 질환 상담가로서 개인 병원을 열고, 뒤이어 오랫동안 미루어 왔던 결혼식을 올렸다. 하지만 그렇다고 해서 그가 당장 자기가 하던 모든 신경 병리학 업무를 그만둔 것은 아니었다. 그는 몇 년 더 어린아이들의 뇌성 마비에 관한 연구를 계속했고, 그 분야에서 주도적인 권위자가 되었다. 또 그 시기에 실어증에 관해서 중요한 연구 논문을 쓰기도 했지만, 최종적으로는 신경증의 치료에 더욱 노력을 집중했다. 전기 충격 요법 실험이 허사로 돌아간 뒤 그는 최면 암시로 방향을 돌려서, 1888년에 낭시를 방문하여 리에보Liébeault와 베르넴Bernheim이 그곳에서 괄목할 만한 성공을 거두는 데 이용한 기

법을 배웠다. 하지만 그 기법 역시 불만족스러운 것으로 밝혀지
자, 또 다른 접근 방법을 강구하지 않을 수 없었다. 그는 빈의 상
담가이자 상당히 손위 연배인 요제프 브로이어Josef Breuer 박사
가 10년 전쯤 아주 새로운 치료법으로 어떤 젊은 여자의 히스테
리 증세를 치료했다는 사실을 알고 있었다. 그는 브로이어에게
그 방법을 한 번 더 써보도록 설득하는 한편, 그 스스로도 새로운
사례에 그 방법을 몇 차례 적용해서 가망성 있는 결과를 얻었다.
그 방법은 히스테리가 환자에게 잊힌 어떤 육체적 충격의 결과라
는 가정에 근거를 둔 것이었다. 그리고 치료법은 잊힌 충격을 떠
올리기 위해 적절한 감정을 수반하여 환자를 최면 상태로 유도하
는 것으로 이루어져 있었다. 얼마 지나지 않아 프로이트는 그 과
정과 저변에 깔린 이론 모두에서 변화를 일으키기 시작했고, 마
침내는 그 일로 브로이어와 갈라설 정도까지 되었지만, 자기가
이루어 낸 모든 사상 체계의 궁극적인 발전에 곧 정신분석학이라
는 이름을 붙였다.

　그때부터 — 아마도 1895년부터 — 생을 마감할 때까지 프로
이트의 모든 지성적인 삶은 정신분석학의 발전과 그 광범위한 언
외(言外)의 의미, 그리고 그 학문의 이론적이고 실제적인 영향을
탐구하는 데 바쳐졌다. 프로이트의 발견과 사상에 대해서 몇 마
디 말로 일관된 언급을 하기란 물론 불가능하겠지만, 그가 우리
의 사고 습관에 불러일으킨 몇 가지 주요한 변화를 단절된 양상
으로나마 지적하기 위한 시도는 얼마 안 가서 곧 이루어질 것이
다. 그러는 동안 우리는 그가 살아온 삶의 외면적인 과정을 계속
좇을 수 있을 것이다.

　빈에서 그가 영위했던 가정생활에는 본질적으로 에피소드가
결여되어 있다. 1891년부터 47년 뒤 그가 영국으로 떠날 때까지

그의 집과 면담실이 같은 건물에 있었기 때문이다. 그러나 행복한 결혼 생활과 불어나는 가족 — 세 명의 아들과 세 명의 딸 — 은 그가 겪는 어려움들, 적어도 그의 직업적 경력을 둘러싼 어려움들에 견실한 평형추가 되어 주었다. 의학계에서 프로이트에 대해 편견을 가지고 있었던 이유는 그가 발견한 것들의 본질 때문만이 아니라, 어쩌면 그에 못지않게 빈의 관료 사회를 지배하고 있던 강한 반유대 감정의 영향 때문이기도 했을 것이다. 그가 대학교수로 취임하는 일도 정치적 영향력 탓으로 끊임없이 철회되었다.

그러한 초기 시절의 특별한 일화 한 가지는 그 결과 때문에 언급할 필요가 있다. 그것은 프로이트와, 명석하되 정서가 불안정한 베를린의 의사 빌헬름 플리스Wilhelm Fließ의 우정에 관한 것이다. 플리스는 이비인후과를 전공했지만 인간 생태학과 생명 과정에서 일어나는 주기적 현상의 영향에 이르기까지 관심 범위가 매우 넓었다. 1887년부터 1902년까지 15년 동안 프로이트는 그와 정기적으로 편지를 교환하면서 자기의 발전된 생각을 알렸고, 자기가 앞으로 쓸 책들의 윤곽을 개술한 긴 원고를 그에게 미리 보냈다. 그리고 무엇보다도 중요한 것은 「과학적 심리학 초고」라는 제목이 붙은 약 4만 단어짜리 논문을 보낸 것이었다. 이 논문은 프로이트의 경력에서 분수령이라고도 할 수 있는, 즉 그가 어쩔 수 없이 생리학에서 심리학으로 옮겨 가고 있던 1895년에 작성된 것으로, 심리학의 사실들을 순전히 신경학적 용어들로 서술하려는 시도였다. 다행스럽게도 이 논문과 프로이트가 플리스에게 보낸 다른 편지들도 모두 보존되어 있는데, 그것들은 프로이트의 사상이 어떻게 발전되었는가에 대해 매혹적인 빛을 던질 뿐아니라, 정신분석학에서 나중에 발견된 것들 중 얼마나 많은 것이 초기 시절부터 이미 그의 마음속에 있었는지를 보여 준다.

플리스와의 관계를 제외한다면, 프로이트는 처음에는 외부의 지원을 거의 받지 못했다. 빈에서 점차 프로이트 주위로 몇몇 문하생이 모여들었지만, 그것은 대략 10년쯤 후인 1906년경, 즉 다수의 스위스 정신 의학자가 그의 견해에 동조함으로써 분명한 변화가 이루어진 뒤의 일이었다. 그들 가운데 중요한 인물로는 취리히 정신 병원장인 블로일러E. Bleuler와 그의 조수인 융C. G. Jung이 있었는데, 그것으로 우리는 정신분석학이 처음으로 확산되기 시작했음을 알 수 있다. 1908년에는 잘츠부르크에서 정신분석학자들의 국제적인 모임이 열린 데 이어, 1909년에는 미국에서 프로이트와 융을 초청해 여러 차례의 강연회를 열어 주었다. 프로이트의 저서들이 여러 나라 말로 번역되기 시작했고, 정신분석을 실행하는 그룹들이 세계 각지에서 생겨났다. 그러나 정신분석학의 발전에 장애가 없지는 않았다. 그 학문의 내용이 정신에 불러일으킨 흐름들은 쉽게 받아들이기에는 너무 깊이 흐르고 있었던 것이다. 1911년 빈의 저명한 프로이트 지지자들 중 한 명인 알프레트 아들러Alfred Adler가 그에게서 떨어져 나갔고, 이삼 년 뒤에는 융도 프로이트와의 견해 차이로 결별했다. 그 일에 바로 뒤이어 제1차 세계 대전이 발발하자, 정신분석의 국제적인 확산은 중단되었다. 그리고 얼마 안 가서 곧 가장 중대한 개인적 비극이 닥쳤다. 딸과 사랑하는 손자의 죽음, 그리고 삶의 마지막 16년 동안 그를 가차 없이 쫓아다닌 악성 질환의 발병이었다. 그러나 어떤 질병도 프로이트의 관찰과 추론의 발전을 막을 수는 없었다. 그의 사상 체계는 계속 확장되었고, 특히 사회학 분야에서 더욱 더 넓은 적용 범위를 찾았다. 그때쯤 그는 세계적인 명사로서 인정받는 인물이 되어 있었는데, 1936년 그가 여든 번째 생일을 맞던 해에 영국 왕립 학회Royal Society의 객원 회원으로 선출된 명예보다 그를 더 기쁘게 한 일은 없었다. 1938년 히틀러가 오스트리아를 침공했을 때 국가 사회주의자들의 가차 없는 박해로부터 그를 보호해 주었던 것도 — 비록 그들이 프로이트의 저서들을 몰수해서 없애 버리기는 했지만 — 들리는 말로는 루스벨트 대통령까지 포함된, 영향력 있는 찬양자들의 노력으로 뒷받침된 그의 명성이었다. 그렇다 하더라도 프로이트는 어쩔 수 없이 빈을 떠나 그해 6월 몇몇 가족과 함께 영국으로 건너갔고, 그로부터 1년 뒤인 1939년 9월 23일 그곳에서 세상을 떠났다.

프로이트를 현대 사상의 혁명적인 창립자들 중 한 사람으로 일컬으며, 그의 이름을 아인슈타인Albert Einstein에 결부시켜 생각하는 것은 신문이나 잡지에 실릴 법한 진부한 이야기가 되었다. 그러나 대부분의 사람은 그나 아인슈타인에 의해 도입된 변화들을 간략하게 설명하기가 매우 어려울 것이다.

프로이트의 발견들은 물론 서로 연관되어 있기는 하지만 크게 세 가지로 묶을 수 있다. 연구의 수단, 그 수단에 의해 생겨난 발견들, 그리고 그 발견들에서 추론할 수 있는 이론적 가설들이 그것이다. 그런데 여기서 우리는 프로이트가 수행했던 모든 연구 이면에 결정론 법칙의 보편적 타당성에 대한 믿음이 있었다는 사실을 인정해야 한다. 자연 과학 현상과 관련해서는 이 믿음이 아마도 브뤼케의 연구소에서 근무한 경험에서 생겨났을 것이고, 궁극적으로는 헬름홀츠Helmholtz 학파로부터 생겨났을 것이다. 그러나 프로이트는 단호히 그 믿음을 정신 현상의 분야로 확장시켰는데, 그러는 데는 자기의 스승이자 정신 의학자인 마이네르트Meynert에게서, 그리고 간접적으로는 헤르바르트Herbart의 철학에서 영향을 받았을 수도 있다.

무엇보다도 먼저 프로이트는 인간의 정신을 과학적으로 탐구하기 위한 첫 번째 도구를 찾아낸 사람이었다. 천재적이고 창조적인 작가들은 단편적으로 정신 과정을 통찰해 왔지만, 프로이트 이전에는 어떤 체계적인 탐구 방법도 없었다. 그는 이 방법을 단지 점차적으로 완성시켰을 뿐인데, 그것은 그러한 탐구에서 장애가 되는 어려움들이 점차적으로 분명해졌기 때문이다. 브로이어가 히스테리에서 설명한 잊힌 충격은 가장 최초의 문제점을 제기했고, 어쩌면 가장 근본적인 문제점을 제기했을 수도 있다. 관찰자나 환자 본인 모두에 의해서 검사에 즉각적으로 개방되지 않는, 정신의 활동적인 부분들이 있다는 것을 결정적으로 보여 주었기 때문이다. 정신의 그러한 부분들을 프로이트는 형이상학적 논쟁이나 용어상의 논쟁을 고려하지 않고 〈무의식〉이라고 기술했다. 무의식의 존재는 최면 후의 암시라는 사실로도 증명되는데, 이 경우 환자는 암시 그 자체를 완전히 잊었다 하더라도 충분히 깨어 있는 상태에서 조금 전 그에게 암시되었던 행동을 수행한다. 그러므로 어떠한 정신의 탐구도 그 범위에 이 무의식적인 부분이 포함되지 않고는 완전한 것으로 여겨질 수 없었다. 그렇다면 이것이 어떻게 완전해질 수 있었을까? 명백한 해답은 〈최면 암시라는 수단에 의해서〉인 것처럼 보였다. 그리고 이 방법은 처음엔 브로이어에 의해, 다음에는 프로이트에 의해 이용된 수단이었다. 그러나 얼마 안 가서 곧 그 방법은 불규칙하거나 불명확하게 작용하고, 때로는 전혀 작용하지 않는 불완전한 것임이 밝혀졌다. 따라서 프로이트는 차츰차츰 암시의 이용을 그만두고 나중에 〈자유 연상〉이라고 알려진 완전히 새로운 방법을 도입했다. 즉 정신을 탐구하려는 상대방에게 단순히 무엇이든 머릿속에 떠오르는 것을 말하라고 요구하는, 전에는 들어 보지 못했던 계획을 채택했다. 이 중대한 결정 덕분에 곧바로 놀라운 결과가 도출되었다. 프로이트가 채택한 수단이 초보적인 형태였음에도 불구하고 그것은 새로운 통찰력을 제시했던 것이다. 한동안은 이런저런 연상들이 물 흐르듯 이어진다 하더라도 조만간 그 흐름은 고갈되기 마련이고, 환자는 더 말할 것을 아무것도 생각하지 않거나 또는 할 수 없게 된다. 그렇게 해서 저항의 진상, 즉 환자의 의식적인 의지와 분리되어 탐구에 협조하기를 거부하는 힘의 진상이 드러난다. 여기에 아주 근본적인 이론의 근거, 즉 정신을 뭔가 역동적인 것으로, 일부는 의식적이고 일부는 무의식적이며, 때로는 조화롭게 작용하고 때로는 서로 상반되는 다수의 정신적인 힘들로 이루어져 있다고 가정할 근거가 있었다.

그러한 현상들은 결국 보편적으로 생겨난다는 것이 밝혀지기는 했지만, 처음에는 신경증 환자들에게서만 관찰 연구되었고, 처음 몇 년 동안 프로이트의 연구는 주로 그러한 환자들의 〈저항〉을 극복하여 그 이면에 있는 것을 밝혀낼 수단을 발견하는 일과 관련되었다. 그 해결책은 오로지 프로이트 편에서 극히 이례적인 자기 관찰 ─ 지금에 와서는 자기 분석이라고 기술되어야 할 ─ 을 함으로써만 가능해졌다. 다행스럽게도 우리는 앞에서 얘기한, 그가 플리스에게 보냈던 편지로 그 당시의 상황을 직접적으로 알 수 있다. 즉 그는 분석 덕분에 정신에서 작용하는 무의식적인 과정의 본질을 발견하고, 어째서 그 무의식이 의식으로 바뀔 때 그처럼 강한 저항이 있는지를 이해할 수 있었다. 또 그의 환자들에게서 저항을 극복하거나 피해 갈 기법을 고안할 수 있었고, 무엇보다도 중요한 것, 즉 그러한 무의식적인 과정의 기능 방식과 익히 알려진 의식적인 과정의 기능 방식 사이에 아주 큰 차이점이 있음을 알아낼 수 있었다는 것이다. 다음 세 가지는 그 하나하나에 대해서 언급이 좀 필요할 것 같다. 왜냐하면 사실 그것들은 정신에 관한 우리의 지식에 프로이트가 미친 공적들의 핵심을 구성하고 있기 때문이다.

정신의 무의식적인 내용들은 대체로 원초적인 육체적 본능에서 직접 그 에너지를 이끌어 내는 능동적인 경향의 활동 — 욕망이나 소망 — 으로 이루어져 있는 것으로 보인다. 이 무의식은 즉각적인 만족을 얻는 것 외에는 전혀 아무것도 고려하지 않고 기능하며, 따라서 현실에 적응하고 외부적인 위험을 피하는 것과 관련된, 정신에서 더욱더 의식적인 요소들과 동떨어져 있기 마련이다. 더군다나 이러한 원초적인 경향은 훨씬 더 성적이거나 파괴적인 경향을 지니며, 좀 더 사회적이고 개화된 정신적인 힘들과 상충할 수밖에 없다. 이것을 계속 탐구함으로써 프로이트는 오랫동안 숨겨져 있던 어린아이들의 성적인 삶과 오이디푸스 콤플렉스의 비밀을 알아낼 수 있었다.

두 번째로, 그는 자기 분석을 함으로써 꿈의 본질을 탐구하기 시작했다. 이 꿈들은 신경증 증상들과 마찬가지로 원초적인 무의식적 충동과 2차적인 의식적 충동 사이에서 생겨나는 갈등과 타협의 산물임이 밝혀졌다. 그것들을 구성 요소별로 나누어 분석함으로써 프로이트는 숨어 있는 무의식적인 내용들을 추론할 수 있었으며, 꿈이 거의 모든 사람들에게 보편적으로 일어나는 공통된 현상인 만큼 꿈의 해석이 신경증 환자의 저항을 간파하기 위한 기술적 도구 중의 하나임을 밝혀냈다.

마지막으로, 꿈에 대해 면밀하게 고찰함으로써 프로이트는 그가 생각의 1차적 과정과 2차적 과정이라고 명명한 것, 즉 정신의 무의식적 영역에서 일어나는 일과 의식적 영역에서 일어나는 일

사이의 엄청난 차이점들을 분류할 수 있었다. 무의식에서는 조직이나 조화는 전혀 발견되지 않고, 하나하나의 독립적인 충동이 다른 모든 충동과 상관없이 만족을 추구한다. 그 충동들은 서로 영향을 받지 않고 진행되며, 모순은 전혀 작용하지 않고 가장 대립되는 충동들이 아무런 갈등 없이 병존한다. 그러므로 무의식에서는 또한 생각들의 연상이 논리와는 아무런 관련도 없는 노선들을 따라 진행되며, 유사한 것들은 동일한 것으로, 반대되는 것들은 긍정적으로 동등하게 다루어진다. 또 무의식에서는 능동적인 경향을 수반한 대상들이 아주 이례적으로 가변적이어서, 하나의 무의식이 아무런 합리적 근거도 없는 온갖 연상의 사슬을 따라 다른 무의식으로 대체될 수도 있다. 프로이트는 원래 1차적 과정에 속하는 심리 기제가 의식적인 생각으로 침투하는 것이 꿈뿐만 아니라 여러 가지 다른 정상적 또는 정신 병리학적인 정신적 사건의 기이한 점을 설명해 준다는 사실도 분명히 알아냈다.

프로이트가 했던 연구의 후반부는 모두 이러한 초기의 사상들을 무한히 확장하고 정교하게 다듬는 데 바쳐졌다고 해도 과언이 아닐 것이다. 그러한 사상들은 정신 신경증과 정신 이상의 심리 기제뿐 아니라 말이 헛나온다거나 농담을 한다거나 예술적 창조 행위라거나 정치 제도 같은 정상적인 과정의 심리 기제를 설명하는 데도 적용되었고, 여러 가지 응용과학 — 고고학, 인류학, 범죄학, 교육학 — 에 새로운 빛을 던지는 데도 일익을 담당했다. 그리고 정신분석 요법의 효과를 설명하는 데도 도움이 되었다. 마지막으로, 프로이트는 이러한 근본적인 관찰들을 근거로 해서 그가 〈초심리학〉이라고 명명한 좀 더 일반적인 개념의 이론적인 구조를 세우기도 했다. 그러나 많은 사람들이 이 일반적 개념을 매혹적이라고 생각할지라도, 프로이트는 언제나 그것이 잠정적인 가설의 속성을 띤다고 주장했다. 만년에 그는 〈무의식〉이라는 용어의 다의성과 그것의 여러 가지 모순되는 용법에 많은 영향을 받아 정신에 대한 새로운 구조적 설명 — 여러 가지 문제점을 해명하기 위해 만들어진 것이 분명한 새로운 설명 — 을 제시했는데, 거기에서는 조화되지 않은 본능적인 경향은 〈이드〉로, 조직된 현실적인 부분은 〈자아〉로, 비판적이고 도덕적인 기능은 〈초자아〉로 불렸다.

지금까지 훑어본 내용으로 독자들은 프로이트의 삶에 있었던 외면적인 사건들의 윤곽과 그가 발견한 것에 대해 어느 정도 조망했을 것이다. 그런데 더 많은 것을 요구하는 것이, 좀 더 깊이 파고들어 가서 프로이트가 어떤 부류의 사람이었는지를 알아보는 것이 과연 적절할까? 아마도 그렇지 않을 것이다. 그러나 위인에 대한 사람들의 호기심은 만족할 줄 모르며, 그 호기심이 진실된 설명으로 충족되지 않으면 필연적으로 꾸며 낸 이야기라도 붙잡으려고 할 것이다. 프로이트는 초기에 낸 두 권의 책(『꿈의 해석』과 『일상생활의 정신 병리학』)에서 그가 제기한 논제로 인해 개인적인 사항들을 예외적으로 많이 제시하지 않을 수 없었다. 그럼에도 불구하고, 또는 바로 그런 이유로 그는 자기의 사생활이 침해당하는 것을 완강히 거부했으며, 따라서 여러 가지 근거없는 얘깃거리의 소재가 되었다. 일례로 처음에 떠돌았던 아주 단순한 소문에 따르자면, 그는 공공 도덕을 타락시키는 데 온 힘을 쏟는 방탕한 난봉꾼이라는 것이었다. 또 이와 정반대되는 터무니없는 평가도 없지 않았다. 그는 엄격한 도덕주의자, 가차 없는 원칙주의자, 독선가, 자기중심적이고 웃지도 않는 본질적으로 불행한 남자로 묘사되었다. 그를 조금이라도 알고 있는 사람들이라면 누구에게나 위의 두 가지 모습은 똑같이 얼토당토않은 것으로 보일 것이다. 두 번째 모습은 분명히 부분적으로는 그가 말년에 육체적으로 고통받았다는 것을 아는 데서 기인한 것이다. 그러나 또 한편으로는 가장 널리 퍼진 그의 몇몇 사진이 불러일으킨 불행해 보이는 인상에 기인한 것일 수도 있다. 그는 적어도 직업적인 사진사들에게는 사진 찍히기를 싫어했으며, 그의 모습은 때때로 그런 사실을 드러냈다. 화가들 역시 언제나 정신분석학의 창시자를 어떻게든 사납고 무서운 모습으로 표현할 필요를 느꼈던 것처럼 보인다. 그러나 다행히도 좀 더 다정하고 진실한 모습을 보여 주는 다른 증거물들도 있다. 예를 들면 그의 장남이 쓴 아버지에 대한 회고록(마르틴 프로이트Martin Freud, 『명예로운 회상』, 1957)에 실려 있는, 휴일에 손자들과 함께 찍은 스냅 사진 같은 것들이다. 이 매혹적이고 흥미로운 책은 실로 여러 가지 면에서 좀 더 형식적인 전기들 ── 그것들도 매우 귀중하기는 하지만 ── 의 내용에서 균형을 회복하는 데 도움을 주는 한편, 일상생활을 하는 프로이트의 모습도 얼마간 드러내 준다. 이러한 사진들 가운데 몇 장은 그가 젊은 시절에 매우 잘생긴 용모였다는 것을 보여 준다. 하지만 나중에 가서는, 그러니까 제1차 세계 대전 뒤 병이 그를 덮치기 얼마 전부터는 더 이상 그렇지 못했고, 그의 용모는 물론 전체적인 모습(대략 중간 키 정도인)도 주로 긴장된 힘과 빈틈없는 관찰력을 풍기는 인상으로 널리 알려졌다. 그는 공식적인 자리에서는 진지하되 다정하고 사려 깊었지만, 사사로운 곳에서는 역설적인 유머 감각을 지닌 유쾌하고 재미있는 사람이기도 했다. 그가 가족에게 헌신적인 애정을 기울인 사랑받을 만한 남자였다는 것을 알아보기란 그리 어려운 일이 아니다. 그는 다방면으로 여러 가지 취미가 있었고 ── 그는 외국 여행과 시골에서 보내는 휴일, 그리고 등산을 좋아했다 — 미술, 고고학, 문학 등 좀 더 전념해야 하는 주제에도 관심이 많았다. 프로이트는 독일어 외에 여러 외국어에도 능통해서 영어와 프랑스어를 유창하게 구사했을 뿐 아니라, 스페인어와 이탈리아어에도 상당한 지식을 갖고 있었다. 또 그가 후기에 받은 교육은 주로 과학이었지만(대학에서 그가 잠시 철학을 공부했던 것은 사실이다), 김나지움에서 배웠던 고전들에 대한 애정 또한 잃지 않았다. 우리는 그가 열일곱 살 때 한 급우[4]에게 보냈던 편지를 가지고 있는데, 그 편지에서 그는 졸업 시험의 각기 다른 과목에서 거둔 성과들, 즉 로마의 시인 베르길리우스에게서 인용한 라틴어 구절, 그리고 무엇보다도 『오이디푸스왕』에서 인용한 30행의 그리스어 구절을 적고 있다.

한마디로 우리는 프로이트를, 영국에서라면 빅토리아 시대 교육의 가장 뛰어난 산물과 같은 인물로 볼 수도 있을 것이다. 그러므로 프로이트의 문학과 예술에 대한 취향은 분명 우리와 다를 것이며, 윤리에 대한 견해도 자유롭고 개방적일지언정 프로이트 이후 세대에 속하지는 않을 것이다. 그러나 우리는 그에게서 많은 고통을 겪으면서도 격한 태도를 보이지 않는, 충만한 감성을 지닌 인간형을 본다. 그에게서 두드러지는 특징들은 완전한 정직과 솔직성, 그리고 아무리 새롭거나 예외적이더라도 자기에게 제시된 사실을 어떤 것이든 기꺼이 받아들여 숙고할 준비가 되어 있는 지성이다. 그가 이처럼 놀라운 면을 지니게 된 것은, 아마도 표면적으로 사람들을 싫어하는 태도가 숨기지 못한 전반적인 너그러움을 그러한 특징들과 결합하여 확장시킨 필연적인 결과일 것이다. 미묘한 정신을 지녔음에도 불구하고 그는 본질적으로 순

4 에밀 플루스Emil Fluss. 이 편지는 『프로이트 서간집』(1960)에 들어 있다.

박했으며, 때로는 비판 능력에서 예기치 않은 착오를 일으키기도 했다. 예를 들어 이집트학이나 철학 같은 자기 분야가 아닌 주제에서 신빙성이 없는 전거(典據)를 받아들이는 실수를 한다든가, 그리고 무엇보다도 이상한 것은 그 정도의 인식력을 지닌 사람으로 믿기 어려울 만큼 때로는 그가 알고 있는 사람들의 결점을 보지 못한 것 등이 그렇다. 그러나 프로이트가 우리와 같은 인간이라고 단언함으로써 허영심을 만족시킬 수 있다 하더라도, 그 만족감은 쉽사리 도를 넘어설 수 있다. 이제까지는 정상적인 의식에서 제외되었던 정신적 실체의 모든 영역을 처음으로 알아볼 수 있었던 사람, 처음으로 꿈을 해석하고, 유아기의 성욕이라는 사실을 처음으로 인정하고, 사고의 1차적 과정과 2차적 과정을 처음으로 구분한 사람 — 우리에게 무의식을 처음으로 현실로 제시한 사람 — 에게는 사실상 매우 비범한 면들이 있었을 것이다.

프로이트 연보

1856년 5월 6일, 오스트리아 모라비아의 프라이베르크에서 태어남.

1860년 가족들 빈으로 이주, 정착.

1865년 김나지움(중등학교 과정) 입학.

1873년 빈 대학 의학부에 입학.

1876년 1882년까지 빈 생리학 연구소에서 브뤼케의 지도 아래 연구 활동.

1877년 해부학과 생리학에 관한 첫 번째 논문 출판.

1881년 의학 박사 과정 졸업.

1882년 마르타 베르나이스와 약혼. 1885년까지 빈 종합 병원에서 뇌 해부학을 집중 연구, 논문 다수 출판.

1884년 1887년까지 코카인의 임상적 용도에 관한 연구.

1885년 신경 병리학 강사 자격(프리바트도첸트) 획득. 10월부터 1886년 2월까지 파리의 살페트리에르 병원(신경 질환 전문 병원으로 유명)에서 샤르코의 지도 아래 연구. 히스테리와 최면술에 대해 소개하기 시작.

1886년 마르타 베르나이스와 결혼. 빈에서 개업하여 신경 질환 환자를 치료하기 시작. 1893년까지 빈 카소비츠 연구소에서 계속 신경학을 연구. 특히 어린이 뇌성 마비에 관심을 가지고 많은 출판 활동을 함. 신경학에서 점차 정신 병리학으로 관심을 돌리게 됨.

1887년 장녀 마틸데 출생. 1902년까지 베를린의 빌헬름 플리스와 교분을 맺고 서신 왕래. 이 기간에 프로이트가 플리스에게 보낸 편지는 프로이트 사후인 1950년에 출판되어 그의 이론 발전 과정에 많은 시사점을 주고 있음. 최면 암시 요법을 치료에 사용하기 시작.

1888년 브로이어를 따라 카타르시스 요법을 통한 히스테리 치료에 최면술을 이용하기 시작. 그러나 점차 최면술 대신 자유 연상 기법을 시도하기 시작.

1889년 프랑스 낭시에 있는 베르넴을 방문. 그의 〈암시〉 요법을 연구. 장남 마르틴 출생.

1891년 실어증에 관한 연구 논문 발표. 차남 올리버 출생.

1892년 막내아들 에른스트 출생.

1893년 브로이어와 함께 히스테리의 심적 외상(外傷) 이론과 카타르시스 요법을 밝힌 『예비적 보고서』 출판. 차녀 소피 출생. 1896년까지 프로이트와 브로이어 사이에 점차 견해차가 생기기 시작. 방어와 억압의 개념, 그리고 자아와 리비도 사이의 갈등의 결과로 생기는 신경증 개념을 소개하기 시작. 1898년까지 히스테리, 강박증, 불안에 관한 연구와 짧은 논문 다수 발표.

1895년 브로이어와 함께 치료 기법에 대한 증례 연구와 설명을 담은 『히스테리 연구』 출판. 감정 전이 기법에 대한 설명이 이 책에서 처음으로 나옴. 『과학적 심리학 초고』 집필. 플리스에게 보내는 편지 속에 그 내용이 포함되어 있는 이 책은 1950년에야 비로소 첫 출판됨. 심리학을 신경학적인 용어로 서술하려는 이 시도는 처음에는 빛을 보지 못했지만 프로이트의 후기 이론에 관한 많은 시사점을 담고 있음. 막내딸 아나 출생.

1896년 〈정신분석〉이란 용어를 처음으로 소개. 부친 향년 80세로 사망.

1897년 프로이트의 자기 분석 끝에 심적 외상 이론을 포기하는 한편, 유아 성욕과 오이디푸스 콤플렉스에 대해 인식하게 됨.

1900년 『꿈의 해석』 출판. 책에 표시된 발행 연도는 1900년이지만 실제로 책이 나온 것은 1899년 11월임. 이 책의 마지막 장에서 정신 과정, 무의식, 〈쾌락 원칙〉 등에 대한 프로이트의 역동적인 관점이 처음으로 자세하게 설명됨.

1901년 『일상생활의 정신 병리학』 출판. 이 책은 꿈에 관한 저서와 함께 프로이트의 이론이 병적인 상태뿐만 아니라 정상적인 정신생활에까지 적용된다는 것을 분명히 보여 주고 있음.

1902년 특별 명예 교수에 임명됨.

1905년 「성욕에 관한 세 편의 에세이」 발표. 유아에서 성인에 이르기까지 인간의 성적 본능의 발전 과정을 처음으로 추적함.

1906년 융이 정신분석학의 신봉자가 됨.

1908년 잘츠부르크에서 제1회 국제 정신분석학회가 열림.

1909년 프로이트와 융이 미국으로부터 강의 초청을 받음. 〈꼬마 한스〉라는 다섯 살 어린이의 병력(病歷) 연구를 통해 처음으로 어린이에 대한 정신분석을 시도. 이 연구를 통해

성인들에 대한 분석에서 수립된 추론들이 특히 유아의
성적 본능과 오이디푸스 콤플렉스 및 거세 콤플렉스에
까지 적용될 수 있음을 확인함.

1910년 〈나르시시즘〉 이론이 처음으로 등장함.

1911년 1915년까지 정신분석 기법에 관한 몇 가지 논문 발표.
아들러가 정신분석학회에서 탈퇴. 정신분석학 이론을
정신병 사례에 적용한 슈레버 박사의 자서전 연구 논문
이 나옴.

1912년 1913년까지 『토템과 터부』 출판. 정신분석학을 인류학
에 적용한 저서.

1914년 융의 학회 탈퇴. 「정신분석 운동의 역사」라는 논문 발표.
이 논문은 프로이트가 아들러 및 융과 벌인 논쟁을 담고
있음. 프로이트의 마지막 주요 개인 병력 연구서인 『늑
대 인간』(1918년에 비로소 출판됨) 집필.

1915년 기초적인 이론적 의문에 관한 〈초심리학〉 논문 12편을
시리즈로 씀. 현재 이 중 5편만 남아 있음. 1917년까지
『정신분석 강의』 출판. 제1차 세계 대전까지의 프로이트
의 관점을 광범위하고도 치밀하게 종합해 놓은 저서임.

1919년 나르시시즘 이론을 전쟁 신경증에 적용.

1920년 차녀 사망. 『쾌락 원칙을 넘어서』 출판. 〈반복 강박〉이라
는 개념과 〈죽음 본능〉 이론을 처음 명시적으로 소개.

1921년 『집단 심리학과 자아 분석』 출판. 자아에 대한 체계적이
고 분석적인 연구에 착수한 저서.

1923년 『자아와 이드』 출판. 종전의 이론을 크게 수정해 마음의
구조와 기능을 이드, 자아, 초자아로 나누어 설명. 암에
걸림.

1925년 여성의 성적 발전에 관한 관점을 수정.

1926년 『억압, 증상 그리고 불안』 출판. 불안의 문제에 대한 관점을 수정.

1927년 『어느 환상의 미래』 출판. 종교에 관한 논쟁을 담은 책. 프로이트가 말년에 전념했던 다수의 사회학적 저서 중 첫 번째 저서.

1930년 『문명 속의 불만』 출판. 이 책은 파괴 본능(〈죽음 본능〉의 표현으로 간주되는)에 대한 프로이트의 첫 번째 본격적인 연구서임. 프랑크푸르트시로부터 괴테상(賞)을 받음. 어머니 향년 95세로 사망.

1933년 히틀러 독일 내 권력 장악. 프로이트의 저서들이 베를린에서 공개적으로 소각됨.

1934년 1938년까지 『인간 모세와 유일신교(有一神敎)』 집필. 프로이트 생존 시 마지막으로 출판된 책.

1936년 80회 생일. 영국 왕립 학회의 객원 회원으로 선출됨.

1938년 히틀러의 오스트리아 침공. 빈을 떠나 런던으로 이주. 『정신분석학 개요』 집필. 미완성의 마지막 저작인 이 책은 정신분석학에 대한 결정판이라 할 수 있음.

1939년 9월 23일 런던에서 사망.

참고 문헌

프로이트의 저술은 『표준판 전집』에 있는 논문 제목과 권수를 표시하고 열린책
들 프로이트 전집의 권수를 병기했다.

Bain, A. (1865) *The Emotions and the Will*, 2nd ed., London.

Bergson, H. (1900) *Le rire*, Paris.

Bleuler, E. (1904) "Die negative Suggestibilität", *Psychiat.-neurol. Wschr.*, 6, 249, 261.

Brill, A. A. (1911) "Freud's Theory of Wit", *J. abnorm. Psychol.*, 6, 279.

Dugas, L. (1902) *Psychologie du rire*, Paris.

Ehrenfels, C. von (1903) "Sexuales Ober- und Unterbewußtsein", *Politisch-anthrop. Rev.*, 2.

Falke, J. von (1897) *Lebenserinnerungen*, Leipzig.

Fechner, G. T. (1889) *Elemente der Psychophysik* (2 vols.), 2nd ed., Leipzig.

(1897) *Vorschule der Ästhetik* (2 vols), 2nd ed., Leipzig. (1st ed. 1876.)

(n.d.) *Rätselbüchlein von Dr. Mises*, 4th ed., enlarged, Leipzig.

Fischer, K. (1889) *Über den Witz*, 2nd ed., Heidelberg.

Freud, S. (1891b) *On Aphasia*, London and New York, 1953.

(1895d) & Breuer, J., *Studies on Hysteria*, London, 1956; *Standard Ed.*, 2; 열린책들 3.

(1900a) *The Interpretation of Dreams*, London and New York, 1955; Standard Ed., 4-5; 열린책들 4.

(1901b) *The Psychopathology of Everyday Life*, Standard Ed., 6; 열린책들 5.

(1905c) *Jokes and their Relation to the Unconscious, Standard Ed.*, 8; 열린책들 6.

(1905d) *Three Essays on the Theory of Sexuality*, London, 1949; *Standard Ed.*, 7, 125; 열린책들 7.

(1905e [1901]) "Fragment of an Analysis of a Case of Hysteria", *Standard Ed.*, 7, 3; 열린책들 8.

(1908d) "Civilized' Sexual Morality and 'Modern Nervous Illness'", *Standard Ed.*, 9, 179; 열린책들 12.

(1908e [1907]) "Creative Writers and Day-Dreaming", *Standard Ed.*, 9, 143; 열린책들 14.

(1909b) "Analysis of a Phobia in a Five-Year-old Boy", *Standard Ed.*, 10, 3; 열린책들 8.

(1909d) "Notes upon a Case of Obsessional Neurosis", *Standard Ed.*, 10, 155; 열린책들 9.

(1910a [1909]) "Five Lectures on Psycho-Analysis", *Amer. F. Psychol.*, 21 (1910), 181; *Standard Ed.*, 11, 3.

(1910e) "The Antithetical Meaning of Primal Words", *Standard Ed.*, 11, 155.

(1910f) *Letter to Dr. Friedrich S. Krauss on Anthropophyteia*, *Standard Ed.*, 11, 242.

(1911b) "Formulations on the Two Principles of Mental Functioning", *Standard Ed.*, 12, 215; 열린책들 11.

(1914d) "On the History of the Psycho-Analytic Movement", *Standard Ed.*, 14, 3; 열린책들 15.

(1915e) "The Unconscious", *Standard Ed.*, 14, 161; 열린책들 11.

(1916-17) *Introductory Lectures on Psycho-Analysis*, revised ed., London, 1929 (*A General Introduction to Psychoanalysis*, New York, 1935); *Standard Ed.*, 15-16; 열린책들 1.

(1920g) *Beyond the Pleasure Principle*, London, 1950; *Standard Ed.*, 18, 3; 열린책들 11.

(1921c) *Group Psychology and the Analysis of the Ego*, New York, 1940; London, 1959; *Standard Ed.*, 18, 67; 열린책들 12.

(1923a) "Two Encyclopaedia Articles", *Standard Ed.*, 18, 235; 열린책들 15.

(1923b) *The Ego and the Id*, London, 1927; *Standard Ed.*, 19; 열린책들 11.

(1925d [1924]) *An Autobiographical Study*, London, 1935 (*Autobiography*, New York, 1935); *Standard Ed.*, 20, 3; 열린책들 15.

(1925h) "Negation", *Standard Ed.*, 19; 열린책들 11.

(1927d) "Humour", *Standard Ed.*, 21; 열린책들 14.

(1933a) *New Introductory Lectures on Psycho-Analysis*, London and New York, 1933; *Standard Ed.*, 22; 열린책들 2.

(1933b) *Why War?*, *Standard Ed.*, 22; 열린책들 12.

(1941d [1921]) "Psycho-Analysis and Telepathy", *Standard Ed.*, 18, 177.

(1942a [1905-6]) "Psychopathic Characters on the Stage", *Standard Ed.*, 7, 305; 열린책들 14.

(1950a [1887-1902]) *The Origins of Psycho-Analysis*, London and New York, 1954.

Griesinger, W. (1845) *Pathologie und Therapie der psychischen Krankheiten*, Stuttgart.

Groos, C. (1899) *Die Spiele der Menschen*, Jena.

Groß O. (1904) "Zur Differentialdiagnostik negativistischen Phänomene", *Psychiat.-neurol. Wschr.*, 6.

Hermann, W. (1904) *Das grosse Buch der Witze*, Berlin.

Hevesi, L. (1888) *Almanaccando, Bilder aus Italien*, Stuttgart.

Heymans, G. (1896) "Ästhetische Untersuchungen in Anschluss an die Lippssche Theorie des Komischen", *Z. Psychol, Physiol, Sinnesorg.*, 11, 31, 333.

Jones, E. (1955) *Sigmund Freud: Life and Work*, Vol. 2, London and New York.

Kempner, F. (1891) *Gedichte*, 6th ed., Berlin.

Kleinpaul, R. (1890) *Die Rätsel der Sprache*, Leipzig.

Kraepelin, E. (1885) "Zur Psychologie des Komischen", *Philosophische Studien*, ed. W. Wundt, 2, 128 and 327, Leipzig.

Lichtenberg, G. C. von (The Elder) (1853) *Witzige und satirische Einfälle*, Vol. 2 of New Enlarged Edition, Göttingen.

Lipps, T. (1883) *Grundtatsachen des Seelenlebens*, Bonn.

(1897) "Der Begriff des Unbewußten in der Psychologie", *Records of the Third Int. Cong. Psychol.*, München.

(1898) *Komik und Humor*, Hamburg und Leipzig.

Louisa Antoinette Maria [Of Tuscany] (1911) *My Own Story*, London.

Mélinand, C. (1895) "Pourquoi rit-on?", *Revue des deux mondes*, 127 (February), 612.

Michelet, J. (1860) *La femme*, Paris.

Moll, A. (1898) *Untersuchungen über die Libido Sexualis*, Berlin.

Richter, Jean Paul (1804) *Vorschule der Ästhetik* (2 vols.), Hamburg.

Spencer, H. (1860) "The Physiology of Laughter", *Macmillan's Magazine*, March; in *Essays*, 2, London, 1901.

Spitzer, D. (1912) *Wiener Spaziergänge I, Gesammelte Schriften*, 1, München.

Überhorst, K. (1900) *Das Komische* (2 vols.), Leipzig.

Vischer, F. T. (1846-57) *Ästhetik* (3 vols. in 4), Leipzig und Stuttgart.

찾아보기

옮긴이 **박종대** 성균관대학교에서 독어독문학과와 대학원을 졸업하고 독일 쾰른에서 문학과 철학을 공부했다. 지금껏 『미의 기원』, 『데미안』, 『수레바퀴 아래서』, 『위대한 패배자』, 『인식의 모험』, 『만들어진 승리자들』, 『그리고 신은 얘기나 좀 하자고 말했다』, 『공산당 선언』, 『세상을 알라』, 『너 자신을 알라』, 『어느 독일인의 삶』 등 다수의 책을 번역했다.

프로이트 전집 6

농담과 무의식의 관계

발행일	1997년 12월 20일	초판	1쇄
	1999년 1월 30일	초판	3쇄
	2003년 9월 30일	2판	1쇄
	2020년 4월 5일	2판	14쇄
	2020년 10월 30일	신역판	1쇄
	2023년 7월 10일	신역판	3쇄

지은이 지크문트 프로이트
옮긴이 박종대
발행인 홍예빈·홍유진
발행처 주식회사 열린책들

경기도 파주시 문발로 253 파주출판도시
전화 031-955-4000 팩스 031-955-4004
www.openbooks.co.kr

Copyright (C) 주식회사 열린책들, 1997, 2020, *Printed in Korea.*
ISBN 978-89-329-2054-2 94180
ISBN 978-89-329-2048-1 (세트)

이 도서의 국립중앙도서관 출판예정도서목록(CIP)은 서지정보유통지원시스템 홈페이지(http://seoji.nl.go.kr)와 국가자료공동목록시스템(http://www.nl.go.kr/kolisnet)에서 이용하실 수 있습니다.(CIP제어번호: CIP2020039773)